D1489794

L'ENTHOUSIASME

FAIT

LA DIFFÉRENCE

DISTRIBUTION:

- Pour le Canada:
  AGENCE DE DISTRIBUTION POPULAIRE INC.
  955, rue Amherst, Montréal H2L 3K4 (Tél.: (514) 523-1182)

- Pour la Belgique:
  VANDER, S.A.
  Avenue des Volontaires 321, B-1150 Bruxelles, Belgique
  (Tél.: 02-762-9804)

Cet ouvrage a été publié sous le titre original:

ENTHUSIASM MAKES THE DIFFERENCE

Original English Language Edition published by:
Prentice-Hall, Inc., Englewood Cliffs, New Jersey, U.S.A.
Copyright ©, 1967 by Norman Vincent Peale
All rights reserved

Conception graphique de la couverture:
PHILIPPE BOUVRY

Traduit de l'anglais par:
NÉSIDA LOYER

ISBN: 2-9200-0032-2

NORMAN VINCENT PEALE

L'ENTHOUSIASME FAIT LA DIFFÉRENCE

Les éditions Un monde différent ltée
3400, boulevard Losch, Local 8
Saint-Hubert, QC
Canada J3Y 5T6

Je dédie ce livre à nos petits-enfants
LAURA STAFFORD PEALE
CHARLES CLIFFORD PEALE
SARAH LACY PEALE
JENNIFER RUTH EVERETT
et à
JOHN, CYNTHIA et JENNIFER ALLEN
en espérant qu'ils apprendront que l'enthousiasme fait la différence.

Table des matières

INTRODUCTION

L'enthousiasme - la qualité inestimable qui fait que tout est différent! - tel est le message de ce livre.

La vie n'est pas un conte de fées, loin de là, avec son éventail de difficultés, de chagrins, de frustrations. Ce livre envisage la vie telle qu'elle est mais il propose une solution créatrice, une solution efficace. C'est un livre où le mot *malgré* revient souvent. Malgré tout ce qu'il y a de négatif dans la vie, on peut en faire ressortir l'aspect positif.

L'intérêt, l'exaltation, la vitalité, voilà les sujets de ce livre.

Il veut prouver que rien, absolument rien, ne vous force à vivre dans la monotonie, la routine, l'éparpillement! N'acceptez jamais cela! Et malgré les situations pénibles, extrêmement difficiles et décourageantes, vous pouvez vous sentir alerte et plein d'entrain, plus fort que les événements.

Vous pouvez mettre une nouvelle âme, une nouvelle habileté créatrice dans votre travail. En fait, vous pouvez apporter une amélioration dans tous les domaines. Une vie enthousiaste, pleine de fougue s'offre à vous si vous la voulez. Et qui ne la veut pas?

Pour ma part, je crois à cent pour cent au message de ce livre. J'ai vu les choses extraordinaires que l'enthousiasme a accomplies pour beaucoup de gens. Croyez-moi, c'est efficace!

Norman Vincent Peale

CHAPITRE PREMIER

Ce que l'enthousiasme peut faire pour vous

Comme une immense carte, la ville de New York s'étalait claire et nette en ce beau jour d'avril. De la fenêtre d'un bureau dans une tour du centre-ville, on pouvait voir Sandy Hook au loin en direction du Sud et le pont George Washington vers le Nord. Vers l'Est, les lointaines collines du New Jersey étaient voilées de brume bleue. On entendait à peine le son grave de la sirène d'un transatlantique qui quittait le port. L'immense enchevêtrement de la plus grande ville au monde s'étendait à nos pieds.

L'homme assis au bureau avait l'air préoccupé et son visage inquiet témoignait de ses sentiments. Il dit: «Quelquefois, je souhaite ne plus avoir de responsabilités envers les gens de cette entreprise. Croyez-moi, cela peut devenir un cauchemar d'être le cadre qui traite avec le personnel. Bien souvent, je suis forcé de faire des choses que je n'aime pas du tout. Avoir l'avenir des gens entre mes mains est quelque chose qui ne me plaît pas du tout.» «Mais leur avenir n'est pas réellement entre vos mains, lui répondis-je. En fin de compte, le destin de chacun est entre ses propres mains. Mais je comprends votre problème parce que c'est vous qui devez prendre des décisions pour des gens et ces décisions peuvent influencer leur avenir.»

«Et, répondit-il, c'est exactement la raison pour laquelle je vous ai demandé de venir aujourd'hui. C'est au sujet de notre ami Fred Hill. C'est l'une des décisions les plus difficiles que j'aie jamais eu à prendre pour l'avenir d'un homme et j'ai besoin de votre aide.» Je l'assurai que j'étais prêt à l'aider mais que je ne voyais pas très bien comment moi, qui ne connaissais rien aux problèmes d'affaires en cause, je pouvais lui être d'un grand secours.

«Voyez-vous, ce n'est pas un problème d'affaires, c'est avant tout un problème humain. En fait, cette réunion peut déterminer ce qui arrivera à un bon ami, à sa femme et à ses trois enfants. Je suis très soucieux de l'efficacité de Fred dorénavant, non seulement en affaires mais aussi dans d'autres domaines comme l'église et la communauté. Voyez-vous, continua-t-il, il y aura une ouverture dans l'entreprise dans les prochains six mois et du point de vue de la structure des affaires, Fred est tout désigné. J'ai lutté avec ma conscience et pour être honnête envers la compagnie, je ne peux pas le recommander. Alors, j'espère que vous et moi allons trouver le moyen d'améliorer Fred et en passant, je me rends compte que c'est un sacré travail.»

«Qu'y a-t-il à faire, demandai-je. Il semble être un homme très capable. Je ne peux imaginer que quelque chose ne va pas pour lui sauf que peut-être par moments, il semble apathique.»

«C'est ça! s'exclama le cadre. Fred est bien rodé; il a une bonne expérience, une personnalité agréable. C'est un bon mari et un bon père. Mais il manque d'énergie et de vitalité. Il n'a aucun enthousiasme. Si nous pouvions l'aider à en acquérir, il serait l'homme parfait pour ce travail.»

«En six mois?» demandai-je.

«En six mois.» répéta-t-il.

Je me perdis dans mes pensées car c'était un gros problème. Enfin, je dis: «Vous savez, il est possible que Fred n'ait jamais été encouragé.»

Mon ami releva cette remarque. «Vous avez peut-être raison. Si c'est cela, il n'est pas le seul. Dans mon travail, je vois tous les jours des gens capables qui n'ont jamais été encouragés. Si seulement nous pouvions les motiver, en commençant par Fred. Vous savez, je veux le voir se réaliser pleinement.»

En rentrant chez moi en métro, j'étudiai le visage des passagers, préoccupés, ternes, malheureux. Je comptai seulement quelques personnes dont la physionomie reflétait la vitalité et une attitude positive. Beaucoup d'entre nous acceptent trop souvent la routine quotidienne sans se battre pour vivre mieux. Nous croyons dans notre apathie que nous ne méritons pas mieux.

Il me vint alors à l'idée que l'un des besoins les plus pressants de l'être humain de nos jours est une arme pour lutter contre la médiocrité, une arme qui nous enseignerait à nous servir du ressort et de la vitalité ainsi que des forces créatrices qui sont en chacun de nous. Ce dont nous avons le plus urgent besoin est la faculté d'exercer notre enthousiasme. C'est ainsi que j'ai décidé d'écrire ce livre, *L'enthousiasme fait la différence*. Car je crois fermement que l'enthousiasme fait la différence entre le succès et l'échec.

Quant à Fred Hill, nous verrons en détail au chapitre cinq ce qui lui est arrivé.

15

Mais maintenant, je veux vous parler de l'enthousiasme et de ce qu'il signifie pour vous. Après avoir observé les gens de près pendant de nombreuses années, j'ai la conviction que les individus privilégiés qui réalisent le plus de choses dans la vie sont toujours poussés par l'enthousiasme. Les hommes qui font le plus de choses dans leur vie sont ceux qui abordent l'existence, ses ouvertures et ses problèmes, même ses moments difficiles avec enthousiasme et confiance. C'est pourquoi il est important actuellement d'insister sur le pouvoir vital de l'enthousiasme et de suggérer des moyens pour développer et maintenir en nous cette force précieuse et motivante.

L'enthousiasme peut vraiment faire la différence, la différence dans votre vie future. Regardez par exemple la grande disparité qui peut exister entre deux types de gens ordinaires. Un groupe comprend les optimistes, les gens gais et confiants. Comme ils croient en quelque chose, ils sont les individus dynamiques qui mettent en branle les événements, travaillent à l'amélioration de la société, montent de nouvelles entreprises, restructurent l'ancienne société et qui créent, on l'espère, un monde nouveau.

La jeunesse en révolte

À l'opposé de ces optimistes pleins d'énergie, il y a les gens sombres, les révoltés qui défient non seulement leurs parents et maîtres mais aussi leurs coiffeurs. Il leur manque la vision et la force pour aider l'humanité à redresser les torts et ils jouent des jeux d'enfants; leur révolte se manifeste en manières brusques, par l'aversion pour la baignoire, par la pensée confuse et par le culte de la nullité. L'enthousiasme n'a jamais fait partie d'un culte négatif.

Nous devons ainsi apprendre à nous servir de l'enthousiasme pour nous intégrer à cette partie de la race humaine inventive et créatrice: les réalisateurs. Vous verrez que tous, ils pensent que l'enthousiasme est l'ingrédient unique de la personnalité qui permet d'accéder au bonheur et à l'épanouissement.

On a demandé un jour à Sir Edward V. Appleton, le physicien écossais dont les découvertes scientifiques ont rendu possible la radiodiffusion à l'échelle mondiale et lui ont valu un prix Nobel, le secret de ses réalisations spectaculaires. «C'est l'enthousiasme, déclara-t-il; je place l'enthousiasme même au-dessus de la compétence professionnelle. Car, sans enthousiasme, personne ne pourrait supporter l'autodiscipline et la tâche continue nécessaires pour développer la compétence professionnelle.» L'enthousiasme est la motivation dynamique qui fait que l'on travaille sans relâche à atteindre le but qu'on s'est fixé.

Voltaire a décrit l'homme comme étant un four à réchauffer, toujours allumé mais jamais assez chaud pour cuire. Commentant ce point de vue, Harold Blake Walker fait remarquer que beaucoup de gens vivent sans piquant, se traînent à leur travail sans vitalité; en un mot, ils réchauffent juste assez pour s'en tirer mais ne cuisent jamais.

Mais, fait-il remarquer, il arrive des choses extraordinaires quand une personne prend feu et entre dans la phase de cuisson. Walt Whitman dit de lui-même: «Je ne faisais que mijoter, Emerson m'a amené au point d'ébullition.» C'est une description pertinente d'une personnalité douée, mais dépourvue du feu de l'enthousiasme, qui a été amenée à un point d'ébullition. Par la suite, Whitman écrivit une poésie immortelle. N'est-il pas temps d'arrêter de *ne faire que mijoter* et de se laisser emporter par un nouvel enthousiasme vital? La chaleur mentale et spirituelle que dégage l'enthousiasme peut consumer les éléments d'apathie qui conduisent à l'échec dans chaque individu et libérer des qualités d'énergie jusqu'alors inutilisées et même insoupçonnées. Walker l'explique en d'autres termes: «Allez au-delà du mijotage, même au-delà du point d'ébullition et vous découvrirez en vous des talents et une puissance dont vous n'étiez pas conscient.»

Il y a plusieurs années, j'ai lu une citation de Charles M. Schwab, l'un des hommes dynamiques qui ont bâti la structure industrielle américaine. «Un homme, dit Schwab, peut réussir dans à peu près tout ce pourquoi il a un enthousiasme sans bornes.» Et c'est un fait important que nous allons démontrer dans ce livre.

Il est vrai, bien sûr, que les plus grandes réalisations s'accomplissent malgré de grands obstacles. Au début de toute action, il y a invariablement les négativistes qui affirment sombrement: «Ce n'est pas possible», tout en insistant sur tous les arguments contre le succès. Le pessimiste est anxieux d'être capable de dire: «Je vous l'avais bien dit.» De telles personnes bien sûr sont très rarement constructives, ce qui peut expliquer qu'elles espèrent que vous ne le serez pas non plus.

Récemment, j'ai eu le plaisir de remettre un prix Horatio Alger de l'Association des écoles et collèges américains à John H. Johnson, rédacteur et éditeur de la revue à succès *Ebony* et d'autres magazines. Il avait conçu le projet de créer un grand magazine pour la communauté noire mais était, comme c'est souvent le cas, à court d'argent. On lui conseilla donc d'abandonner.

Il y a quelques années de cela et ces soi-disant amis n'arrivent toujours pas à oublier qu'ils auraient pu avoir une part dans ce qui est actuellement une entreprise très rentable. M. Johnson et sa femme ont toutes les parts aujourd'hui parce qu'il était le seul à être enthousiasmé par ce projet. Son enthousiasme lui a donné la foi et la foi a stimulé l'action. John H. Johnson est un exemple vivant de la déclaration de Charles M. Schwab: «Un homme peut réussir dans n'importe quel domaine pour lequel il a de l'enthousiasme». George Matthew Adams dit la même chose autrement: «L'enthousiasme est une sorte de foi qui a pris feu.»

Mais j'insiste pour que vous compreniez que l'enthousiasme est relié au feu d'une façon particulière. C'est le feu sous contrôle et c'est cette sorte de feu-là qui seule compte. Le feu doit être dompté pour produire de l'énergie. Le monde appartient à l'enthousiaste qui garde son sang-froid. Penser intensément et agir intelligemment nécessite du sang-froid. Le procédé peut se définir ainsi: l'enthousiasme met le feu à quelqu'un qui doit contrôler cet enthousiasme pour une idée ou un projet plutôt que d'y être soumis. Il ne doit jamais permettre à l'anticipation incontrôlée d'aller plus vite que son jugement et sa raison. Comme toute force motrice, l'enthousiasme incontrôlé peut détruire de la même façon que l'enthousiasme contrôlé peut créer.

Les petits buts convergent!

Quand monsieur Johnson lança le magazine *Ebony*, il décida de ne pas chercher à réaliser tout d'un coup les grandes idées que lui inspirait son projet, mais il choisit de procéder par petites étapes, l'une après l'autre. Chaque but atteint lui faisait goûter au succès et lui apprenait la technique. Puis il attaquait l'étape suivante enrichi par son expérience et aujourd'hui, de ces projets réalisés par petites étapes, en est sorti un grand. La philosophie des petites étapes est très sage, surtout pour les enthousiastes débordants qui croient que le monde est à leurs pieds: ils voient trop grand trop vite et vont inévitablement vers l'échec et la frustration.

Il est important de ne pas s'emballer mais on doit aussi insister sur le fait qu'il ne faut pas rester trop froid. Il faut un degré de combustion élevé dans le cerveau pour que l'enthousiasme fasse bien fonctionner tous les rouages. Les gens très sophistiqués qui malheureusement contrôlent beaucoup de media qui affectent la pensée, rabaissent l'enthousiasme avec mépris. En fait, selon eux, toutes les émotions, sauf peut-être la tristesse existentielle, doivent être considérées comme étant banales.

Mon ami, Raymond Thornburg, qui est lui-même un enthousiaste effréné, commentant ceux qui déprécient l'enthousiasme, cite Anatole France: «Je préfère la folie de l'enthousiasme à l'indifférence de la sagesse.» Dirons-nous que c'est du cynisme réchauffé?

En fait, on ne devrait jamais hésiter à être du côté chaud. Même si l'engagement vers l'enthousiasme peut aboutir à un échec, seuls ceux qui en prennent le risque pourront exprimer pleinement la créativité. La personne engagée, gagnante ou perdante, est celle qui trouve la vie fascinante.

Betty Friedan, auteur de *The Feminine mystique* (La mystique féminine) fait cette déclaration: «Une vraie femme est celle qui aime passionnément, a du coeur au ventre, des convictions sérieuses et passionnées, prend des responsabilités, construit la société. Je suis horrifiée par le mot *tiède*. La tiédeur vous éloigne de la vie. Je préfère être engagée que détachée.» Amen. Il en est de même pour moi et pour tous les hommes d'action. Et c'est précisément pourquoi l'enthousiasme fait la différence. Il élève l'existence hors des ténèbres et lui donne une signification. Soyez tiède et vous gèlerez. Soyez emballé et même si vous vous brûlez, vous aurez au moins répandu un peu de chaleur sur un monde découragé et désorienté.

Il y a bien sûr bon nombre de gens dans le groupe des *je-m'en-foutistes* qui ne sont ni chauds ni froids. Cette foule sans émotions a toujours existé sans jamais bien se distinguer. En fait, dans la Bible, on en parle comme *des tièdes, jamais froids ni chauds et je les vomirai de ma bouche.* C'est une évaluation assez brutale et le traitement est grossier mais cela décrit un groupe assez inoffensif. Si nous pouvions réduire le nombre des léthargiques et en faire entrer, ne serait-ce que quelques-uns, dans le groupe créatif des enthousiastes, non seulement eux-mêmes en tireraient quelque chose de positif mais le monde entier en serait amélioré.

Il s'en moquait, disait-il, mais ce n'était pas vrai

Beaucoup de gens aujourd'hui affichent avec fierté une indifférence envers le cours normal de la vie. Ils sont blasés et rien ne les intéresse; ils cachent leur pensée destructrice sous le masque du *je m'en fiche.* C'est peut-être leur moyen de défense dans la vie, car vivre exige un engagement total et cet engagement peut être source de défi comme de douleur.

Harry Simpson faisait partie de cette catégorie. C'est l'homme le plus apathique que j'aie connu. Il racontait qu'il avait été partout et avait tout vu, même une partie de l'espèce humaine pour laquelle il n'avait aucune estime. Il déclarait qu'il en avait assez des jeunes en révolte et des gens dans la quarantaine, imbus de protocole. Quant à la politique, ça ne lui faisait aucune différence qui était élu. Selon lui, les politiciens étaient tous verreux et quel que fût le parti vainqueur, les gens étaient toujours perdants. Il allait voir des parties de baseball sans même prendre parti pour une équipe. Même durant les Séries mondiales, il restait apathique. Il était cynique et comme tous les cyniques, très égoïste et complaisant envers lui-même. Il ne se sentait aucunement concerné par l'Église ou les affaires publiques. Quant aux dons pour des oeuvres de charité, il donnait comme on donne un jeton, *pour la leur fermer,* disait-il. Il ne se souciait absolument pas des gens pauvres. Son attitude négative lui avait valu le surnom de *m'en fous,* dérivé de sa philosophie je-m'en-foutiste, connue de tous. Malgré cela, c'était un bon vivant; il jouait bien au golf, au bridge et était membre d'un club. Sa femme et lui recevaient très souvent. Il avait plus de succès que la moyenne des gens dans sa carrière professionnelle.

Un jour, l'enthousiasme entra dans le tableau et il fallut voir la différence que cela fit chez Harry Simpson. Voici comment les choses se produisirent. Sa femme et lui décidèrent qu'ils avaient besoin de changer d'air. Ils allèrent à New York et firent la tournée habituelle des spectacles, restaurants et boîtes de nuit. Madame Simpson s'amusa bien mais Harry restait froid. «Je trouve tout ça sans intérêt, grogna-t-il. Filons d'ici.»

Mais ils avaient promis à un collègue qu'ils iraient voir un ami à New York et, à contre-coeur, Harry lui téléphona. À sa grande surprise, il les invita chaleureusement à dîner et, chose encore plus surprenante, Harry accepta. «Je ne savais pas pourquoi, expliqua-t-il. Je l'ai compris plus tard.»

Il y avait d'autres couples et ce fut la soirée la plus agréable et la plus gaie que les Simpson aient passée depuis des années. «Je n'arrive pas à comprendre ces gens, dit Harry, quand ils furent de retour à l'hôtel. Personne n'a bu une goutte d'alcool à ce que j'ai vu. Comment se fait-il alors qu'ils semblaient tous si euphoriques? C'était intéressant de les entendre discuter politique et affaires mondiales. As-tu remarqué qu'ils parlaient de la religion comme si c'était vraiment important pour eux? Qu'est-ce qu'ils ont que nous n'avons pas?»

«Je ne saurais dire», répliqua madame Simpson, bien qu'elle en avait une idée; mais elle voulait que son mari trouve la réponse lui-même. «Pourquoi ne pas revoir notre hôte et le lui demander?»

C'est ainsi qu'Harry invita son hôte à déjeuner et lui demanda: «Comment se fait-il qu'un groupe de gens qui vivent dans une grande ville et qu'on penserait un peu snobs, soient si vivants et intéressants?»

«Eh bien, expliqua l'autre, il y a une histoire à tout cela. Ce groupe est assez moderne et chacun des membres, à des degrés différents, en a eu assez à un moment ou à un autre. Pour ma part, j'avais décidé que la vie était toujours pareille et je n'en tirais pas beaucoup de satisfaction. Les affaires marchaient assez bien mais Betty et moi étions à couteaux tirés la plupart du temps. Les soirées auxquelles nous étions invités étaient toutes pareilles, les mêmes gens, les mêmes propos stupides, vous savez de quoi je parle.»

«Ouais, je vois, dit Harry. Cette description me va comme un gant. Continuez.»

«Enfin, dit l'autre, j'ai rencontré, par hasard, un pasteur d'une église de New York. En fait, il était venu là où je travaille pour faire un achat. Je ne l'avais jamais rencontré mais j'avais lu un de ses livres. Je le fis entrer dans mon bureau. Il ne prononça pas un seul mot au sujet de la religion, mais je me surpris à m'ouvrir à lui et à lui parler de mes frustrations et de mon ennui. Il écouta patiemment jusqu'au bout. J'étais certain qu'il allait commencer à me vendre l'Église ou à me mettre une Bible sous le nez. Il n'en fit rien. Il s'assit calmement et me demanda: *Et ensuite?*

«Sa question m'apparut bizarre mais abruptement, je déclarai: *Et ensuite, et ensuite? Je sais ce qui ne va pas. J'ai besoin de Dieu!* J'étais fâché de m'entendre parler ainsi. Ça ne me ressemblait pas du tout.

«Le pasteur déclara: *C'est possible. Après tout, on en a tous besoin. Nous autres, êtres humains, avons des besoins insatiables et le premier est celui de Dieu.* Le pasteur se leva pour prendre congé. *Si vous voulez poursuivre cette conversation, donnez-moi un coup de fil.* Avant que je ne m'en rende compte, il était parti et je me rassis en disant: *Quel sacré vendeur! Il me fait désirer sa marchandise. Il est sûr que je vais l'acheter.*

«Eh bien, finalement, je suis retourné voir ce pasteur. Il m'a présenté à un homme en disant: *Apprenez à connaître ce type. Il possède exactement ce dont vous avez besoin.* Cet homme m'a invité, entre autres, à prendre le petit déjeuner avec lui et quelques amis. Je les regardais l'un après l'autre et ils formaient sûrement une bande normale de bons gars, pourtant je ne savais pas que des hommes pouvaient être aussi enthousiastes. L'ambiance qu'ils créaient me gagna. Après le petit déjeuner, ils commencèrent à se parler de leurs expériences spirituelles. Ils racontaient comment ils appliquaient concrètement la stratégie chrétienne aux affaires et aux relations personnelles et je voyais bien que ces gars-là étaient *libérés*. Je compris alors que c'était cette même libération dont j'avais besoin. Et en restant avec ce groupe, je l'ai aussi trouvée. Voilà mon histoire. Je ne l'aurais pas racontée si vous n'aviez pas insisté.

«Alors voilà», dit Harry, après un moment de silence, «tout simplement le bon vieux christianisme à la moderne. Mais vous devriez voir l'église que je fréquente. Je n'y vais pas souvent car c'est barbant et le pasteur est un pseudo-socialiste, si je puis dire. Je ne peux pas le supporter. C'est le cas pour beaucoup d'autres parce que seulement une poignée de gens assistent aux cérémonies du dimanche. Notre pasteur a besoin de ce dont vous parlez, c'est sûr.»

«Eh bien, dit l'autre, procurez-vous-le et transmettez-le à votre pasteur! Peut-être qu'il cherche la même chose mais ne l'admet pas. Il n'est certainement pas heureux d'une religion morte.»

«Ne me refilez pas cette tâche, marmonna Harry. Je ne suis pas prêt à être le missionnaire d'un pasteur défaillant. Il faut d'abord que je pense à moi.» Mais plus tard, il songea: «Peut-être que Dieu *est* la réponse à mon problème. Ça semble incroyable. Je suis venu à New York pour me sauver de tout et je me retrouve embarqué dans un autre bateau, bien embarqué.»

Harry, bien que perplexe, fit un engagement spirituel à sa manière. «À partir d'aujourd'hui, je mets Dieu au coeur de ma vie», dit-il. Bien sûr, il dut réfléchir et étudier pour en avoir le goût. Mais le phénomène étrange et rassurant à ce sujet est que si quelqu'un, consciemment ou non, veut vraiment retrouver une jeunesse spirituelle et y travaille sincèrement, des choses étonnantes se produisent. Le changement ne s'est pas opéré en Harry tout d'un coup ni même rapidement. Mais un changement bien précis a commencé et continué et, petit à petit, les gens se sont rendu compte qu'il existait un nouvel Harry Simpson.

«Vous voulez que je vous dise qui est notre boute-en-train», me dit l'un de ses partenaires de golf quelques mois plus tard, «et vous vous demandez qui je vais nommer. Vous avez deviné. Il s'agit de Harry Simpson.»

«Et qu'est-ce qui l'a rendu si différent?» demandai-je.

«C'est l'enthousiasme, un nouvel enthousiasme débordant qui *fait* la différence. Il n'est pas fou, loin de là. Selon moi, il est l'homme d'affaires le plus intelligent de toute la ville. Mais depuis qu'il possède cet enthousiasme, il émane de lui une puissance et une satisfaction étranges. Il n'a jamais été comme cela avant», conclut-il pensivement.

Je cite le cas de Harry car, lorsque l'enthousiasme se développe en profondeur, un facteur religieux est souvent en cause. Mais pour le même résultat, n'importe quel élan spirituel, religieux ou autre qui introduit dans la personnalité un éclat, une passion et une ouverture et qui fait passer du mijotage au point d'ébullition, apportera la qualité de l'enthousiasme qui fait la différence. Quand l'enthousiasme s'empara de lui, Harry perdit son attitude *je-m'en-foutiste*. Sa nouvelle vertu était incompatible avec son ancien défaut.

L'enthousiasme, sel de la vie

Je ne sais vraiment pas si monsieur John Kieran, l'écrivain bien connu, a des penchants religieux, mais il est clair qu'il a évité l'apathie lorsqu'on lit ses déclarations convaincantes au sujet de l'enthousiasme. «Le poète anglais William Cowper a émis l'opinion suivante: *La variété est le sel de la vie,* mais je ne suis pas d'accord et je fais remarquer en passant que Cowper a été interné trois fois pour démence, ce qui prouve le mal que peut vous faire trop de variété», écrit Kieran.

«Quant à moi, je crois que l'enthousiasme est le sel de la vie. Emerson a écrit: *On n'a jamais rien fait d'important sans enthousiasme.* Quand j'étais étudiant a l'université, j'ai eu l'occasion d'entendre David Starr Jordan, alors président de l'Université de Stanford, parler d'un homme qui disait que la seule façon de faire du bon café était *d'y mettre du sien.* Et c'était aussi l'opinion du docteur Jordan sur la vie, qu'il nous donnait à nous étudiants et futurs citoyens. Je peux encore l'entendre dire en frappant son bureau du poing: *Mettez-y du vôtre. Quoique vous entrepreniez, faites-le avec coeur. Mettez-y du vôtre!*

«J'ai un préjugé à ce sujet, continua monsieur Kieran, car je suis plein d'enthousiasme pour et contre des gens, des lieux et des situations. C'est bien plus intéressant comme ça. Un enthousiaste peut embêter les autres, mais lui-même n'a jamais une minute d'ennui.»

Les commentaires de monsieur Kieran rappellent ce qu'a écrit l'historien Arnold Toynbee: «L'apathie ne peut être vaincue que par l'enthousiasme et l'enthousiasme ne peut surgir que de deux choses: d'abord un idéal qui enflamme l'imagination, ensuite un plan précis et intelligent pour mettre cet idéal en pratique.» Voici de nouveau les éléments de base de l'enthousiasme, c'est-à-dire la chaleur et l'intelligence et une motivation profonde qui balaie l'apathie et le cynisme.

Jack London, dont les livres ont enchanté notre jeunesse, résume ainsi le problème: «J'aimerais mieux être cendres que poussière. J'aimerais mieux que mon étincelle s'éteigne au milieu d'un brasier incandescent que d'être étouffé dans la poussière sèche. J'aimerais mieux être un splendide météorite dont chaque atome brillerait de tous ses feux qu'une planète éternellement endormie. La fonction véritable de l'homme est de vivre et non d'exister.»

C'est bien sûr la raison pour laquelle j'ai entrepris d'écrire ce livre. Il y a tellement de gens qui ne vivent pas vraiment, qui sont mous et malheureux, qui échouent dans la vie plutôt que de réussir comme ils le devraient, qui manquent de motivation dynamique. La raison de tout cela, et c'est souvent la plus importante, c'est le manque d'enthousiasme.

Mon ami, Alfred Krebs, propriétaire du splendide Grand Hôtel Regina à Grindelwald en Suisse, me dit un jour: «Il n'y a pas de succès sans enthousiasme. Le secret d'une vie pleine, c'est beaucoup d'enthousiasme, de cette sorte qui vous pousse à vous battre, à gagner malgré tous les obstacles et à apprécier chaque minute de cette lutte.»

Alfred Krebs a raison bien sûr, car être enthousiaste, c'est être plein de vie. C'est un fait bizarre et malheureux que beaucoup d'individus existent mais ne vivent pas vraiment. Et si l'on ne vit qu'à moitié, les jours se succèdent dans une éternelle médiocrité. Henry Thoreau, l'un des six grands penseurs qui ont formé la pensée de notre pays à ses débuts, a dit: «Le jour ne se lève que quand nous sommes éveillés.»

L'enthousiasme rebâtit une personnalité effondrée

Dans une ville où je devais prononcer un discours lors d'un dîner-causerie, j'étais assis à côté d'un juge de l'endroit, un homme alerte de 35 ans. Il me dit: «Je pense que ça vous intéresserait d'entendre l'histoire du réveil d'une personnalité effondrée de cette ville.»

«Redites-moi cela, Monsieur le juge», demandais-je.

«Oui, c'est bien ce que je veux dire, le réveil d'une personnalité effondrée», répéta-t-il.

«Cet homme, qui s'appelle George, est un officier de police rattaché à mon tribunal, continua le juge. Il a une stature impressionnante car il mesure un mètre quatre-vingt-cinq. Au tout début, il a fait du bon travail pour nous. Puis j'ai commencé à remarquer un changement en lui. On aurait dit que tout son intérêt s'était dissipé. Il restait là, planté, sans vitalité et semblait se traîner au travail. On lui fit voir un docteur qui après un examen minutieux fit le rapport suivant: *Il n'y a rien d'anormal en ce qui concerne sa santé physique, mais son énergie et son métabolisme sont assez bas, ce qui explique son état mental. Quand le corps est fatigué, l'esprit l'est aussi car l'esprit et le corps fonctionnent ensemble.*

Cet homme doit avoir un problème mental ou émotif, continua le docteur. *Je suggère qu'il soit examiné par un psychiatre.*

«Au lieu de cela, dit le juge, je décidai de travailler avec George moi-même. *Comment vous sentez-vous?* lui demandai-je et il répondit: *Bien, Monsieur le juge, j'ai des problèmes personnels mais ils ne devraient pas m'abattre. C'est comme si j'étais complètement vidé. La vie m'est devenue un poids, je pense. J'ai honte d'être si faible.*

Écoutez George, lui dis-je, *voici un livre. J'admets qu'il est à tendance nettement religieuse mais le style est facile, il n'y*

29

a pas de sermon, et je crois qu'il vous intéressera. Je veux que vous l'emmeniez chez vous ce soir. Lisez le premier chapitre et étudiez-le avec soin. Demain, je vous poserai des questions sur ce que vous aurez lu.»

Chaque jour, le juge fit passer un examen à George sur un chapitre. Après deux semaines, le policier avait lu, étudié et subi une interrogation sur chaque chapitre. «Je ne pense pas que George avait lu un livre auparavant.» Puis il lui demanda: «George, en quelques mots, dites-moi ce que ce livre vous a apporté.»

«George n'hésita pas une seconde: *Monsieur le juge, ce livre dit que si une personne met sa vie entre les mains de Dieu, elle peut surmonter sa faiblesse. C'est ce que j'en ai retiré, bien qu'on apprenne aussi beaucoup de choses sur la façon de penser juste.*

C'est exactement ce que j'ai essayé de vous communiquer, George. Peut-être devriez-vous mettre en pratique les principes du livre. Ça peut marcher pour vous comme ça l'a fait pour d'autres, vous savez. Beaucoup de gens ont trouvé une aide dans ce livre.

«Et qu'est-il arrivé?» demandai-je.

«Eh bien, George a compris le message. Il a d'abord étudié les principes créatifs de la spiritualité. Je lui passai d'autres livres et brochures qui pouvaient l'aider. Je suis heureux de pouvoir vous dire qu'il est presque sorti de son problème. Il n'est certainement plus quelqu'un d'effondré. Il a un nouvel enthousiasme qui fait toute la différence sur le pouvoir de la spiritualité comme source de vraie vie. Mais il apprend. L'essentiel est qu'il veuille apprendre, ainsi j'ai confiance qu'il est sur la bonne voie.»

Le lendemain matin, en prenant le petit déjeuner dans ma chambre d'hôtel, je tournai le bouton du téléviseur et tombai par hasard sur un débat réunissant trois policiers qui discutaient de la Semaine de la sécurité. L'un d'eux était un homme grand et énergique qui parlait de la vie avec passion et insistait sur l'importance de la prévention. Sa façon de parler, très enthousiaste, qui disait aux téléspectateurs comme la vie peut être belle, me convainc que cet homme était le policier dont le juge m'avait parlé. C'était l'ancienne personnalité effondrée, qui reprenait vie. C'était la preuve indéniable et extraordinaire que l'enthousiasme avait fait une énorme différence en quelqu'un qui s'était laissé prendre à son jeu.

Il y a plus loin d'autres exemples de cas où l'enthousiasme a transformé les gens. Poursuivez donc la lecture de ce livre si vous voulez que votre vie s'améliore, car l'enthousiasme peut faire une énorme différence dans toutes les sphères de votre vie, au travail, dans vos relations familiales et avec vos amis, même dans votre façon d'envisager la vie.

CHAPITRE DEUX

Un enthousiasme qui ne faiblit jamais

Jamais je n'oublierai la soirée où je fis la connaissance de mademoiselle Personne. Après avoir prononcé un discours dans une ville de la Côte Ouest, je serrai les mains des gens venus me saluer; une jeune femme du groupe me serra la main mollement et dit d'une voix timide: «J'ai eu envie de venir vous serrer la main mais je ne voudrais pas vous ennuyer. Il y a tant de gens importants ici et je ne suis personne. Pardonnez-moi de vous prendre de votre temps.»

Je la regardai et lui dis: «Voulez-vous me faire plaisir? Restez quelques minutes. J'aimerais parler avec vous.»

Fait étrange, elle accepta ma proposition. Quand j'eus fini de saluer les autres, je lui dis: «Maintenant, mademoiselle Personne, asseyons-nous et parlons un peu.»

«Comment m'appelez-vous?» demanda-t-elle toute surprise.

«Je vous appelle par le seul nom que vous m'ayez donné. Vous m'avez dit que vous étiez Personne. Avez-vous un autre nom?»

«Bien sûr.»

«C'est bien ce que je pensais, dis-je. Une des raisons pour lesquelles j'aimerais parler avec vous est de savoir pourquoi quelqu'un peut s'imaginer qu'il n'est personne. Une autre raison est que vous commettez un crime envers Dieu en parlant de vous de cette façon.»

«Oh! docteur Peale, s'exclama-t-elle, vous n'êtes pas sérieux. Un crime envers Dieu?»

«Vous êtes une créature de Dieu, créée à *son* image. Alors cela me tourmente, me fait mal, de vous entendre dire de vous que vous n'êtes *Personne*.» Et j'ajoutai: «Parlez-moi un peu de vous.»

Elle se mit alors à me raconter sa vie et ses problèmes. Elle parlait de façon saccadée mais était visiblement soulagée de se confier à quelqu'un. «Alors, vous voyez, conclut-elle, j'ai un gros complexe d'infériorité et parfois je suis complètement découragée. Je suis venue vous écouter dans l'espoir que vous diriez quelque chose qui pourrait m'aider.»

«Eh bien, lui répondis-je, je vous le dis maintenant: vous êtes un enfant de Dieu.» Et je lui conseillai de se grandir chaque jour en se disant: «Je suis un enfant de Dieu.»

Elle me regarda avec un beau sourire et me promit de suivre mon conseil. Elle ajouta: «Priez pour moi.»

C'est ce que je fis. Je priai pour que le Seigneur l'aide à acquérir un véritable enthousiasme envers elle-même et aussi de l'assurance.

Récemment, j'ai prononcé un discours dans cette même région et une jolie jeune femme s'est approchée de moi et m'a demandé: «Vous souvenez-vous de moi?»

«Est-ce que nous nous sommes déjà rencontrés?» lui demandai-je.

«Exactement. Je suis l'ancienne mademoiselle Personne.»

Tout m'est alors revenu à l'esprit. J'ai su ainsi qu'elle avait fait du chemin depuis notre première rencontre. Je pouvais le voir à sa physionomie et à l'éclat de son regard avant même qu'elle ait eu le temps d'ouvrir la bouche. Elle avait découvert sa faculté d'épanouissement en tant qu'enfant de Dieu.

Cet incident souligne un fait important. Vous pouvez changer! N'importe qui peut changer! Même d'une personnalité complètement inerte à quelqu'un d'enthousiaste.

En plus de *mademoiselle Personne,* j'ai vu beaucoup de gens changer et changer intensément. Ils cessent d'être des gens abattus et tristes et deviennent complètement différents à tel point qu'ils sont méconnaissables. Des défauts mineurs font place à des qualités et leur personnalité est rehaussée et mise en valeur d'une façon surprenante. Le résultat est qu'ils font leur entrée dans la vie avec tant de gaieté et de succès que les gens autour d'eux en sont émerveillés. Et eux-mêmes s'émerveillent. Pourquoi pas? Il y a vraiment de quoi.

Durant les années où nous avons enseigné un mode de vie constructif grâce à l'exercice de la spiritualité, j'ai vu des gens dont le coeur rempli de haine est devenu débordant d'amour. J'ai remarqué des individus abattus se dépouiller de leur angoisse en absorbant le secret étonnant de la victoire. J'ai observé des gens chez qui la peur causait une souffrance perpétuelle se transformer en personnes courageuses, qui ne s'inquiétaient plus pour rien.

L'enthousiasme améliore votre personnalité

Il y a une autre forme importante de changement qui peut être plus compliquée vu qu'elle est reliée à des états d'âme complexes, à l'augmentation et à la diminution cycliques des réactions émotives. C'est le changement de l'apathie à l'enthousiasme, de l'indifférence à la participation active: c'est un changement de personnalité surprenant qui sensibilise l'esprit, efface la monotonie et provoque dans la personne une motivation profonde qui ranime l'enthousiasme et l'empêche de s'étioler.

La plupart des gens reconnaissent qu'un changement de personnalité peut avoir lieu en relation avec la haine, la peur et d'autres formes de conflit, mais doutent que ces personnes puissent devenir enthousiastes. Ils disent: «Bien sûr, j'aimerais avoir de l'enthousiasme, mais qu'y puis-je si je n'en ai pas? On ne peut pas se forcer à devenir enthousiaste, pas vrai?» Les gens disent toujours cela en pensant d'avance que c'est impossible. Je ne suis pas du tout d'accord. Car on peut devenir optimiste par soi-même. Vous pouvez créer en vous un enthousiasme qui dure et qui est joyeux.

Ce qui est important, c'est que vous pouvez délibérément vous rendre enthousiaste. En fait, vous pouvez aller plus loin et créer une sorte d'enthousiasme qui a une signification si profonde qu'il ne diminuera et ne disparaîtra jamais quelles que soient les pressions qu'il subisse.

On a dit bien souvent avec preuves à l'appui que quelqu'un peut faire de lui ce qu'il veut, pourvu qu'il le veuille vraiment et s'emploie à y arriver. Une méthode pour vous transformer délibérément en la personne que vous voulez être est d'abord de décider bien précisément des caractéristiques particulières que vous désirez posséder; ensuite, de toujours garder à l'esprit cette image; enfin croyez fermement et répétez-vous que vous êtes en train de créer en vous la qualité que vous avez entrepris de développer.

Servez-vous du principe COMME SI

Il y a bien des années, le psychologue réputé, William James, a lancé le principe du *Comme si*. Il disait: «Si vous désirez posséder une qualité, faites *comme si* vous l'aviez déjà.» Essayez cette technique du *Comme si*. Elle a beaucoup de puissance et est très efficace.

Supposons par exemple que vous êtes quelqu'un de timide et méfiant avec un complexe d'infériorité écrasant. La procédure à suivre pour vous changer en une personne normalement extravertie est de commencer à vous voir non pas comme vous pensez que vous êtes, mais plutôt comme vous aimeriez être, quelqu'un à l'aise qui possède de l'assurance, capable de rencontrer des gens et de faire face à des situations. Quand la pensée ou plutôt l'image de ce que vous aimeriez être est bien ancrée dans votre esprit, commencez à agir délibérément avec assurance, *comme si* vous étiez compétent pour prendre en main des situations et arranger des rencontres personnelles. C'est une loi de la nature humaine qui a été maintes fois prouvée, qu'on tend à devenir de plus en plus comme on voudrait être si on agit en pensant qu'on est celui qu'on voudrait être, pourvu qu'on persévère.

Cette loi d'un changement de personnalité assumé a été prouvée dans bien des cas différents. Par exemple, le célèbre leader religieux John Wesley fut terrifié par un violent orage sur l'Atlantique alors qu'il voguait vers l'Amérique au dix-septième siècle. Or, il y avait des gens qui restaient calmes et tranquilles sur le bateau ballotté au gré des flots. Le fait qu'ils restent imperturbables impressionna beaucoup Wesley, au point qu'il leur demanda leur secret. C'était simplement une foi sereine en la Providence. Quand Wesley confessa tristement qu'il n'avait pas une telle foi, l'un d'eux lui dit: «C'est un secret bien simple. Faites comme si vous possédiez cette foi et elle finira par s'ancrer en vous.» Wesley suivit ce conseil et développa plus tard une foi si forte qu'elle lui permit de surmonter des situations extrêmement difficiles. Donc, si vous avez peur, entraînez-vous à agir comme si vous aviez du courage. Si vous êtes sur la défensive, entraînez-vous à agir comme si vous étiez calme et détendu. Shakespeare, dont les jugements sur la nature humaine n'ont jamais été égalés, propose cette méthode. «Pensez que vous possédez une qualité si elle vous manque», nous dit-il dans le troisième acte de *Hamlet*.

Une autre illustration remarquable de cette loi d'agir *Comme si* et comme vous aimeriez être, est l'exemple de Frank Bettger, un assureur cadre. Dans son livre *How I raised myself from failure to success in selling* (Comment réussissent dans la vente un bon représentant et un bon vendeur), monsieur Bettger raconte sa première expérience comme joueur de baseball professionnel dans une équipe des ligues mineures dont il fut brusquement évincé. Le directeur regretta de le laisser partir car Frank possédait les qualités de base d'un bon joueur. Mais, bien que compétent, il fut renvoyé pour la seule et unique raison qu'il manquait d'enthousiasme.

Bettger, engagé par une autre équipe à un salaire moindre, continua de jouer à sa façon désinvolte. Puis, un jour, il rencontra un ancien professionnel célèbre qui lui demanda: «Frank, vous aimez vraiment le baseball, n'est-ce pas? Vous avez les capacités pour faire un bon joueur, mais vous manquez totalement d'enthousiasme et, jusqu'à ce que vous en manifestiez, vous n'irez pas plus loin dans ce sport et même pas plus loin dans la vie. Il faut avoir de l'enthousiasme. C'est une des conditions du succès.»

«Mais, se plaignit Bettger, qu'est-ce que je peux y faire? Je n'ai pas d'enthousiasme. Ça ne s'achète pas au magasin du coin. Vous en avez ou vous n'en avez pas. Et moi, je n'en ai pas. Je n'y peux rien, à ce que je sache.»

«Vous avez tort, Frank, insista le vieil homme. Rendez-vous enthousiaste. C'est aussi simple que ça. Agissez avec enthousiasme, jouez au baseball avec enthousiasme et bientôt, vous aurez de l'enthousiasme. Une fois que vous en serez convaincu, vos talents naturels vous porteront au sommet de ce sport.»

Finalement, la chance que Frank Bettger attendait se présenta. Il fut engagé par le club de baseball de New Haven et, quand il partit jouer la première fois, il prit la décision de suivre les conseils de son vieil ami et de se comporter comme s'il était débordant d'enthousiasme. Il courait comme s'il était électrifié. Il lançait la balle si fort qu'elle brûlait les gants des autres joueurs. Au bâton, il était comme fou et frappa même plusieurs coups sûrs. Il grillait littéralement les limites du jeu et tout ça, par une température de plus de 35°C à l'ombre.

Le lendemain, les journaux de New Haven se demandaient d'où venait cet extraordinaire nouveau joueur. C'était une vraie tornade, s'accordaient-ils à dire. Ils en vinrent bientôt à l'appeler *Bettger le Peppé*. Et lui, jouant toujours avec plus de coeur, se sentit devenir un autre homme. Et c'était bien cela. Il devint un joueur si enthousiaste qu'un dépisteur des Cardinaux de St. Louis le remarqua et le fit entrer peu après dans la Ligue nationale.

Plus tard, ayant embrassé une carrière dans l'assurance, Bettger fut une fois de plus happé par l'apathie et frôla l'échec. Il se rappela 'alors comment il avait fait naître en lui l'enthousiasme et appliqua le même principe du *comme si* dans son travail d'assureur. Il en vint à être le meilleur dans la vente comme il avait été le meilleur au baseball. L'expérience de monsieur Bettger prouve qu'on peut susciter l'enthousiasme et le développer par une pensée et un comportement enthousiastes délibérés. Vous aussi pouvez arriver à agir avec enthousiasme en mettant en pratique le principe *comme si*. Ce que vous êtes vient vers vous. Emerson a décrit ainsi ce principe remarquable: «Un homme est une méthode, un arrangement progressif, un principe qui choisit, rassemblant ce qui lui ressemble où qu'il aille.» Alors comportez-vous comme vous voulez être et vous serez à l'image de vos actes.

L'aération mentale laisse pénétrer l'enthousiasme

Un autre exercice important pour développer une attitude optimiste est l'aération mentale. Un esprit triste et pessimiste fait peu de place à une pensée gaie et alerte qui stimule l'enthousiasme. C'est vrai aussi pour des pensées négatives comme la haine, les préjugés, le remord et l'insatisfaction générale envers les gens et ce qui se passe dans le monde. Le découragement et la frustration enveloppent l'esprit dans une épaisse couche brumeuse, influençant ainsi les attitudes mentales. L'aération mentale est alors un pas très important pour préparer l'esprit à accepter le climat de pensée créatrice qui permettra à l'enthousiasme de se développer pour devenir le facteur dominant.

Ce concept d'aération mentale m'a été suggéré pour la première fois il y a quelques années par monsieur A.E. Russ, un vieil ami qui tenait une pharmacie en bas de la Cinquième Avenue, près de la Douzième Rue à New York. Monsieur Russ, membre de mon église, était un sage et possédait le don remarquable de clairvoyance. Il était philosophe de nature, voyait clair et juste, dévorait des livres et réussissait en affaires. Il avait une vie spirituelle intense, du genre que fait naître la transformation des souffrances personnelles en compréhension et victoire. Il savait comment aider les gens et leur communiquer une idée du sens de la vie, comme mon expérience personnelle avec lui va le prouver.

À une certaine époque, j'étais souvent découragé et je me sentais assez déprimé. Bien que de nature enthousiaste et optimiste, je me laissais aller quelquefois à la dépression. Pendant ces périodes, il me semblait que rien ne marchait plus. À ce moment-là, je prêchais à l'église Marble Collegiate le dimanche matin et le dimanche soir. (Plus tard, l'assemblée du matin augmenta à tel point qu'il me fallut faire le même sermon deux fois le dimanche matin; mes associés s'occupaient de l'office du soir.) Mais à l'époque dont je vous parle, un dimanche, il me sembla que mon sermon avait été particulièrement raté. Cherchant à éviter les gens au maximum, je m'enfonçai dans la nuit sombre et humide et descendis d'un pas lourd la Cinquième Avenue, en direction de chez moi.

En passant devant la pharmacie de monsieur Russ, je décidai impulsivement d'aller le voir. Il était en train de préparer des rafraîchissements à la fontaine et je m'assis au comptoir en le regardant. «Comment se fait-il que vous prépariez vous-même les sodas? demandai-je. Où est votre assistant?»

«Il m'a quitté et je suis à court de personnel», répondit-il.

«Attendez, dis-je. J'ai fait un sermon affreux ce soir. De toute façon, je ne comprends pas pourquoi j'ai choisi de prêcher. Je ne vaux rien. Je ferais mieux de brasser les sodas. Qu'est-ce que vous en pensez?»

«Certainement, pourquoi pas?» répliqua monsieur Russ sans changer d'expression. «Venez de ce côté-ci du comptoir et préparez-moi un soda. Je veux voir si vous pouvez faire l'affaire avant de vous engager.» Monsieur Russ s'assit alors au comptoir pendant que je mettais un tablier et commençais à préparer un soda à la glace au chocolat. Il y en avait bien assez, pensai-je. Je plaçai une paille contre le verre comme je l'avais vu faire par des experts et le posai devant lui. Il aspira une pleine gorgée pendant que j'attendais le verdict. Après avoir retiré la paille de sa bouche, il déclara: «Vous feriez mieux de continuer à prêcher.»

Descendant du tabouret, il verrouilla la porte d'entrée. «C'est la fermeture», expliqua-t-il. Et il ajouta: «Venez dans l'arrière-boutique pour parler un peu.» Il me conduisit dans le recoin mystérieux derrière l'étalage des médicaments, là où les pharmaciens vont préparer les ordonnances. Là, je l'avoue, il me prépara une *ordonnance pour la pensée* pour laquelle je lui ai été reconnaissant durant les années qui se sont écoulées depuis cette nuit sombre.

Monsieur Russ commença à parler de ses luttes personnelles contre le découragement. En écoutant l'histoire de ses difficultés, de ses revers et de ses peines, ma dépression me semblait vraiment futile. «En toute honnêteté, déclarat-il, je peux vous dire qu'après avoir commencé à pratiquer un certain exercice mental et spirituel, je n'ai plus jamais eu de moments de découragement prolongé. Et je pense que vous serez d'accord avec le fait que je suis plutôt du genre enthousiaste.»

«Je ne connais personne qui soit de nature aussi enthousiaste que vous. Quel est cet exercice mental et spirituel qui vous a aidé?»

«Une aération mentale quotidienne, répondit-il. C'est ce qui m'a aidé et je peux dire que ça le fait encore. Garder l'esprit libre de pensées tristes est un travail de chaque jour.»

Il continua à parler en insistant sur le fait qu'il est important de faire le vide quotidiennement. «Si vous laissez s'accumuler des regrets, des remords et ce genre de pensées sombres, votre état psychologique peut à la longue devenir si perturbé qu'il faudra employer les grands moyens pour le ramener à son équilibre normal.» Je savais qu'il disait vrai car le service de conseils psycho-religieux de notre église travaillait alors sur le cas d'un homme qui formulait ainsi lui-même son problème tragique: «L'accumulation dans mon esprit d'un tas de vieilles histoires en train de pourrir.» Il fallut des semaines à nos pasteurs et psychiatres pour nettoyer et remettre en état son équipement psychologique.

Depuis ce temps-là, j'ai employé le système d'aération mentale quotidienne de monsieur Russ pour moi-même et pour d'autres personnes et j'ai obtenu des résultats si excellents pour stimuler un nouvel enthousiasme que j'en parle ici pour le bénéfice de tous ceux qui liront ce livre. Il se *vidait* l'esprit à la fin de chaque journée pour empêcher les pensées malsaines de se loger dans sa conscience la nuit, car il savait que de telles pensées prennent vite racine si on les laisse s'accumuler, ne serait-ce que vingt-quatre heures.

Ce nettoyage mental prit la forme d'une récapitulation des incidents désagréables qui s'étaient produits au cours de la journée: un mot blessant, une remarque pleine de sous-entendus, un comportement hostile de la part de quelqu'un et aussi un recensement de ses propres fautes, erreurs ou bêtises. À tout cela, il ajoutait ses déceptions, ses frustrations et tout ce qui avait pu le rendre malheureux et assombrir le cours de la journée. Il gardait ces données très clairement dans sa tête et cherchait à les comprendre et à en tirer toute l'expérience possible. Puis il les *mettait toutes dans le même sac* qu'il *jetait* mentalement hors de sa conscience tout en prononçant ces paroles thérapeutiques: «Oubliant le chemin parcouru, je vais droit de l'avant...» (Philippiens 3:13).

Monsieur Russ fit remarquer que lorsqu'il avait commencé l'exercice de la mise en sac et du rejet, il n'avait pas de peine à *mettre dans le même sac* ce qui formait l'accumulation mentale mais ne pouvait *vider* ce sac. Cependant, la pratique continue d'un effort mental voulu et discipliné lui valut à la longue une faculté remarquable d'oublier les matériaux inutiles et malsains qui encombraient auparavant son cerveau, ne laissant aucune place à l'élan et à l'enthousiasme. Dans ce processus, monsieur Russ se servit de la loi suivante: on peut faire presque tout ce qu'on veut de sa pensée si seulement on s'en donne la peine continuellement.

«Jusqu'à ce que vous en fassiez l'expérience personnellement, vous ne pouvez pas vraiment vous rendre compte de la force avec laquelle la joie vous imprègne lorsque vous réalisez que vous pouvez *mettre dans le sac et le vider* ces poisons ennemis d'un esprit heureux, déclara-t-il. Aérez, c'est le seul moyen. Aérez, laissez-les sortir, débarrassez-vous-en, *mettez-les tous dans le même sac et videz-le.* Aérez votre esprit.

«Maintenant, regardez-vous, s'exclama-t-il. Vous dites que vous avez eu une mauvaise soirée, que vous avez fait un sermon décevant. Bon, analysez cela avec soin. Trouvez dans vos actes ce qui a pu faire que ça n'aille pas bien. Tirez une leçon de votre analyse. Puis, *mettez tout dans le même sac et videz-le;* aérez. Le bon vieil enthousiasme va vous revenir en plein coeur.»

Il me frappa affectueusement sur la poitrine lorsque nous nous sommes salués. Je rentrai chez moi et me mis tout de suite à pratiquer le système d'aération mentale de monsieur Russ. Cela prit du temps et je m'y remis pendant bien des jours, mais finalement j'arrivai à posséder la façon de faire obéir mon esprit. Puis ce devint facile. Croyez-moi, cette méthode est le secret garanti d'un enthousiasme sans bornes.

Racontez-vous toutes les bonnes nouvelles que vous savez

Un élément vital permettant de développer l'enthousiasme est la manière dont vous commencez la journée. Vous pouvez presque décider comment elle sera, cinq minutes seulement après votre réveil. Bien sûr, il y a des gens qui prennent du temps pour se mettre en route; il faut qu'ils se réveillent complètement et s'ajustent à la journée qui commence. Mais, même à cela, une attention particulière sur la façon dont on débute la journée dès les premières heures aura un effet déterminant sur celle-ci.

Henry Thoreau, le philosophe américain, avait l'habitude de rester couché un moment le matin et de réfléchir à tout ce qui lui semblait bon; qu'il avait un corps en bonne santé, un esprit vif, que son travail l'intéressait, que l'avenir s'annonçait beau, que beaucoup de gens lui faisaient confiance. Après quoi, il se levait pour commencer sa journée dans un monde plein de bonnes choses, de personnes aimables et de situations agréables.

Cette technique des bonnes nouvelles utilisée chaque matin peut vous aider à vivre votre journée, même s'il y a des moments difficiles à passer. Cependant, plus vous penserez à de bonnes choses, plus il vous en arrivera. À coup sûr, ce que l'esprit reçoit au réveil tend à influencer et à déterminer en grande partie ce que sera la journée.

Un homme dont l'enthousiasme est toujours manifeste, même quand les choses vont très mal, a sa propre méthode pour débuter la journée. Il prend quelques instants avant le petit déjeuner pour ce qu'il appelle *sa minute de tranquillité*. Ça consiste à lire un passage traitant de spiritualité ou incitant à la réflexion et à garder ensuite le silence pendant trois ou quatre minutes, durant lesquelles il s'exerce à garder le calme complet dans son esprit. Que son programme de la journée soit chargé ou non, durant ces quelques minutes il ne se permet absolument aucune agitation, même en pensée.

Ensuite, il fait défiler dans son esprit tous les gens qu'il pense rencontrer cette journée-là et prie pour chacun. «Puis, je mets cette journée entre les mains de Dieu et je démarre», dit-il. Et il faut voir le démarrage! Tous les gens qu'il approche sont revitalisés par cet homme à l'enthousiasme débordant et inépuisable. La raison première de cette vitalité est que l'exercice de la motivation spirituelle au début de la journée lui donne chaque fois un nouvel élan.

À chaque matin des faits nouveaux

Quelques personnes ressentent toujours une certaine appréhension à commencer la journée, surtout si elles envisagent qu'il y aura des problèmes difficiles à résoudre. Elles voient l'avenir immédiat sans aucun plaisir, peut-être même avec peur et n'ont ainsi que très peu d'enthousiasme pour les défis intéressants que posent ces problèmes. Mais j'admire l'attitude d'un de mes amis face à chaque journée. Il a subi bien des échecs tragiques et des revers au cours de sa vie, sûrement assez pour abattre complètement certaines personnes. Il dit: «Un revers n'est pas un désastre, mais seulement un incident dans une longue carrière en affaires.» Il aborde ses journées avec le principe que chaque matin apporte ses faits nouveaux. «Puis, vous vous dites que vous allez vous arranger avec ces faits nouveaux et en faire quelque chose de constructif.»

Cet homme, dont l'enthousiasme et les possibilités sont considérables, déclare: «Il n'y a que deux types de journées pour moi: celles où je suis heureux et celles où je frise l'hystérie.» L'habitude de prendre en main des situations nouvelles chaque matin et d'en être heureux semble être un facteur réel pour maintenir un haut niveau d'enthousiasme. On a dit que chaque lendemain avait son bon et son mauvais côté. Vous pouvez choisir celui qui est angoissant ou celui qui est enthousiasmant. Le choix continuel détermine le genre des journées qui suivent. Choisissez l'enthousiasme chaque jour et vous en aurez probablement toujours.

Comment entretenir
un enthousiasme continu

C'est un problème, surtout pour les personnes âgées, que de conserver son enthousiasme. L'enthousiasme naturel chez les jeunes peut s'effriter au fil des années. Les déceptions, les ambitions et les espoirs frustrés, la baisse de l'énergie naturelle, tout concourt à brimer les réactions vives et enthousiastes. Mais une telle détérioration de votre force vitale n'est pas nécessaire. En fait, elle se produira seulement si vous lui en donnez l'occasion. Vous pouvez très bien arrêter le déclin de votre esprit; vous pouvez toujours être motivé par l'enthousiasme malgré l'âge, la douleur, la maladie, les déceptions et la frustration. Je connais des gens qui sont restés enthousiastes jusqu'à la fin de leur vie et qui ont quitté ce monde toutes voiles déployées, la lumière de l'enthousiasme pour la vie brillant encore au fond de leurs yeux. Rien ne pouvait arriver à détruire le précieux don de l'enthousiasme.

En pensant à des gens si énergiques et entreprenants, il me vient à l'esprit cette réflexion de Huxley que le vrai génie de la vie, c'est de garder son coeur d'enfant même à un âge avancé. Et qu'est-ce que l'esprit de l'enfant, sinon celui d'un émerveillement sans limites, d'une curiosité et d'une soif de vivre; l'attitude optimiste qui dit que rien n'est trop beau pour être vrai, que le monde est un endroit rempli de merveilles?

À Montreux, en Suisse, j'ai rencontré monsieur et madame P. Daggett, instituteurs à Long Beach en Californie, ainsi que leurs trois enfants, Lucy, Cathy et Larry. Madame Daggett me cita cet extrait de Thoreau qui est accroché au mur de sa cuisine: «Seuls sont vieux ceux qui n'ont plus d'enthousiasme». Eh bien, croyez-moi, c'est un dicton fort à propos qui pourrait bien être gravé dans notre esprit. Il est évident que les personnes les plus vieilles et les plus tristes sont celles qui ont épuisé l'enthousiasme de leur jeunesse.

Cette citation de Thoreau me porte à réfléchir; j'écris ces lignes du balcon du fameux Palace Hotel de Montreux, où mon ami Paul Rossier est directeur général. Mon balcon me donne une vue incomparable des eaux bleues du lac Léman (le lac de Genève) et des cimes brumeuses des Alpes. Tout près du lac se dressent les murs gris et sinistres du vieux château de Chillon immortalisé par Lord Byron.

Je me souviens très bien de mon premier séjour dans cette ville et de cet hôtel de l'ancien continent, il y a quarante ans. J'étais jeune et enthousiaste et je voulais voyager à travers l'Europe pour voir les endroits dont j'avais entendu parler dans les livres d'Histoire. Ayant seulement quelques sous en poche, j'organisai une soirée pour ramasser des fonds. Ceci me rapporta assez pour payer le prix du voyage plus deux cents dollars environ. Ce fut l'expérience de ma vie. Mon esprit était plein d'un futur romantique et je vivais en perpétuelle effervescence. Comme *le Jeune qui voyage un peu plus vers l'Est chaque jour et est accompagné par des visions splendides tout au long du chemin*, j'étais fasciné par les sons et les couleurs. À mes yeux émerveillés, le Palace Hotel de Montreux était le summum en hôtellerie. Je regardais les Alpes et le lac Léman pour la première fois. C'était comme un rêve, incroyable et merveilleux.

Quarante ans ont passé depuis cette première visite qui m'avait emballé. Maintenant, je me pose cette question: qu'en est-il advenu de ces rêves de jeunesse? Qu'est-il arrivé à cette soif rayonnante, où en est cet ardent enthousiasme qui me possédait?

Quelle serait la réponse la plus honnête à ces questions? Méditez cette phrase de Thoreau: «Seuls sont vieux ceux qui n'ont plus d'enthousiasme». En fait que vous reste-t-il à vous et à moi, si nous avons perdu notre enthousiasme? La Bible donne une image très pittoresque de ces personnes: «Quand elles auront peur de ce qui est élevé et que la crainte sera sur leur chemin...» Si on se fie à cela, on peut être vieux à vingt ans et certains le sont. C'est le rajeunissement de l'esprit qui garde l'enthousiasme vivant et retarde en fait le vieillissement du coeur et de l'esprit, peut-être même celui du corps.

Donnez-moi votre réponse maintenant. Voulez-vous connaître la mienne? Je peux vous dire en toute honnêteté que la ferveur et l'enthousiasme d'il y a quarante ans sont toujours présents en moi, seulement plus profondément, et ils m'apportent plus de satisfaction. Ainsi, j'ai appris par expérience personnelle que l'enthousiasme peut être perpétuel; qu'il ne doit pas nécessairement s'évanouir.

C'est pour moi une merveilleuse évidence.

Gardez la flamme de l'enthousiasme active sous chacun de vos buts

Quel merveilleux ingrédient que cette chose vitale qu'on appelle l'enthousiasme! Et l'élément qui le ranime constamment est un but auquel on ne peut résister, un objectif fascinant, un dessein dévorant qui vous domine, vous motive et ne vous lâche pas. Fixez-vous un but à atteindre. Puis construisez sous ce but le feu de l'anticipation et activez-le. Vous acquerrez bientôt de l'enthousiasme et ne le perdrez jamais. Ce but vous appellera sans cesse en vous disant: «Viens me chercher.» Et quand vous l'atteindrez, d'autres buts se présenteront au fur et à mesure que vous y parviendrez. De nouveaux buts, des objectifs renouvelés, voilà les agents qui motivent un enthousiasme perpétuel.

Prenez comme exemple mon ami Paul Chow. Je l'ai rencontré pour la première fois à Hong Kong. Il avait quitté la Chine Rouge à pied avec sa famille. Son enthousiasme étonnant se manifeste dans son joyeux sourire qui illumine son visage. Paul avait un rêve, un but. C'était de venir vivre en Amérique et d'y élever sa famille. Il était très pauvre, comme les milliers de réfugiés qui s'entassaient dans Hong Kong. Mais Paul avait quelque chose de beaucoup plus précieux que l'argent. Il avait la foi, un dessein et de l'enthousiasme.

C'est une longue histoire. Un dimanche à New York, qui est exactement à mi-chemin autour de la terre par rapport à Hong Kong, je regardais du haut de ma chaire, et là, dans cette énorme assemblée, au tout premier banc étaient assis Paul Chow et sa famille. Il semblait me dire en levant les yeux vers moi et en souriant: «On est quand même arrivés à New York!»

Madame Peale et moi visitèrent leur nouvelle maison dans un quartier de New York où la promiscuité, le bruit et la saleté leur rappelaient le cauchemar de Hong Kong. Nous avons décidé qu'ils ne vivraient pas un jour de plus dans cet enfer. Nous les avons aidés à déménager à Pawling, New York, où Paul devint et est encore un ouvrier remarquable dans notre atelier d'impression à la Fondation de la vie chrétienne et où sa famille s'est taillée une place importante dans la vie communautaire.

Stephen Chow raffle tous les honneurs au *high school* et Ruth et Martha Chow sont les meilleures de leur classe. Toute la famille a de nouveau déménagé dans une maison plus confortable. Ils travaillent fort; en fait, ils travaillent comme le faisaient les Américains dans le passé. Stephen ne comprend pas pourquoi certains jeunes n'ont pas conscience des privilèges et de la chance inouïs qu'ils ont dans les écoles américaines.

J'ai constamment à l'esprit une certaine image. Madame Peale et moi quittions Pawling en voiture un beau samedi après-midi de juillet pour aller passer des vacances en Europe. Paul et Stephen étaient en train de peindre une longue clôture blanche. Ils sont toujours en train de travailler. Ils ont un but, alors ils travaillent. La route longe un talus élevé en haut duquel Paul, éclaboussé de peinture, était en train de redonner blancheur et beauté à cette clôture, comme le lui dictait son sens de la perfection. En nous éloignant, nous le voyions debout, un pinceau à la main, nettement dessiné sur le ciel bleu et sur un champ de maïs qui lui arrivait à la taille, son visage éclairé d'un sourire radieux, agitant la main pour nous dire au revoir.

En roulant vers l'aéroport, je songeais avec émerveillement à tout le chemin parcouru par cette famille de réfugiés depuis leurs débuts malheureux avec tant d'obstacles à surmonter. Quelle explication donner à cela? En fait, c'est facile. C'était un but, un objectif, un dessein, l'aspiration à une vie meilleure. C'était un enthousiasme qui ne diminua jamais parce qu'il était constamment renouvelé.

Dwayne Orton a exprimé une solide vérité quand il a dit: «Chaque entreprise devrait avoir un vice-président responsable du renouvellement constant.» Si c'est bon pour une industrie de se renouveler constamment, ça l'est sûrement pour un individu d'être motivé à tout instant par un élément qui le garde bien vivant, vibrant aux pulsations qui l'entourent et ouvert au présent dynamique dans lequel il vit. S'il n'a pas ce renouvellement continuel, il peut très bien ne plus s'accorder aux temps qui changent. La vie le dépasse. Il n'est plus un être vivant doué d'énergie, mais une relique qui se désagrège chaque jour un peu plus dans le passé enseveli. S'il est envahi par l'enthousiasme, c'est un citoyen du présent, indépendamment du nombre d'années qu'il a passé sur cette terre. Une personne de ce genre ne sera jamais dépassée mais toujours au présent.

Si quelqu'un entretient de grands espoirs, cela fait une différence fondamentale. «Chaque homme est enthousiaste à certains moments. Certains le sont trente minutes, d'autres trente jours; mais l'homme qui l'est trente ans est celui qui fait de sa vie un succès.» C'est ce que nous dit le *Catholic Layman* (Laïque catholique).

L'enthousiasme et
«C'est bon à s'en lécher les doigts»

Le colonel Harland Sanders était assis sur la véranda de sa maison à Shelbyville au Kentucky, le jour de son soixante-cinquième anniversaire, quand le facteur vint lui remettre une enveloppe. Elle contenait son premier chèque de sécurité sociale. Tout en étant reconnaissant au gouvernement pour cette forme tangible de considération pour ses personnes âgées, le colonel Sanders n'avait pas du tout envie de rester en dehors du monde des affaires. Avec une confiance inébranlable malgré sa situation financière limitée, il se mit à penser à la façon d'utiliser ce modeste chèque pour commencer une nouvelle carrière. Quelle expérience fascinante ce serait de se lancer dans une nouvelle carrière à un âge où les gens s'attendent plutôt à vous voir apprendre des jeux de société.

Assis sur son porche ce jour-là, savez-vous ce qu'il fit? Il se mit à penser et des idées lui vinrent à l'esprit. Les idées changent le cours des événements. Il se souvint du délicieux poulet frit tendre et croustillant que préparait sa mère. Il pouvait encore en sentir l'arôme après toutes ces années et se sentait plein de nostalgie. La recette de ce poulet frit était gravée à jamais dans ses papilles et dans sa mémoire.

Puis l'idée créatrice qui devait modifier le cours de sa vie lui vint à l'esprit. Pourquoi ne pas vendre les droits de recette du poulet frit de sa mère à des propriétaires de restaurant? Il se mit immédiatement au travail. Dans sa vieille voiture, il fit le tour de tous les restaurants, leur décrivant avec enthousiasme son incomparable poulet frit. Mais son idée n'intéressa personne. Partout dans le pays, du Kentucky à l'Utah, les propriétaires de restaurants soutenaient que leur recette de poulet frit était très bonne pour eux et leurs clients. À Salt Lake City, un restaurateur qui doutait d'abord que sa clientèle du Nord adopterait le poulet frit du genre Kentucky, fut gagné à la cause du colonel et décida finalement d'essayer.

Le résultat fut que les gens emplirent son restaurant, réclamant d'autres morceaux de ce poulet doré pour lequel le colonel avisé avait trouvé ce slogan pittoresque: «C'est bon à s'en lécher les doigts.» Le colonel Sanders, reconnaissable entre tous dans son costume immaculé et sa cravate noire, vendit finalement ses droits pour deux millions de dollars et fut engagé par les nouveaux propriétaires comme image de publicité au salaire annuel de quarante mille dollars. Son visage coloré est plein d'humour et d'intelligence. Il a maintenant plus de quatre-vingts ans, mais il envisage avec enthousiasme un avenir plein de nouveautés. Quelle est donc la motivation de cet homme et d'autres qui lui ressemblent? C'est l'enthousiasme, le genre d'enthousiasme qui croit qu'il y a toujours quelque chose de nouveau et de meilleur. C'est une convocation qui pousse à créer et qui ne s'effondre jamais.

Enfin, il y a un élément de tout premier ordre dans l'entretien d'un enthousiasme soutenu, un élément qui focalise tous les autres ingrédients en un point central. C'est un sentiment spirituel profond, une foi en Dieu qui motive une conscience aiguë et un intérêt dévorant pour la vie. L'âge ne l'émousse pas; la douleur et les problèmes ne lui enlèvent pas son acuité; les coups du sort ne l'affectent pas. Avec cette foi, la confiance en la vie même continue, sans être affectée par les difficultés de l'existence humaine. Une foi personnelle, profonde et vivante en Dieu est le facteur de base qui permet à l'enthousiasme de se développer et de ne jamais diminuer. Ce passage de la Bible l'exprime clairement: «Pour vous renouveler par une transformation spirituelle de votre jugement.» (Éphésiens 4:23)

J'ai essayé de faire une liste des hommes les plus enthousiastes que j'ai connus et j'ai découvert que ce principe fondamental expliquait leur enthousiasme à tous. Un de ces hommes sur ma liste est un vieil ami, Bryson F. Kalt.

Un des meilleurs vendeurs de New York, avec un chiffre de vente astronomique, Bryson a la faculté de maintenir son enthousiasme (sans lequel personne ne peut réussir dans le domaine de la vente) en s'aidant du principe contenu dans ces mots: «Soyez renouvelés par une transformation spirituelle de votre jugement.»

Comme je lui demandais le secret de sa vivacité perpétuelle qui ne diminuait pas avec les années, Bryson me répondit: «Eh bien, je vais vous le dire. Vous m'avez appris à aimer Dieu et mon prochain ainsi que la vie et à toujours renouveler les pensées dans mon coeur et dans mon esprit. J'ai suivi votre enseignement positif et le résultat en a été un bonheur et un enthousiasme qui ne s'évanouissent jamais.»

Voilà, je crois, la réponse bien simple au problème de la baisse de l'enthousiasme. Tout simplement: «Soyez renouvelés par une transformation spirituelle de votre jugement.» Gardez votre esprit en perpétuel renouvellement et vous aurez gagné.

CHAPITRE TROIS

La persuasion enthousiaste

Il y a une formule magique de succès, sans laquelle aucune entreprise ne peut réussir. Elle peut conduire au succès dans la vie même. Cette formule s'énonce en six mots courts et précis. Je vous les donne; retenez-les bien: *découvrez un besoin et comblez-le.*

Toute entreprise qui est un succès et qui a prouvé sa force indéniable s'est appuyée sur cette formule. Les directeurs de ces entreprises ont découvert un besoin pour un service ou un produit que les gens désiraient. Ils ont cherché à satisfaire ce besoin, y sont parvenus et leurs efforts ont été récompensés par une demande de même importance.

Les grands hommes de l'Histoire ont tous décelé un besoin, ont été conscients d'une nécessité de leur époque. Ils se sont mis à l'oeuvre pour combler ce besoin, ils ont satisfait cette nécessité et sont devenus des leaders et des bienfaiteurs de la race humaine. Ils sont devenus des figures remarquables, incarnant le succès et possédant la grande qualité d'être perspicaces. Ces hommes décelaient les besoins, contrôlaient les situations, rectifiaient les conditions et comblaient les aspirations.

Le succès n'est pas basé sur une habileté supérieure, une pratique malhonnête, une promotion douteuse ou sur une grande pression. Ces points-là peuvent motiver un moment, mais ils n'ont pas de substance ni de corps et, étant flous, ils disparaissent vite. Parler fort et simuler un enthousiasme qui va toujours avec une passion outrée est un autre faux procédé qui n'est pas efficace pour persuader, communiquer et produire des résultats durables. Il disparaît inévitablement.

Mais l'enthousiasme d'un vendeur, fondé sur la croyance que ses biens et services sont utiles et que de tels biens et services vont satisfaire de façon valable les besoins des gens, est le genre d'enthousiasme qui réussit. Il réussira si on ne le force pas. Un vendeur qui pousse la vente se crée de l'opposition. Mais l'enthousiasme sincère attire la confiance.

Ainsi, si vous êtes un vendeur et que vous avez quelque chose à vendre, une chose dont les gens ont besoin et qui, dès l'achat, comblera honnêtement ce besoin, vous avez en mains les clés du succès de votre carrière. Vous devez être sûr que ce que vous essayez de faire ou d'être est bien. Si ce n'est pas bien, c'est mal. Pas à moitié bien ou à moitié mal. Soit que c'est bien, soit que c'est mal. Rien de mal ne devient jamais bien. Si ce n'est pas bon, c'est mauvais et rien de ce qui est mauvais ne peut être bon. Alors, partez avec le bien, partez avec le bon.

Quand vous faites une chose en laquelle vous croyez vraiment, alors vous pouvez mettre tout le poids de vos convictions derrière vos efforts. C'est à ce moment que l'enthousiasme est activé, se développe et commence à faire effet. Et quand l'enthousiasme, un enthousiasme délirant pour une chose, un produit ou un service, entre en jeu, la persuasion devient un facteur très important. L'enthousiasme est peut-être ce qui permet le plus la communication dans le monde. Il vous met en état d'atteindre les gens, de les rendre conscients de leurs besoins et il leur passe aussi le message que vous pouvez satisfaire ce besoin. Alors vous devenez un élément nécessaire et vital dans leurs vies. N'en doutez pas. Vous avez ce dont ils ont besoin. Vous êtes essentiel à leur bonheur et à leur bien-être et ils le savent.

Mais, ce qui est étrange dans la nature humaine, c'est que les gens ne sont pas toujours conscients de leurs besoins. Ils renoncent souvent à acheter ce dont ils ont vraiment besoin dans leur propre intérêt. C'est à ce moment-là qu'il faut employer la communication et la persuasion. L'art, le don, la science de la communication est le processus grâce auquel vous persuadez plusieurs personnes d'adhérer à la même idée que vous. Communication et persuasion, voilà les deux qualités absolument essentielles que tout être humain doit posséder s'il veut toucher la vie d'autres personnes pour qu'elles achètent un produit, acceptent une idée, partagent une conviction ou marchent avec lui vers le même but.

Comment être un véritable vendeur

Ce chapitre traite principalement de l'art d'être vendeur. Je me sens qualifié pour écrire sur ce sujet, car j'ai souvent pris la parole devant des groupes de représentants et je suis lié de près au domaine de la vente au point d'avoir fait un film intitulé: *Comment être un véritable vendeur.*

Comment devient-on un bon représentant? Quelques méthodes pour y parvenir sont expliquées et illustrées dans ce chapitre. Je vais vous donner en onze points la technique de vente qui, je crois, fournit des éléments importants pour la vente efficace.

1. *Trouvez un besoin et comblez-le.* C'est assez dur de vendre un produit dont personne n'a besoin. Ayez la conviction que vous vendez ce dont les gens ont vraiment besoin.

2. Vu que vous devez vous vendre avant de vendre votre marchandise, il est important de vous vendre d'abord à vous-même. Alors, croyez en vous.

3. Vous voulez vendre. Soyez emballé de vendre des biens ou services utiles.

4. Soyez plein d'enthousiasme, du genre qui soutient votre amour du travail et des gens.

5. Ne vous emballez pas trop, sinon vous créerez de la résistance au lieu du climat de confiance qui incite à l'achat.

6. Développez cette forte motivation que fait naître un profond enthousiasme qui ne s'effondre jamais.

7. Ne soyez pas une demi-mesure. Soyez entier, non pas moitié. Mettez-y tout votre coeur et votre personne. C'est ça qui produira l'impact conduisant à de bons résultats.

8. Concentrez-vous, pensez. Concentrez-vous, pensez. Gardez votre esprit actif, tourné vers votre vente. Penser fera naître des idées et les idées font vendre.

9. Apprenez l'art de communiquer. Développez vos rapports avec les gens. Apprenez à les connaître et à les aimer. Ils vous aimeront et achèteront ce que vous avez à vendre.

10. Demandez à Dieu de vous aider dans vos projets. Ensuite planifiez votre travail et tenez-vous-y.

11. Soyez persuadé qu'être représentant est le travail le plus noble et le plus important dans l'économie américaine. Croyez que vous êtes un actionnaire de la libre enteprise et de la liberté. Soyez fier d'être un vendeur.

L'enthousiasme persuade et la persuasion fait vendre

Tout petit, j'étais moi-même fasciné par la vente. Je voulais toujours vendre, vendre quelque chose à quelqu'un, offrir aux gens quelque chose qui s'achète. Après l'école, j'aidais dans une confiserie pour vendre des bonbons - ceux au moins que je ne mangeais pas. Je travaillais dans une épicerie où j'avais la grosse responsabilité de vendre le journal *Enquirer* de Cincinnati tôt le matin et tard le soir pour inscrire de nouveaux abonnés, et j'en avais beaucoup.

Durant ma carrière de jeune vendeur, je vendis aussi des vêtements d'hommes pour mon vieil ami Emil Geiger. Il y a des années, il tenait l'une des meilleures merceries de Bellefontaine, dans l'Ohio. De tous les hommes que j'ai observés à l'oeuvre, Emil était celui qui communiquait le mieux avec les gens et maniait l'art de la persuasion avec le plus de dextérité. Sa marchandise était de qualité. En fait, il aimait beaucoup ses produits. Pour lui, c'était ce qu'il y avait de mieux. Il était patient et voulait que le client emporte ce qui lui allait le mieux. Mais plutôt que de laisser partir un homme de son magasin avec un complet qui ne lui allait pas parfaitement, Emil lui disait de chercher ailleurs. Je l'ai même vu téléphoner à un concurrent quand il vit que lui-même n'avait pas ce qu'il fallait pour habiller un client. Les gens revenaient toujours car ils avaient confiance en lui. Il savait vendre et ce qui est encore plus important, il savait comment continuer à vendre. L'honnêteté et l'intégrité étaient les deux piliers de la personnalité de cet homme qui, dans mon esprit, est resté l'un des meilleurs vendeurs que j'ai connus.

Il ressemblait à feu Amos Sulka, célèbre mercier de New York, qui était aussi un de mes amis. Sulka me raconta que William Randolph Hearst, maintenant décédé, magnat de la presse Hearst, entra un jour dans sa boutique pour acheter des cols. Sulka pensa que le style de cols que portait monsieur Hearst ne lui allait pas du tout et qu'ils étaient même démodés. Il suggéra de façon assez persuasive un autre type de cols. Hearst éclata: «Je sais ce que je veux! Voulez-vous me vendre ça ou non?»

Sulka ne se froissa pas, resta poli et prudent mais s'exprima avec fermeté. Il savait communiquer. «Monsieur Hearst», dit-il au gros homme austère, au front sourcilleux, «vous êtes le plus grand vendeur de journaux au monde. Vous savez ce dont les gens ont besoin et vous leur vendez ce dont ils ont besoin. Je suis le plus grand mercier au monde. Je sais ce dont les gens ont besoin en matière de vêtements. Je suis le plus grand expert au monde pour habiller les hommes, surtout les grands hommes.»

Les yeux de ces deux fortes personnalités, de ces deux super-vendeurs se croisèrent. Sulka ne broncha pas. «Je veux que monsieur Hearst porte ce qu'il y a de mieux pour lui chez Sulka et c'est justement ça.»

Hearst fronça les sourcils et dit: «Très bien, vieil égotiste! Passez-moi le col qui me convient.»

Sulka croyait en ses produits. Il savait ce qui était bien. Il ne faisait pas de compromis et un client célèbre ne l'effrayait pas. Il ne cherchait pas à flatter. Il communiquait avec le coeur et l'esprit des autres. Son enthousiasme, son honnêteté et son intégrité, alliés à une compétence sans égale dans son domaine, firent de lui un extraordinaire vendeur.

Eh bien, pour en revenir à Emil Geiger, il me dit un jour: «Tu seras toujours un vendeur, Norman, mais c'est un système d'idées que tu vendras. Tu vendras l'art d'être chrétien car je sais que tu seras pasteur. Alors, laisse-moi te donner ce conseil: donne aux gens une religion efficace qui les aidera comme ils en ont besoin. Crois-y toi-même. Sois sincère et enthousiaste. Sois persuasif. Apprends à communiquer et ils achèteront.»

Emil était de religion juive mais plus tard, de temps en temps, il prit l'habitude de venir dans mon église à New York. Il me donnait une affectueuse tape dans le dos: «Donne-leur ce qu'il y a de vrai, car c'est ce dont ils ont besoin, me disait-il. Sois enthousiaste, communique, persuade et tu pourras vendre.» Emil avait raison, en effet, car prêcher et enseigner l'art d'être chrétien est une forme de vente. Par cette approche, on essaie de faire accepter le message à tous ces gens et on les persuade de marcher avec soi sur le chemin de la bonne entente.

Je vends des casseroles d'aluminium

J'ai appris il y a longtemps, par ma propre expérience de la vente, comment l'enthousiasme et la persuasion s'ajoutent à une vraie faculté de communiquer pour donner des résultats qui aboutissent à quelque chose. À cette époque, tous les jeunes se trouvaient un travail pour l'été et une année, je devins vendeur d'ustensiles de cuisine en alumimium. C'était un travail harassant de porte à porte avec, de temps en temps, une démonstration pour prouver les avantages de cuisiner avec ces casseroles. L'idée était de convaincre une maîtresse de maison sympathique qui avait une réputation de bonne cuisinière, d'inviter plusieurs de ses voisins pour le lunch, au cours duquel on leur faisait un discours de promotion de ces ustensiles.

Étant un amateur inconditionnel de la cuisine de l'Ohio et de l'Indiana qui fait grand usage de poulet frit, de purée de pommes de terre et de sauce brune, je débordais naturellement d'enthousiasme et de persuasion. Je portais aux nues cette nourriture délicieuse. Je communiquais si bien mon ardeur à l'assemblée que les commandes affluaient dans mon carnet.

Quant à cette vente de porte à porte, il en fallait du courage et de la persuasion super-enthousiaste. À ce moment-là, je vivais à Greenville dans l'Ohio et j'étais si nerveux et timide que je décidai de *travailler* dans la ville d'Union dans l'Indiana, juste de l'autre côté de la frontière entre les deux États. D'un pas hésitant, ce premier jour, après avoir dépassé plusieurs rues sous de faux prétextes, j'en commençai une qui me parut plus prometteuse.

La première maison était un peu délabrée. Je me dis que ses habitants ne devaient pas être tellement amis du progrès pour acheter des ustensiles d'aluminium et je la passai. La deuxième maison était belle et bien entretenue. Je pensai que les gens devaient être amis du progrès et avaient sûrement déjà une batterie d'aluminium. Je me rendis bien compte que mon raisonnement était conditionné par la peur. Alors, me prenant en main, je montai l'escalier, me répétant le discours de promotion qu'on m'avait donné en même temps que ma trousse de marchandise. Puis, priant le ciel qu'il n'y eût personne à l'intérieur, j'appuyai timidement sur la sonnette. La porte s'ouvrit brusquement et sous mes yeux effrayés, ce qui me sembla la plus grosse femme que j'aie jamais vue emplit le cadre de la porte. «Qu'est-ce que vous voulez?» hurla-t-elle, le regard mauvais.

«Vous ne voulez pas une batterie d'aluminium, par hasard?» dis-je d'une toute petite voix.

«Sûrement pas», et elle claqua violemment la porte.

Déprimé, je me dirigeai avec ma valise d'ustensiles en aluminium vers ma maison, en traînant le pas. Comme je n'aimais pas mordre la poussière, j'allai voir un ami qui s'appelait Harry. «As-tu déjà vendu des casseroles en aluminium?» lui demandai-je.

Quand il me dit que non, j'exultai. «Comment, tu n'as jamais vendu de batterie d'aluminium! Pourquoi donc? C'est une des plus grandes entreprises dans le monde.» Mon enthousiasme le fit décoller de terre et en moins de temps qu'il n'en faut pour le dire, je lui avais vendu la moitié de mes intérêts dans l'affaire. Je lui donnai le discours à étudier et lui dis qu'on commencerait tôt le lendemain matin et qu'on vendrait toute la journée dans Union.

Le lendemain, nous descendîmes du tramway à l'endroit de mon échec cuisant de la veille. «Est-ce qu'on vend dans cette rue?» demanda Harry.

«Non, dis-je. On va la sauter. Je l'ai faite hier.»

En approchant de la rue suivante, j'eus un étrange sentiment d'enthousiasme et de confiance que m'inspirait sans doute la présence de mon ami. «Tu prends ce côté et moi l'autre, déclarai-je. Et écoute-moi bien: n'accepte pas un non pour réponse. Sois persuasif. Elle a besoin de cette marchandise. Alors fais-le-lui comprendre.»

Je marchais vers la porte, rempli de l'allégresse du vendeur. J'allais convaincre une femme d'acheter quelque chose dont elle avait besoin et qui lui donnerait satisfaction pendant des années. C'était formidable. Comme j'appuyais sur la sonnette, Harry me fit un salut de la main. «Vive la vente, mon vieux!» cria-t-il.

La porte s'ouvrit et un petit bout de femme apparut. En tout cas, à mes yeux confiants, elle me sembla petite. J'étais bientôt dans sa cuisine en train d'essuyer sa vaisselle, tout en lui vantant les qualités de ma batterie d'aluminium. J'en parlais presque comme un illuminé. «Mon Dieu, mon Dieu! Que vous êtes un jeune homme enthousiaste! Comment pouvez-vous vous emballer à ce point pour des ustensiles de cuisine?» Cette question ouvrit la discussion sur une information scientifique de la cuisine qui étonna tant la dame qu'elle en resta bouche bée. Elle signa le bon de commande et me raccompagna àla porte en me remerciant.

Cette femme devint mon amie jusqu'à sa mort. Une fois, des années plus tard, elle vint m'entendre prêcher et me dit: «Vous vendez l'Évangile avec la même foi et le même enthousiasme que lorsque vous m'avez vendu ces casseroles. Et, ajouta-t-elle, je me sers encore de deux d'entre elles. Elles me sont aussi indispensables que vous me l'aviez dit.»

«Oui, répondis-je, et il en est de même de l'Évangile que je prêche.»

«Oh! J'ai acheté ça il y a longtemps», me dit-elle en souriant.

L'enthousiasme joint à la persuasion, formule extraordinaire, égalent succès sur le plan de la communication.

L'enthousiasme et la belle vie

Chacun peut se servir de l'enthousiasme persuasif pour réussir sa propre vie et celle des siens. Ma mère est décédée, il y a plus de vingt-cinq ans, mais j'ai pleine conscience que tout ce que je fais de créatif aujourd'hui a ses racines dans l'enthousiasme persuasif de ma mère du temps où j'étais enfant. On entend dire la même chose à des enfants qui ont eu des parents bons et vigilants.

En fait, ma mère était une vendeuse-née; elle avait quelque chose à transmettre. Elle trouvait que les gens avec leur personnalité, leur potentiel, étaient formidables. Elle poussait toujours les jeunes vers ce qu'ils devaient devenir. Elle possédait comme personne l'art de faire jaillir dans l'esprit des gens l'étincelle qui les mettrait en route. Naturellement, son esprit rayonnant exercait un puissant effet sur ses enfants. Chez nous, un repas était toujours une expérience passionnante. Mère parlait non seulement des merveilles qui existaient dans notre ville, mais aussi de celles qui existaient dans le monde entier.

Elle s'occupait des activités de femmes missionnaires pour une importante congrégation. Elle recevait des lettres de missionnaires dispersées au quatre coins de la terre. Elle était en contact avec les événements et les changements dans de nombreux pays. Elle voyageait dans le monde entier, ses aventures la conduisant même dans des régions de la Chine infestées de bandits et dans des endroits ravagés par la guerre. Elle apportait tout cela à table et essayait de s'en servir pour convaincre ses trois fils de faire quelque chose d'eux-mêmes et d'apporter une contribution valable dans le monde. Elle pouvait vendre une idée à n'importe qui parce que cette idée était bonne et qu'elle la présentait avec toute la force motrice de l'enthousiasme.

Les mères et les pères sont des vendeurs et leur travail est de vendre à leurs enfants une vie intéressante et créatrice. S'ils ne la leur vendent pas, quelque amer désaxé aux cheveux longs leur vendra cette énorme supercherie que leur pays et même leur vie sont «dégueulasses» et les amènera sur la route du LSD ou sur une route d'insuccès sans issue.

La femme de Ramsay MacDonald, qui fut premier ministre de Grande-Bretagne, déclara à son mari sur son lit de mort: «Quoique tu fasses, mets de la poésie et de l'enthousiasme dans la vie de nos enfants. Avec ces qualités, ils auront une belle vie.»

L'enthousiasme persuasif est une machine à fabriquer du bonheur. Elle a le pouvoir de revêtir ce qui est banal sinon de poésie, du moins peut-être d'un intérêt et d'un sens profond. Nous vivons en un siècle où beaucoup de ceux qui ont eu la chance d'étudier et d'entrevoir des ouvertures pour leur avenir, ceux qui profitent de la santé et de la culture qu'ont produit des siècles de sacrifices et de labeur, ont conclu que la vie n'a ni sens ni valeur. Quant au mot enthousiasme, sa seule mention fait passer sur leurs visages apathiques un étonnement fugitif. On doit donc reconnaître que ce n'est pas le meilleur moment pour prêcher l'enthousiasme ou, justement à cause de ces circonstances, c'est peut-être le meilleur. En tout cas, l'enthousiasme ne court pas les rues de nos jours. Dans certains cercles même, le seul fait de parler de l'enthousiasme est vu comme quelque chose de pas très à la mode, même de carrément dépassé.

James Dillet Freeman, dont les écrits sont pleins de force, dit: «Nous vivons à une époque de révolte contre la raison, de révolte contre la beauté, de révolte contre la joie. Les peintres font baver des pots de peinture sur leurs toiles. Les sculpteurs soudent de la ferraille et du béton qu'ils sont allés chercher aux ordures. Les musiciens soufflent dans des klaxons et frappent sur des roues de métal pour en faire sortir une symphonie. Les poètes murmurent des idioties vulgaires. Les philosophes prouvent par la raison que la raison ne prouve rien.»

Et il continue de ce même ton si peu distingué qu'on ne s'attend pas à trouver chez un philosophe! «La vie pue, disent-ils. C'est surtout les intellectuels qui le disent; les gens à la mode, ceux qui ont fait des études, ceux qui lisent des livres, encore plus ceux qui les écrivent, les peintres et les scientifiques, les enseignants et les savants. Pour eux, dit monsieur Freeman, la vie pue.» Eh bien, que dites-vous de tout cela? On en est arrivé à vivre à une époque où, semble-t-il, pour être un lettré, il faut regarder l'enthousiasme de loin et se dire que la vie est corrompue.

Il faut du coeur au ventre
pour pratiquer l'enthousiasme

Récemment, j'étais assis près d'une femme remarquable, le juge Mary Kohler, qui a fait un travail sensationnel avec les défavorisés, surtout des enfants, dans les ghettos de New York. Ses cheveux sont tout blancs mais elle a un caractère éternellement jeune et un visage on ne peut plus radieux. Elle est gaie, exubérante et très cultivée. En plaisantant, elle me demanda ce que je faisais de nouveau maintenant. «J'écris un livre», dis-je.

«Oh, c'est intéressant ça! Et quel en est le titre?»

«*L'enthousiasme fait la différence.*»

«C'est merveilleux! s'exclama-t-elle. Je pense vraiment que vous êtes sensationnel. Je vous félicite pour votre enthousiasme et votre courage d'écrire un livre sur l'enthousiasme par les temps qui courent.»

J'ai été bien surpris d'apprendre qu'il fallait du courage et de l'audace pour faire cela. Depuis lors, j'ai conclu que ça va plutôt à l'encontre du courant actuel, ou de ce qu'on appelle la pensée intellectuelle américaine contemporaine. Mais je n'écris pas pour les intellectuels. J'écris pour la masse des Américains qui croient tout simplement que la vie peut être belle.

Enthousiasme égale amour

Comment acquiert-on de l'enthousiasme dans la vie? En fait, c'est aussi simple que ceci: cultivez la faculté d'aimer la vie. Aimez les gens, aimez le ciel sous lequel vous vivez. Aimez la beauté, aimez Dieu. Une personne qui aime devient enthousiaste et est emplie de l'étincelle de la joie de vivre. Ensuite, elle va donner à la vie de plus en plus de signification. Si vous n'êtes pas enthousiaste, commencez à cultiver dès aujourd'hui l'amour de la vie, comme Fred par exemple.

C'est arrivé à Détroit, par une froide nuit d'hiver. Il était à peu près vingt et une heures trente quand je m'enregistrai à l'hôtel. Comme je n'avais pas encore dîner, j'appelai un garçon de courses. «Y a-t-il un restaurant dans cet hôtel où je pourrais avoir un sandwich et une tasse de café à cette heure-ci?»

«Il y a le service à la chambre», suggéra-t-il en me tendant le menu.

Je suis de nature assez sobre et quand je vis qu'un simple sandwich coûtait deux dollars cinquante et le café trente-cinq cents, je demandai: «Y aurait-il un snack-bar près d'ici?»

«Oui, au bout de la rue, il y a un endroit qui s'appelle Chez Fred, me dit-il. Ça n'a pas d'apparence, mais la nourriture y est excellente.»

Je marchai ainsi vers Chez Fred en dépassant plusieurs pâtés de maisons. Le garçon avait raison. Ça n'était pas très attirant de l'intérieur comme de l'extérieur. Au comptoir étaient assis quelques vieux bonshommes (et quand je m'assis à mon tour, cela en fit un de plus). L'homme derrière le comptoir était un grand gaillard aux manches retroussées qui laissaient voir ses gros bras poilus. Il avait un grand tablier autour de la taille. Cet endroit n'était pas distingué du tout mais je l'aimai tout de suite.

Appuyant sa grosse main sur le comptoir, l'homme en tablier me demanda: «Salut frère, qu'est-ce que tu veux?»

«Est-ce toi, Fred?»

«Ouais.»

«À l'hôtel, on m'a dit que tu faisais de bons hamburgers.»

«Frère, tu n'en as jamais mangé de pareils.»

«D'accord, donne m'en un.»

Au bout du comptoir se trouvait un vieil homme, dans un état pitoyable. Il était assis et ses doigts tremblaient. Je ne sais si c'était à cause de son état nerveux ou du delirium tremens. Mais après que le grand Fred m'ait servi mon hamburger, il alla le voir et mit sa main sur celle de ce vieil homme. «Ça va passer Bill, tu vas voir, ça va passer. Je vais te préparer un bol de cette bonne soupe chaude que tu aimes bien. Ça te va?» Bill hocha la tête pour remercier.

Une ou deux minutes après, un autre vieux se leva et, traînant les pieds, vint payer sa note. Fred lui dit: «Monsieur Brown, faites attention aux autos dans l'avenue. Elles roulent vite la nuit. N'oubliez pas de jeter un coup d'oeil au clair de lune sur le fleuve. C'est bien beau ce soir.»

Je regardai cet homme avec admiration: l'amour bourru qu'il prodiguait, c'est bien souvent l'amour le plus grand, le plus vrai, avait quelque chose de tendre. C'était vraiment touchant. Lui aussi était un vendeur. Il me dit: «Regarde cette splendide tarte, mon frère; tu ne dois pas terminer ton repas sans un morceau. Est-ce qu'elle n'est pas appétissante? Mary l'a fait cuire ici même.»

«Elle est bien appétissante, mais j'ai ce qu'on appelle de la force de caractère.»

«C'est bien le problème qu'on a avec des gens comme toi. Comment voulez-vous qu'on ne fasse pas faillite?» me dit-il avec un grand sourire.

Quand je payai ma note, je ne pus m'empêcher de faire cette remarque: «Tu sais, mon ami, j'aime bien ta façon de parler à ces petits vieux. Tu leur donnes l'impression que la vie est belle.»

«Pourquoi pas? demanda-t-il. J'aime vivre moi-même. Ils sont vieux et pas très gais, et notre restaurant est un peu leur maison. De toute façon, je les aime bien.»

M'en retournant à mon hôtel à pied ce soir-là, je marchai d'un pas léger. Je me sentis joyeux parce que dans un endroit assez fruste, j'avais fait une merveilleuse découverte: un homme de coeur qui aimait la vie, un génie de l'enthousiasme persuasif qui donnait aux gens l'impression que la vie est belle.

Ainsi, ne dépréciez pas la vie en énumérant tous ses mauvais côtés. Il y a des choses qui ne *vont* pas du tout et on doit y faire quelque chose. Concentrez-vous plutôt sur tout ce qui va bien. La vie est diablement belle, plus belle que si on ne l'avait pas, je crois. De toute façon, la vie sur terre ne dure pas très longtemps. Présente aujourd'hui, partie demain. Alors aimez-la aussi longtemps que vous le pouvez et soyez rempli d'enthousiasme.

Il souffrait de psychosclérose

Un jour, durant une course en taxi que je partageais avec deux autres hommes, à New York, j'ai vécu une expérience extraordinaire. En montant dans le taxi, nous parlâmes au chauffeur du temps qu'il faisait (et que nous trouvions beau) et lui demandâmes comment il se sentait et comment allaient ses affaires. À chacune de nos questions géniales, il répondait par un grognement sourd. J'avais remarqué que le visage de cet homme assez jeune d'allure, avait quelque chose de lugubre. De toute évidence, il était dans un état dépressif et pessimiste. Durant notre conversation, les deux autres m'appelaient toujours *Docteur,* ce qui parut intéresser le chauffeur. Il se retourna plusieurs fois et dut en conclure qu'il transportait un docteur en médecine et vit l'occasion d'obtenir une petite consultation gratuite. À un moment où la conversation était au point mort, il dit: «Docteur, je me demande si vous pouvez me donner un conseil.»

«Quel conseil voulez-vous?» demandai-je.

«Eh bien, j'ai des douleurs dans le dos et d'autres sur le côté. Je ne dors pas bien. Je suis toujours fatigué et je ne me sens pas en forme. Qu'est-ce que ça peut être d'après vous? Avez-vous quelque chose pour m'aider à me sentir mieux?»

«Bon, répliquai-je, entrant dans le jeu. Je dois vous dire, mon ami, qu'il m'arrive rarement de pratiquer mon métier dans un taxi ou de donner des ordonnances de cette façon. Mais comme nous sommes ici, je suis heureux de vous donner quelques conseils qui, je l'espère, vous seront utiles. Bien que je n'aime pas beaucoup faire un diagnostic si rapide, il me semble que vous avez tous les symptômes de la psychosclérose.»

À ce mot-là, il grimpa presque sur le trottoir. Cela dut lui sembler correspondre à une maladie pas très connue et assez grave. «Qu'est-ce que c'est que ça, une psycho-sclérose?» demanda-t-il avec un peu d'appré-hension.

Je ne le savais pas très bien moi-même. Mais je continuai: «Vous avez entendu parler de l'artériosclérose, bien sûr?»

«Je pense bien. Et alors?»

«L'artériosclérose est le durcissement des artères. Toute forme de sclérose est un durcissement, des artères ou de n'importe quel tissu. Votre cas semble être une psychosclérose, un durcissement de votre esprit, de votre attitude. C'est une perte de la souplesse d'esprit et, ajoutai-je, c'est une maladie grave et c'est sûrement la raison de votre souffrance et de vos douleurs. Quel âge avez-vous?»

Il me dit qu'il avait trente-cinq ans. «À trente-cinq ans, on ne devrait pas souffrir de ce mal, dis-je. Vos douleurs viennent à n'en pas douter de votre psychosclérose.»

La psychosclérose, le mot vient de moi, décrit bien l'état de beaucoup de gens qui ont perdu tout intérêt, dont la pensée est devenue dure et figée. Le meilleur antidote de cette maladie de l'esprit est l'enthousiasme.

Quand un enfant vient au monde, Dieu tout-puissant lui insuffle de l'enthousiasme. Quand il passe de la petite enfance à l'enfance proprement dite, il est plein d'exubérance, d'émerveillement et de joie de vivre. À ses yeux, tout est frais, nouveau et fascinant. Quand il avance en âge, s'il devient sophistiqué et cynique et que ses opinions se durcissent, il perd un des meilleurs éléments de la nature humaine, l'enthousiasme. Huxley dit que le secret du génie est de conserver un esprit d'enfant même à l'âge adulte. C'est-à-dire qu'il est important de conserver l'enthousiasme naturel que Dieu nous a donné. Un docteur m'a dit un jour: «J'ai déjà vu des gens mourir du manque d'enthousiasme. Je ne peux pas le marquer sur le certificat de décès, bien sûr, mais une personne sans enthousiasme peut perdre le goût de vivre.»

Beaucoup de gens échouent dans la vente, dans la direction des affaires, en fait dans tous les postes de commande, parce qu'ils sont victimes de psychosclérose, de durcissement des pensées. De nouvelles méthodes, des idées modernes, un ajustement aux changements et aux nouvelles situations, ne peuvent se frayer un passage dans un cadre rigide et dépassé.

J'expliquai bien sûr au chauffeur de taxi que je n'étais pas docteur en médecine, mais un docteur qui se spécialise dans la santé de l'esprit et du coeur. Je l'assurai que beaucoup de docteurs en médecine croient que la santé physique est étroitement liée au mental et au spirituel.

J'envoyai à cet homme un exemplaire de mon livre *The Power of Positive Thinking* (Le pouvoir de la pensée positive). Il répéta fidèlement les exercices mentaux et spirituels qui y sont décrits. Un jour, il vint me voir avec un sourire épanoui, pour me dire que sa psychosclérose allait beaucoup mieux. «Quand je me suis mis à améliorer ma façon de penser, j'ai été surpris de voir comme je me sentais mieux.» Il montrait éventuellement des signes d'enthousiasme qui étaient manifestement reliés à l'amélioration visible de sa santé.

L'enthousiasme persuasif, pour être efficace, doit être dirigé; il doit être amené vers un but et un objectif bien précis. Seulement être enthousiaste, d'une façon générale, peut rendre une personnalité brillante et agréable, mais n'aura pas comme résultat cette communication en profondeur qui fait arriver les choses qu'on désire.

John Bowles, vice-président de Beckman Instruments, me raconta l'histoire d'un représentant qui alla voir régulièrement un client tous les mardis matin pendant six mois. Homer entrait, s'asseyait et déployait tout l'enthousiasme de sa personnalité. Il parlait avec passion de la voile et du golf pour finir en disant: «Je vois bien que vous ne voulez rien, pas vrai?»

Sam, le propriétaire, en vint à apprécier le représentant Homer. Ils allaient même jouer au golf ensemble le samedi après-midi et Sam alla plusieurs fois faire de la voile dans le petit bateau d'Homer. Ce dernier débordait d'enthousiasme à tout instant et à tout propos et était un compagnon très agréable.

Un jour, comme ils se reposaient au pavillon du club, après un parcours, Homer dit: «Tu sais, Sam, je n'y comprends rien. Ça fait six mois que je viens te voir chaque semaine. On est devenu bons amis, mais, sacrebleu, tu ne m'achètes jamais rien.»

«C'est pas difficile à comprendre, dit Sam. Tu ne m'as jamais dit ce que tu vendais. Tu ne m'as jamais vraiment demandé d'acheter.»

Pensez à tout cet enthousiasme, toute cette persuasion qui n'ont servi à rien. «Vous ne voulez pas de ça, pas vrai?» n'avait jamais dit au client d'Homer ce qu'il vendait. Ça semble incroyable mais c'est pourtant très représentatif d'efforts visant peu ou pas d'objectif, faits avec tant de désinvolture qu'ils n'aboutissent à rien de bien précis. Une chose est sûre: on n'a jamais fait de l'argent, vendu de produits, aidé quelqu'un à améliorer sa vie ou entendu *oui* à une demande en mariage, si on n'a pas demandé. La Bible dit: «Demandez et vous recevrez.» Même l'enthousiasme persuasif ne convaincra pas si un objectif n'est pas défini. Un sens, un but, un objectif, voilà les points auxquels on mesure le succès. Et, bien sûr, il faut vous y mettre à fond.

Ne donnez pas de demi-mesure

J'ai fait une curieuse rencontre il y a deux ans, à l'hôtel Sherman de Chicago. Après avoir présenté un discours à un congrès, je me retrouvai dans ma chambre, quand une femme appela au téléphone et m'annonça qu'elle m'amenait son mari sur le champ. Elle était si décidée que je ne pouvais pas refuser. Quand ils arrivèrent, je vis qu'elle avait aussi une attitude décidée. Appelant son mari Charley, elle lui dit de s'asseoir, ce qu'il fit.

Mabel était deux fois plus petite que son mari.

«Maintenant, me dit-elle, je veux que vous fassiez quelque chose pour Charley», comme si elle voulait me dire qu'elle avait travaillé avec Charley pendant des années et qu'elle laissait maintenant tout tomber.

Charley me parut un gars sympathique, qui prenait bien les choses et qu'on était porté à aimer. Mais, comme je le découvris plus tard, il était indiscipliné, éparpillé et n'avait guère de succès dans son travail de représentant. Sa compagnie avait été patiente à son égard, très patiente. Je le rencontrai par la suite à plusieurs reprises durant quelques mois et j'appris à mieux le connaître. Il me déroutait. Un jour, je remarquai qu'il se servait constamment d'une phrase toute faite. Il la répétait tellement qu'on aurait cru entendre un disque rayé. Charley parlait de quelque chose et disait: «Vous savez, j'ai presque envie de le faire» ou «J'ai presque envie d'aller voir ça de près». Une fois, comme je l'encourageais à penser de façon positive, il me dit: «Vous savez, j'ai presque envie de faire ce que vous me dites.» Un jour, je lui dis: «Je sais ce qui ne va pas, Charley. Vous avez toujours *presque* envie. Tout ce que vous voulez entreprendre, vous n'en avez qu'à moitié envie. Vous feriez bien de réaliser que personne au monde n'a jamais réalisé quelque chose en ne le voulant qu'à moitié. La plupart d'entre nous ont besoin de plus que ce qu'ils ont. On a sûrement besoin de tout ce qu'on a. La moitié n'est jamais assez.»

Ce ne fut que quand Charley se mit à fonctionner au complet qu'il parvint à des résultats dans la vie. À ce moment-là, sa faculté de mener quelque chose à bien se développa prodigieusement. Quand il se donna à fond à son travail, ses dons naturels lui firent bientôt gravir les échelons de sa carrière.

Pour que ce soit un succès, il faut se donner à fond, de toute son âme. Dans beaucoup de cas, le hommes qui se donnent à fond à leur travail, font montre non seulement d'un enthousiasme qui fait toute la différence, mais aussi d'une productivité accrue. Un de mes amis, John Imre, est gérant de notre ferme à Quaker Hill dans le comté de Dutchess à New York. Il en a fait un endroit merveilleux où tout marche bien, car son intérêt et ses préoccupations sont centrés là-dessus. Il étudie chaque problème avec soin et le pourcentage de justesse de ses conclusions est très élevé.

Réfugiés de Hongrie, John et sa femme Maria sont devenus récemment citoyens américains et se sont gagné le respect de la communauté. John réussit dans son travail car il s'y donne à fond et pas à moitié. Comme le disait un entraîneur d'athlètes bien connu: «C'est ceux qui se donnent à fond et non à moitié qui deviennent les champions.»

Il y a un autre cas où l'enthousiasme persuasif a un grand rôle à jouer. On peut dire que la plus grosse vente que vous aurez jamais à faire est de vous vendre à vous-même. En arriver à s'accepter avec enthousiasme est l'un des plus grands tours de force qu'on puisse réaliser. Vous faire croire, mais vraiment croire, en vous-même, en vos capacités, vos dons, votre potentiel, exige le plus persuasif des enthousiasmes.

Il est tragique de voir combien de gens sont conditionnés non par une appréciation normale, réaliste et objective d'eux-mêmes, qui fait ressortir leurs possibilités, mais par un concept d'infériorité qui déforme leur propre image. Bien sûr, il y a des gens qui se portent eux-mêmes aux nues en vrais égoïstes mais ils sont une toute petite minorité à côté de ceux qui luttent chaque jour contre le doute et le sentiment d'imperfection. Le marché de la vente des gens à eux-mêmes est, croyez-moi, énorme. Mais, quand on parvient à faire agir l'enthousiasme persuasif de quelqu'un sur sa propre image, il est frappant de voir comment cette personne peut être vendue à l'idée de son épanouissement personnel.

Dans la salle de toilettes d'un avion

Cette histoire est peut-être l'expérience la plus étrange de toute ma carrière en consultation personnelle. J'étais dans un avion sur la ligne New York-Chicago dont tous les sièges étaient occupés, y compris ceux du bar-salon. Je me dirigeai vers la salle de toilettes quand, au moment de pousser la porte, je sentis quelqu'un derrière moi qui voulait aussi y entrer. Je fis un pas en arrière pour laisser passer cet homme mais, à ma grande surprise, il me dit: «Je veux vous parler en tête à tête et, vu que l'avion est bondé, nous pourrions peut-être parler dans les toilettes.»

Je me doutais vaguement qu'il allait m'arriver une drôle d'histoire et je laissai la porte entrebaillée au cas où la fuite serait recommandée. «Qu'avez-vous derrière la tête?» lui demandai-je, à demi perché sur le lavabo.

«Je me sens déprimé et à plat. Je ne me sens pas bien dans mon travail. Je ne crois pas en moi. Je voudrais ramper dans un trou et le refermer derrière moi. J'ai un complexe d'infériorité gros comme une montagne.» Ainsi continua sa sombre appréciation de lui-même.

Pour essayer de voir un peu plus clair en mon étrange visiteur, je demandai: «Dans quelle domaine êtes-vous?»

«Je ne suis que représentant, un vulgaire colporteur», fut la réponse qu'il me donna, s'offrant ainsi à la critique.

«Et dans quel secteur de la vente travaillez-vous?»

Ce qu'il dit me renversa. «Mes patrons m'envoient dans tout le pays faire des discours de motivation lors de réunions de représentants.»

«Je pense que vos patrons sont complètement idiots d'envoyer quelqu'un d'aussi lugubre pour essayer de pousser d'autres gens à croire en eux-mêmes et en leurs produits.»

«Mes patrons ne sont pas idiots. Ce sont les hommes les plus intelligents de l'entreprise», déclara-t-il, manifestant ainsi son premier trait d'esprit.

«Si c'est vrai, et je n'en doute pas, ils doivent voir en vous des qualités que vous ne voyez pas vous-même. Je m'explique: vos patrons croient en un homme qui ne croit pas en lui. Durant les quelques minutes de notre entretien, vous vous êtes dénigré vous-même et votre profession.»

«Ma profession?» demanda-t-il.

«Oui, votre profession. Vous vous êtes décrit comme un vulgaire colporteur, rabaissant ainsi l'un des plus beaux métiers de ce pays, celui de représentant qui procure un produit ou un service essentiel aux gens pour améliorer leur vie et celle des leurs. Qu'entendez-vous par *colporteur*?

Vous êtes un vendeur, mieux que cela, un enseignant, une source d'inspiration pour les vendeurs.

«En plus de cela, vous avez une bien piètre opinion de vous-même. Savez-vous qui vous a fait? Qui vous a donné ces qualités extraordinaires de leadership que vos patrons perspicaces voient en vous? Allez, dites-le-moi. Qui vous a créé?»

«Eh bien, je pense que vous voulez dire Dieu!» murmura-t-il confusément.

«Exactement, c'est bien de Dieu que je parle. Et vous êtes là à le piétiner et à traîner dans le ruisseau ce qu'il a créé. Mon pauvre gars, je crois bien que vous n'y êtes pas du tout!»

«Bon sang! Je n'avais jamais vu les choses sous cet angle-là. Vous me les faites voir différemment.» Pour la première fois, je vis une esquisse de sourire sur son visage.

«Écoutez maintenant une autre chose que j'ai remarquée: vous vous effondrez. Vous devez bien mesurer un mètre quatre-vingt?»

«Un mètre quatre-vingt-cinq», me corrigea-t-il.

«Eh bien, vous vous servez seulement d'un mètre soixante-quinze. Alors tenez-vous droit. Essayez de plaquer tout votre dos au mur. Tenez la tête droite comme si vous vouliez toucher le plafond.»

«C'est une drôle de façon de procéder», fit-il.

«Pas tellement. Cette conversation même se déroule dans un drôle de cadre. Mais ça ne nous empêchera pas de vous aider.

«Maintenant, gardez votre tête bien droite et répétez ces mots après moi: «*Je suis un vendeur, le plus beau métier du monde. Je suis une partie essentielle du système de libre entreprise américaine. Je rends des biens et services disponibles à des gens qui en ont besoin. Sans hommes comme moi, l'économie s'effondrerait. Je suis un actionnaire important de la civilisation de la liberté.*»

«Vous voulez vraiment que je répète ça?»

«Certainement. Allez-y.»

Il répéta mes paroles en hésitant, mais au fur et à mesure qu'il parlait, il manifestait quelques signes d'enthousiasme. «Ça va, dis-je. C'est bon. Et maintenant, prions.» Un silence de mort s'ensuivit. «Allez-y», lui ordonnai-je.

«Moi, que je prie! Je pensais que vous alliez dire la prière vous-même. Je n'ai jamais prié en public de ma vie.»

«On ne peut pas dire que ce soit tellement en public, fis-je. Alors, allez-y et priez.»

Il fit une prière qui venait du coeur, extraordinaire et mémorable. Naturellement, je ne l'ai pas enregistrée et je la répète de mémoire mais, autant que je me souvienne, elle disait à peu près ceci: «Seigneur, j'ai besoin de me remettre d'aplomb. S'il te plaît, aide-moi à me remettre d'aplomb. Aide-moi à m'en sortir. Oui Seigneur, aide-moi à me dépêtrer. Aide-moi à devenir un vrai vendeur et à arriver à quelque chose. Amen.»

«C'était une très belle prière, dis-je, parce qu'elle vient de vous. Je suis certain que Dieu l'a entendue car il est à bord lui aussi.»

Plus tard, à l'aéroport, nous nous serrâmes la main et il partit de son côté. Mais j'en ai des nouvelles de temps en temps et j'ai compris qu'il utilise à forte dose l'enthousiasme persuasif. Pour cet homme, l'enthousiasme a fait la différence, une énorme différence du point de vue créatif. Il s'est vendu à lui-même, ce qui est très important pour chacun de nous. Car lorsqu'un individu fait cela, pourvu qu'il garde un fond d'humilité, il est sur la bonne voie.

Les champions de golf et la pensée positive

Plusieurs de nos grands athlètes se servent de la persuasion pour se préparer aux grands événements athlétiques. Là encore, l'enthousiasme joue un rôle essentiel. Gay Brewer par exemple a fait appel à la pensée positive et à l'enthousiasme pour s'aider dans le Tournoi des Maîtres de 1967 et son adresse lui a valu la victoire. Les spectateurs sur les gradins, criant leur enthousiasme, n'avaient aucune idée que Gay Brewer avait participé à des tournois sans aucune indication de ses qualités de champion. Brewer cependant sentait bien qu'il avait des possibilités mais elles semblaient murées en lui. Il fit un examen minutieux de lui-même et découvrit qu'il lui manquait de la foi et de l'enthousiasme. Comment pourrait-il jouer comme un champion quand, au plus profond de lui, il se sentait déjà perdant? Sa propre attitude jouait contre lui.

Puis, par chance et aussi parce qu'il avait commencé à chercher à s'aider lui-même, Gay tomba sur des récits d'hommes qui s'étaient battus pour surmonter leur sentiment d'incompétence et avaient gagné. Des hommes qui par leur propre expérience, avaient découvert des moyens pratiques pour vivre de façon constructive et enthousiaste. Gay Brewer essaya ces suggestions et, à son émerveillement, elles réussirent. Les résultats se manifestèrent non seulement dans sa façon de jouer au golf, mais dans toutes les sphères de sa vie. Cela fit qu'il resta calme bien qu'agressif lors du Tournoi des Maîtres. Il attaquait avec une attitude positive. Il voulait gagner. Il se concentrait, croyait en lui et ses pensées étaient positives. Il jouait au golf comme un champion parce qu'il s'était équipé mentalement aussi bien que physiquement pour devenir un champion.

Gary Player, le grand golfeur sud-africain, l'un des seuls quatre hommes à avoir remporté le *grand slam* au golf: le tournoi Open des États-Unis, celui de Grande-Bretagne, celui des Maîtres et celui de la P.G.A. des États-Unis, me fit part récemment de son expérience.

«Comme vous le savez, nous, golfeurs, vivons dans une tension perpétuelle. Ça peut nous mettre les nerfs à fleur de peau. Je vais vous raconter comment j'ai surmonté cette tension quand j'ai joué contre Arnold Palmer et Jack Niklaus lors du Match du Championnat du Monde à Londres.

«Ce terrain de golf convenait tout particulièrement à mes adversaires. La plupart des gens pensaient que je ne gagnerais pas contre ces experts, mais je ne me laissai pas influencer par les opinions pessimistes de la presse et du public. Je ne me laissai pas non plus gagner par la tension. Je me souvins d'un extrait du *Pouvoir de la pensée positive* et je savais que *ma force serait dans mon calme et ma confiance*. Je savais aussi, docteur Peale, que je ferais de mon mieux si je laissais *Jésus-Christ me donner la force d'y arriver*.

«Plus tard, quand je jouai dans le tournoi *Open* des États-Unis, je fis de nouveau appel aux suggestions du même livre. Sans cesse, je pensais à ce qui allait arriver, je faisais une prière, je me jetais dans l'action et je gagnai le tournoi *Open* des États-Unis.

«Puisque la Bible est notre grande source d'inspiration et d'énergie, et puisque vos écrits, docteur Peale, ont fait entrer la Bible dans nos vies quotidiennes, je recommande vos livres en toute occasion, surtout aux jeunes. Votre influence m'a amené à baser ma vie sur ces trois piliers: foi, instruction et forme physique.»

Quatre pas vers la réalisation de soi-même

Voici une autre belle recette pour faire de sa vie un succès. Elle est de William A. Ward. Il l'appelle *Four Steps to Achievement* (Quatre pas vers la réalisation de soi-même). On pourrait l'appeler le plan des huit P: Planifiez avec précision; Préparez-vous par la prière; Procédez positivement; Poursuivez avec persévérance.

Alors croyez en vous. Mettez en pratique les principes de l'enthousiasme persuasif. Dites-vous que vous êtes meilleur que vous ne le pensez. Et souvenez-vous que: *Quand on veut, on peut!* Mettez un enthousiasme de bonne foi dans votre style de vie car l'enthousiasme fait toujours la différence.

CHAPITRE QUATRE

Comment l'enthousiasme efface la crainte et l'inquiétude

«Tuée par trente ans de pensée!»

C'est ainsi qu'un journal de Londres intitulait un article sur la mort étrange d'une grande championne de tennis. Trente ans auparavant, alors qu'elle n'était qu'une enfant, cette femme avait vu avec horreur sa mère mourir subitement d'une attaque cardiaque alors qu'elle se faisait soigner par un dentiste. Cette expérience traumatisante bouleversa tellement l'enfant que durant les trente ans qui suivirent, elle refusa catégoriquement tout traitement dentaire. La seule idée d'aller chez le dentiste la terrifiait même si elle savait très bien que le dentiste chez qui sa mère était allée n'avait aucune responsabilité dans la mort de cette dernière. C'était une simple coïncidence que l'attaque cardiaque causant sa mort se soit produite dans le cabinet du dentiste. Elle en vint à nécessiter des soins dentaires si urgents qu'elle dût se résigner à subir un traitement malgré sa terreur. Elle insista cependant pour que son médecin l'accompagne dans le cabinet du dentiste. Mais ce fut peine perdue. Au moment où elle s'est assise dans le fauteuil du dentiste, tout comme sa mère trente ans auparavant, elle eut une soudaine attaque cardiaque et mourut.

Trente ans à ressasser cette pensée l'avait tuée; trente ans de pensée et de crainte meurtrières. Songez un peu comment trente ans de pensées tournées vers la foi, trente ans de pensées enthousiastes auraient changé la vie de cette femme.

Mais laissez-moi vous conter une autre histoire d'un être humain, d'un genre bien différent, qui finit beaucoup mieux. C'est l'histoire d'un homme qui a souffert de la peur jusqu'à ce qu'il ait cinquante ans. À ce moment-là, il en eut assez de son état d'esprit, décida d'y faire quelque chose et y parvint; et, de fait, il y réussit si bien qu'il ne fut jamais plus tourmenté, il y réussit si bien qu'il ne fut jamais plus tourmenté par la peur. Comment parvint-il à cette délivrance remarquable? Par l'enthousiasme. Il fit cette merveilleuse découverte que l'enthousiasme qui vient des profondeurs de l'être humain, peut annihiler la peur et l'inquiétude. Maintenant, comment l'enthousiasme accomplit-il ce prodigieux tour de force? C'est la question à laquelle je vais essayer de répondre dans ce chapitre.

La peur et l'angoisse de cet homme semblaient avoir commencé dans son enfance et se manifestaient de différentes façons. Chaque fois qu'il avait un malaise, ce qui était fréquent, il était sûr que c'était le cancer ou une autre maladie grave. Quand l'un de ses enfants tardait à rentrer, il avait peur que le téléphone sonne pour lui annoncer un accident. La timidité subséquente à sa peur le rendait craintif avec les autres. Tout ceci faisait qu'il avait de la difficulté à établir des relations personnelles.

Mais, en dépit de ses problèmes de peur, et ceci est un phénomène curieux dans ce genre de cas, il était efficace dans son travail. Il était parvenu à un poste de commande. Ses collègues, qui avaient beaucoup de respect pour lui, auraient été bien surpris d'apprendre l'intensité de son angoisse et du combat qu'il se livrait. Ils n'auraient pu croire ou comprendre le conflit qui se déroulait en lui. Cependant, le fait que ses problèmes ne transparaissaient pas en surface indiquait une force de caractère laissant croire que s'il se décidait à faire quelque chose au sujet de sa peur, il pourrait s'en dégager et s'en libérer.

C'est exactement ce qu'il fit. Ça se produisit ainsi: un jour, je fis un discours à l'heure du déjeuner devant deux mille participants dans la salle de bal de l'hôtel Conrad Hilton à Chicago. Au cours de ma causerie, j'abordai le sujet de l'effet désastreux de la peur et de l'anxiété sur l'esprit humain et expliquai comment grâce aux efforts de notre Fondation américaine de religion et de psychiatrie, des gens avaient été guéris de leur anxiété. Après le déjeuner, un homme que j'avais rencontré un peu plus tôt, au cours d'une réception donnée par cette importante association de gens d'affaires, cet homme, dis-je, fit une remarque agréable au sujet de mon discours. Mais, au lieu de continuer son chemin, il me demanda en hésitant: «Je ne sais pas si vous auriez un moment à m'accorder?» Il ajouta assez timidement: «Vous avez mentionné quelque chose d'important pour moi, dans votre discours.» Une sorte d'intensité, presque du désespoir, émana de cet homme et me toucha. Nous sommes allés continuer la conversation dans ma chambre. Je n'avais pas sitôt fermé la porte qu'il se mit à parler. Il le faisait nerveusement, comme sous l'effet d'une impulsion. Enfin, il s'arrêta: «Je suis gêné. Je ne m'étais jamais laissé aller comme ça; je n'ai jamais parlé à personne de l'enfer que j'ai vécu. Je crois que c'est votre discours sur la peur qui m'a décidé.»

«Allez-y et videz votre sac, lui dis-je. Dites tout ce que vous avez à dire. Vous devez ouvrir votre esprit complètement pour exorciser cet amas de peurs noyées dans votre conscience. Si vous vous fermez maintenant et que ça se glace là, vous n'aurez peut-être jamais plus l'occasion de le vider. Alors finissez-en avec ce problème. Allez jusqu'à la racine du mal. Continuez.»

Il parla une heure, racontant l'une après l'autre ses expériences de peur, dont certaines remontaient à son enfance. Cela équivalut à un nettoyage mental en profondeur. Enfin, presque à bout, il soupira d'aise: «Je me sens beaucoup mieux. Merci de m'avoir permis de divaguer comme ça. Je sais que ça va me faire un bien énorme.» Je lui rappelai que, s'il est vrai que se vider soulage le coeur, laisser les choses à ce stade signifierait que la vraie cause de sa psychose de peur n'aurait été que temporairement allégée. L'anxiété et l'angoisse finiraient par reprendre le dessus.

Je lui suggérai de venir à New York subir un traitement intensif à notre Fondation américaine de religion et de psychiatrie. Je lui expliquai que, si le processus initial dans le traitement de la peur était ce nettoyage de l'esprit et ce soulagement, l'étape suivante était d'aller plus loin dans la recherche de la cause profonde de la peur. Puis, on procéderait par étapes constructives pour lui apprendre comment restructurer sa pensée, éliminer les attitudes qui étaient la cause de ses réactions d'angoisse irrationnelles.

Il vint consulter notre équipe de pasteurs-psychiatres et se montra si coopératif que son anxiété commença à avoir moins d'emprise sur lui. Les racines de sa peur venant de son enfance furent extirpées. Je n'ai pas de place ici pour expliquer en détails tout le processus de son traitement psychiatrique sous la direction de notre personnel dont la formation est professionnelle, si ce n'est pour dire que ce

fut fait en profondeur avec toutes les approches scientifiques et que, à notre grande joie, le résultat fut positif. Le
personnel de la clinique écrivit dans son rapport que tout
en recommandant de prolonger le traitement, le pronostic
était tel que ce patient semblait prêt pour l'autre étape qui
devait l'amener à la guérison spirituelle. J'informai notre
patient que tous les dimanches matins à l'église Marble
Collegiate, nous avions une période de *silence spirituel
créatif*. Je lui suggérai de venir à l'église et d'y participer.
C'est en fait une forme de thérapie de groupe bien que des
centaines de gens y soient impliqués.

La puissance du
silence spirituel créatif

Ce dimanche matin, j'expliquai à l'assemblée, comme
j'en avais l'habitude, la puissance de guérison du silence
créatif, mentionnant que toute personne qui ferait sortir
d'elle son problème et le déverserait dans la fontaine du
silence spirituel créé par la convergence de la prière et de
l'esprit de centaines de personnes, cette personne serait
soulagée et, grâce à sa foi, obtiendrait la guérison.

Une chose surprenante se produisit. Certains crieront au
miracle mais pas moi, car depuis des années, j'ai vu tant de
changements spectaculaires se produire dans les personnalités suite au silence spirituel créatif, que pour moi, ce
n'est pas du tout un miracle, mais plutôt l'opération scientifique de la loi spirituelle sur une personnalité. J'avais
auparavant parlé avec insistance à cet homme du principe
étonnant de *se défaire de pour remettre à*, le pressant de
se défaire de sa peur pour la remettre à Dieu de son plein gré
et en toute conscience. Cela lui parut *quelque chose de
bizarre dont il n'avait jamais entendu parler,* mais je lui rappelai qu'il y avait à coup sûr bien d'autres choses essen-

tielles dans l'exercice de la spiritualité dont il n'avait jamais entendu parler et que, dans la mesure où il dominerait des techniques récentes jusqu'alors inconnues de lui, il parviendrait à acquérir les qualités personnelles qu'il désirait tant.

Durant le moment de silence où l'atmosphère devenait lourde de spiritualité, cet homme eut, selon ses propres paroles *l'impression très forte que Dieu était là*. Sa peur *lui sembla toute petite devant cette Présence formidable*. Puis, pour la première fois, cette pensée incroyable lui traversa l'esprit, qu'il pouvait rejeter sa peur non pas dans l'avenir mais à l'instant même et pour toujours.

Ainsi, durant la période de silence, il dit, s'adressant directement à Dieu: «Je libère ma peur maintenant: je te la donne à Toi. S'il te plaît, prends-la et prends-moi aussi. Je suis à Toi pour toujours. Merci Seigneur de me guérir *maintenant*» et il insista sur le mot maintenant.

Après ce sentiment de soulagement, une nouvelle motivation, s'empara de lui avec tant de force qu'il se rua littéralement dans mon bureau. «Il m'a entendu! Il m'a vraiment entendu! Ma peur m'a été enlevée. Je la Lui ai donnée. Elle est partie. Je n'ai jamais été aussi heureux de ma vie.»

Il s'arrêta, rouge de confusion. «Ne soyez pas gêné, lui dis-je. C'est vraiment merveilleux, n'est-ce pas? Dieu travaille ainsi parfois. D'ordinaire, une peur longtemps contenue se libère plus graduellement, mais parfois cela se produit de façon spectaculaire comme pour vous; les deux expériences de renouveau sont toutes les deux valables.» En tout cas, cet homme avait été libéré de sa vieille peur qui l'avait tourmenté si longtemps. Il devint plein d'enthousiasme pour son travail, son église, son Club Rotary et sa communauté. Il prit énormément d'intérêt dans tous les domaines de la vie. La qualité et la vitalité de son enthousiasme spirituel et intellectuel sont telles qu'il ne semble plus lui rester une parcelle de sa vieille peur. Elle n'est pas revenue avec le temps. Cette histoire montre ce qui peut se produire quand quelqu'un *veut* que quelque chose se produise et quand il a assez d'enthousiasme pour laisser cette chose se produire.

On peut supprimer sa peur

Il est très important au départ de savoir qu'on peut supprimer sa peur. Vous mettez-vous souvent en colère par exemple? Vous pouvez supprimer votre colère. Vous pouvez la surmonter. Avez-vous tendance à être déprimé? Vous pouvez supprimer votre dépression. Tout ce qui va à l'encontre du bonheur et du bien-être de l'être humain, tout ce qui se greffe en parasite, peut être supprimer. Pas sans difficulté, mais c'est faisable; et la peur, l'un des pires ennemis de la personnalité, est révocable. Gardez ceci à l'esprit. Croyez-y fermement. Si grandes que soient votre inquiétude et votre anxiété, souvenez-vous que vous pouvez les supprimer. L'enthousiasme avec son immense pouvoir mental et spirituel peut annihiler la peur.

Ne vous mettez pas dans la tête que vous devez vivre toute votre vie avec la peur. Ce n'est pas obligatoire. Vous pouvez la supprimer. N'allez pas penser que vous serez habité par la peur et l'angoisse parce que votre père ou votre mère ou encore vos grands-parents l'étaient. Vous aurez seulement ce que vous voulez avoir. Si vous voulez vivre avec la peur, vous vivrez avec elle. Quand quelqu'un apprend que la peur est révocable et décide avec l'aide de Dieu de la supprimer, c'est à ce moment que le processus de suppression se met en branle. Il comprend des étapes décrites plus haut ainsi qu'un autre facteur qui n'est peut-être pas très en vogue parmi la génération actuelle d'Américains: je veux parler de l'autodiscipline. Ne négligez pas ce fait que vous pouvez vraiment faire de vous ce que vous désirez ardemment, *si* vous avez ce qu'il faut pour vous imposer une discipline. Le pouvoir d'autodiscipline est là en chacun de nous et attend seulement d'être utilisé.

Il y a longtemps, cette belle et grande qualité qu'on appelle la volonté était respectée aux États-Unis. La dépréciation de la volonté menace maintenant de produire une génération d'Américains chez lesquels l'incidence d'un état névrotique risque de devenir très élevée. Les Américains, à ce qu'il semble, étaient plus normaux auparavant du point de vue psychologique. L'une des principales raisons en est peut-être qu'on leur apprenait à exercer leur autodiscipline.

Ils croyaient que tout ennemi de la volonté peut être vaincu et, alors, avec l'aide de Dieu, ils travaillaient tout simplement à l'éliminer d'une façon disciplinée. Cela ne veut pas dire qu'ils n'avaient pas de soucis. Comme tout le monde, ils en avaient.

Ainsi, une bonne méthode pour faire disparaître l'anxiété est l'usage assidu de l'enthousiasme joint à l'autodiscipline. Comme je l'ai dit plus haut, pour avoir de l'enthousiasme, il suffit d'agir d'une façon enthousiaste. De la même façon, remplacez l'anxiété par l'enthousiasme, laissant l'émotion destructive faire place à une émotion constructive. Une attaque franche des points faibles de la personnalité comme l'inquiétude peut être efficace surtout si on fait intervenir la foi. Mais dans la plupart des cas, une attaque indirecte employant une nouvelle procédure ou un détour psychologique donnera probablement de meilleurs résultats.

L'histoire d'un homme qui vint me consulter pour traiter son problème d'angoisse illustre bien cette méthode anti-anxiété. Son angoisse, à en juger par la description tragique qu'il m'en fit, bien qu'il la ressentit fortement, ne m'apparut pas à moi très bien fondée. Il avait une façon bizarre d'envisager les choses pour que le contraire se produise. Il était pareil au fanatique de baseball qui parie toujours contre l'équipe qu'il applaudit, croyant qu'en agissant ainsi, il va l'aider à gagner. J'avais l'impression que l'angoisse de cet homme contenait une bonne dose d'hystérie volontaire. Malgré cela, ses souffrances étaient réelles et méritaient d'être soulagées.

Ses commentaires étaient très négatifs et on aurait cru qu'il s'attendait toujours au pire. Cependant, ce négativisme semblait sonner faux car il était évident qu'il ne s'attendait pas vraiment à ce que les choses tournent mal. Là encore, il y avait cette duperie de l'esprit que, si on pense en termes négatifs, c'est le contraire qui se produise. Ainsi, dans l'esprit de cet homme, il y avait un bizarre mélange d'idées contradictoires teintées d'angoisse qui l'effrayaient sans qu'il y crût vraiment. Mais il y croyait assez pour qu'elles le dominent. Cela non seulement le rendait malheureux mais lui causait une énorme perte d'énergie mentale qui aurait pu être employée à des fins constructives.

Je décidai de prescrire la méthode indirecte pour combattre son angoisse. Plutôt que de l'encourager à affronter bravement son angoisse pour lui porter un coup direct, comme il pensait courageusement le faire, je lui dis: «Non,

non, ne faisons pas ça. Soyons plus fins que votre angoisse. Prenons-la par surprise. Si votre peur est très forte, l'approche directe peut vous faire reculer en chancelant et cela pourrait vous décourager. Faisons plutôt comme le boxeur qui, tout en restant hors de la portée de son adversaire, tourne autour de lui et le frappe quand il n'est pas en position de défense et qu'il s'y attend le moins.»

Je lui exposai son régime quotidien en l'assurant que, s'il s'y conformait, il pourrait se transformer d'un parfait tracassier en un enthousiaste avoué. Et je lui fis cette promesse: «Alors vous serez plus heureux que vous ne l'avez jamais imaginé. Votre travail vous sera si facile qu'il deviendra pour vous un jeu d'enfant.»

Programme en cinq points pour vaincre l'angoisse

Je vais vous expliquer en détails la méthode que je suggérai: *premièrement,* il devait être constamment à l'écoute de lui-même. Il devait noter et étudier dans le détail chacune de ses paroles pour prendre conscience de la quantité incroyable de plaintes et de remarques négatives qui sortaient de sa bouche à tout instant.

«Ne parlez jamais sans écouter, évaluer ni disséquer vos remarques, lui suggérai-je. Ça ne va sûrement pas être gai car ça va être une révélation brutale et pas du tout agréable de votre personnalité. Mais c'est une étape essentielle. Ouvrez bien vos oreilles et votre intelligence pour écouter tout le baragouinage dépressif qui sort de votre bouche à longueur de journée.»

En second lieu, il devait commencer à être parfaitement honnête, pour qu'en s'entendant faire une remarque négative, il puisse se demander: «Bon, est-ce que je crois vraiment ce que je dis, ou bien est-ce que je raconte des histoires auxquelles je ne crois absolument pas? Si je veux que les Mets gagnent, pourquoi est-ce que je ne crois pas dès le départ qu'ils vont gagner et que je ne le dis pas? Et j'oublie cette habitude infantile de parier contre eux sous le prétexte que ça va les aider à gagner, ce qui est un raisonnement absurde.»

Troisièmement, il devait prendre l'habitude de dire exactement le contraire de ce qu'il disait habituellement et de remarquer l'impact de ses nouveaux propos. Il se pouvait qu'il se trouve hypocrite en faisant cela, mais l'hypocrisie ne serait rien de nouveau pour lui. En fait, n'avait-il pas toujours dit le contraire de ce qu'il pensait?

Poursuivant cette méthode, cela deviendrait de plus en plus intéressant pour lui de s'entendre parler de vie, d'espoir et d'attentes plutôt que de choses défaitistes. Il découvrirait bientôt qu'il se passait quelque chose de formidable en lui comme la montée d'une vague de fond d'enthousiasme dynamique. En appliquant ce conseil, il se rendrait compte de la valeur de l'écoute honnête et analytique, élément de communication d'un nouveau style dans le processus de son évolution personnelle.

Quatrièmement, il devait pouvoir retracer tout ce qui survenait au cours de son travail avec cette nouvelle méthode, notant et calculant les moindres résultats. Si, par exemple, il avait eu l'habitude de dire d'un air maussade: «La journée ne s'annonce pas très bonne», il devait remarquer maintenant (vu qu'il n'allait plus rien dire de négatif) que les choses allaient beaucoup mieux (ce qui est vrai). Il devait admettre en toute honnêteté qu'il avait vraiment espéré que tout irait bien mais que dorénavant, il ne se tromperait plus sur ses attentes. Il ne devait plus craindre d'espérer le meilleur.

Cinquièmement, il devait s'entraîner à porter le meilleur jugement possible sur chacune des personnes rencontrées au cours de la journée et chacun des actes posés. C'est l'un des exercices de développement personnel les plus passionnants. Je l'ai découvert avec feu Harry Bullis, personnage éminent dans les minoteries de Minneapolis. Harry était un homme profondément enthousiaste, à vrai dire tellement que ça me frappa et que je lui demandai une explication de sa nature si joyeuse. «J'ai décidé il y a longtemps, me dit-il, de porter le meilleur jugement possible sur les paroles et les actes de chaque personne et sur chaque situation. Bien entendu, je ne me suis pas mis des oeillères, mais j'ai toujours essayé de faire ressortir ce qu'il y a de meilleur, car je crois que cette habitude aide à stimuler un bon résultat. Ce jugement positif m'a donné de l'enthousiasme envers les gens, les affaires, l'église et d'autres domaines et a énormément contribué à ma joie de vivre. Il a sûrement aidé à déloger la peur de mon esprit. En fait, je n'ai jamais plus été en proie à l'inquiétude depuis que j'ai commencé à pratiquer cette technique qui fabrique l'enthousiasme.»

J'ai failli sortir d'une église

Pour ma part, j'ai eu bien souvent l'occasion de mettre en pratique le principe de Harry Bullis. Tout récemment même, j'assistai au service religieux du dimanche matin de l'Église d'Angleterre en Europe. Le pasteur qui célébrait la messe était un homme ordinaire qui parlait d'une voix forte et franche et il me plut d'emblée. C'est la coutume en certaines occasions que la lecture de l'Évangile soit faite par un laïque. L'assemblée était composée en majorité d'Anglais et je remarquai qu'il y avait beaucoup d'hommes jeunes et forts. À mon grand étonnement, un jeune homme qui ressemblait à un beatnik se leva pour lire l'Évangile. Non seulement il avait les cheveux longs et bouclés, mais une épaisse barbe encadrait son visage.

Il me fut très difficile d'accepter qu'un tel individu lise en public le plus grand livre du monde! Pour une fois dans ma vie, j'ai cru que j'allais sortir de l'église, ce qui m'aurait été facile, étant donné que j'étais assis tout près de la porte de sortie. Mais le principe de Harry Bullis me revint en mémoire et je décidai que la lecture de l'Évangile faite par n'importe qui, même par quelqu'un de marginal, pourrait me faire du bien. Et je devais admettre que surmonter mon antipathie serait une excellente thérapie spirituelle. Je remarquai alors que cet individu avait une voix d'homme agréable et, en me forçant, je dus reconnaître qu'il lisait les paroles éternelles avec respect, une bonne intonation et en y mettant du coeur. Cherchant toujours à porter le meilleur jugement possible, je décidai que le pasteur employait peut-être une meilleure tactique que moi; que si nous arrivions à faire entrer des jeunes en révolte dans notre église, ils changeraient peut-être et deviendraient de vrais hommes après tout. De toute façon, cette mise en pratique du principe du meilleur jugement possible, me laissa dans un état d'esprit plus détendu et m'aida à accroître mes sentiments d'enthousiasme pour les gens en général.

Revenons à l'homme pour qui j'avais tracé les cinq points de la procédure à suivre pour vaincre son angoisse. Il y réussit car il était convaincu de la méthode et mit consciencieusement en pratique les principes que je lui avais suggérés. Cela ne fut pas facile cependant, vu que cela voulait dire un revirement complet de ses vieilles habitudes mentales. Il me raconta plus tard que son combat pour parvenir à un état d'esprit normal où l'angoisse n'avait plus de place, avait été «très douloureux. Mais plus j'essayais, plus j'entrevoyais clairement la possibilité de me débarrasser de mon angoisse à la longue. À chaque instant, je gagnais une petite victoire sur moi-même. Je me pris au jeu si vite que je finis par rechercher les victoires l'une après l'autre, jusqu'à ce que finalement, je me mis à changer.»

Quelques mois plus tard, j'allai par hasard faire un discours dans la ville où il habitait et il me rencontra à l'aéroport. C'était une journée sombre et grise mais les nuages semblaient se dissiper en présence de cet homme à la vitalité nouvelle. Il insista pour prendre le temps de me faire visiter la ville, puis il me conduisit chez lui pour que je fasse la connaissance de sa femme que, de toute évidence, il adorait. Elle semblait aussi l'adorer car elle lui tendit les bras avec enthousiasme. Il m'avait déjà si bien communiqué son enthousiasme qu'au lieu de lui serrer la main, je l'embrassai moi aussi.

Avant qu'il ne me ramène à l'hôtel où je n'avais d'ailleurs pas encore eu le temps de m'inscrire, sa femme me demanda doucement: «Est-ce que nous ne pourrions pas prier tous les trois ensemble, pour remercier Dieu du changement merveilleux survenu en mon mari? C'est un homme nouveau et la vie est bien différente.» Nous joignîmes alors les mains pour prier, remerciant Dieu d'avoir débarrassé cet homme de ses peurs et de ses angoisses. Ce fut une expérience très émouvante. Plus tard, alors que nous roulions vers la ville, il me dit: «Ce que je trouve de plus formidable, c'est le miracle du changement.»

N'ayez pas peur des autres

Si vous gardez votre enthousiasme surtout envers les êtres humains, un autre point faible qui cessera de vous ennuyer sera la peur des autres. C'est un gros problème pour beaucoup de gens, bien que peu veuillent l'admettre.

À l'époque où j'étais un jeune journaliste pour le vieux Journal de Détroit, le rédacteur en chef, Dave Patterson, s'intéressa à moi, jeune homme sortant de l'université et travaillant pour le journal d'une grande ville.

C'était un homme plein de sagesse et de perspicacité. Un jour, il me fit venir dans son bureau. Il mettait toujours les gens à l'aise, même ceux qui étaient au bas de l'échelle, bien qu'il fût le grand patron au journal.

«Norman, me dit-il, vous me paraissez envahi par la peur et l'angoisse. Vous devez vous en débarrasser. Qu'est-ce donc qui vous cause cette peur? Pourquoi vous ou moi, ou n'importe qui d'autre devrait-il se défiler dans la vie comme un lapin qui a peur? Le Seigneur qui est bon vous a appris *qu'Il* est avec nous et nous aide. Alors, pourquoi ne pas le prendre pour acquis, relever la tête, regarder le monde en face et foncer? Pour l'amour du ciel, n'ayez peur de rien ni de personne!» Je me rappelle cet épisode dans le bureau du vieux *Journal* de Détroit sur l'avenue Jefferson comme si c'était hier.

«Mais, dis-je, c'est pratiquement impossible. Comment peut-on vivre sans avoir peur de rien ni de personne?»

Il s'assit, mit les pieds sur son bureau et leva vers moi un grand doigt plein d'encre. Il l'avait toujours taché d'encre et quant il le pointait vers vous en vous regardant de ses yeux perçants, vous écoutiez.

«Écoutez, dit-il, je vais vous dire comment. Soyez fort et courageux; n'ayez pas peur... car le Seigneur votre Dieu est avec vous où que vous soyez. Rappelez-vous bien cette promesse, ajouta-t-il, et souvenez-vous qu'elle a été faite par *Quelqu'un* qui n'a pas l'habitude de laisser tomber les gens.»

C'était un précieux conseil et j'en avais bien besoin, car depuis mon enfance, j'avais eu peur des gens. En fait, j'étais même paralysé de peur devant certains.

Mon père était pasteur et dans sa secte, les pasteurs changeaient souvent d'église. En fait, tous les automnes, en septembre, l'église votait pour savoir si le pasteur était invité à rester une autre année ou non. Il était fréquent qu'un pasteur soit nommé par un évêque pour une seule année. Ce système de mandat annuel faisait que la sécurité d'emploi du pasteur dépendait du bon vouloir de ses paroissiens dont l'appui pouvait facilement se transformer en hostilité, surtout si quelqu'un tenait les ficelles et manipulait la situation. Souvent, plus souvent qu'autrement, c'était le cas.

Ce climat d'insécurité faisait que j'étais terrifié par certains membres influents de l'église. Je les observais minutieusement et avec appréhension pour chercher à savoir s'ils approuvaient ou désapprouvaient la façon dont mon père dirigeait son église. Je me revois assis sur mon banc le dimanche matin, scrutant certains visages pour savoir s'ils aimaient son sermon. Mon père, qui était un homme courtois, ne prêtait pas attention à ces gros bonnets de la place, mais moi je le faisais. Et pendant des années, ce souci et cette angoisse de l'attitude des autres furent pour moi un poids très lourd à porter.

Plus tard, je finis par arriver à le surmonter, mais quand j'étais enfant, j'avais peur de monsieur Untel ou de madame Unetelle. C'est ainsi que je créais en moi la peur des autres. Mon père avait aussi une habitude qui ne m'aidât sûrement pas à surmonter la peur des gens. Quand nous déménagions au sein d'une nouvelle communauté, il disait en me présentant à des membres influents de l'église: «C'est un grand banquier» ou «C'est un grand avocat» ou encore «C'est un des plus gros épiciers de la ville.» Cela me donnait l'idée pitoyable que je devais trembler devant ces *grands* personnages. Alors ma peur hypersensible des gens allait en s'accentuant.

À l'école aussi, j'étais effrayé par les élèves brillants et orgueilleux, par ceux qui parlaient de tout avec volubilité. J'étais, quant à moi, timide et peu communicatif; le plus souvent, j'étais incapable de parler. Je connaissais bien mes matières, mais n'arrivais pas à m'exprimer. Si un élève riait ou souriait quand je parlais, je me figeais immédiatement. Alors, j'abandonnais et cédais la place à ces gars de ma classe bouffis d'orgueil qui, parce que la parole leur était facile, croyaient avoir toutes les réponses. Je les pensais bien supérieurs à moi et j'avais peur d'eux. Le temps ayant passé à mon avantage, je me demande où en sont ces élèves maintenant. En fait, j'ai même oublié leurs noms. La plupart n'ont jamais fait parler d'eux. Apparemment, ils se sont cloués le bec après l'école.

Cette peur m'était très difficile à vaincre; cette peur maladive des gens importants ou célèbres, ou de ceux qui avaient de l'argent ou une bonne situation. Je me sentais inférieur et incapable en présence de quelqu'un qui prenait trop d'espace. Alors quand Grove Patterson me mit en face de cette peur excessive des gens dont je devais me débarrasser à tout prix, il touchait une corde très sensible. Notre conversation dans le bureau du journal me décida vraiment à me restructurer pour que jamais plus je ne tremble devant un être humain.

Malgré cela, depuis que j'ai commencé à écrire ce livre, j'ai eu une expérience personnelle qui m'a appris que je dois mettre plus fidèlement en pratique le principe de n'avoir peur de personne. Un jour, ma femme Ruth et moi avions quitté notre ferme de Pawling dans l'État de New York et roulions vers Syracuse dans le même État, où je devais parler lors du *Congrès d'une association d'agents d'assurances.* C'est un voyage d'environ 400 kilomètres, sur la route du Taconic et l'autoroute de New York.

Sur l'autoroute, nous nous sommes arrêtés à un poste d'essence et un homme jeune à la voix autoritaire vint nous servir. Ses remarques même sur le temps qu'il faisait me déroutèrent; il m'affirma que je n'y étais pas du tout dans mon pronostic sur la température. Je pensai que ça ne valait pas la peine d'argumenter et j'arrêtai là la discussion. Tout en faisant le plein, il souleva le capot pour vérifier l'huile, l'eau et la batterie. «Oh! mon ami, s'exclama-t-il, il faut faire quelque chose à cette courroie du ventilateur et à ces deux autres courroies.»

S'il est une matière en laquelle je suis complètement ignare, c'est bien de ce qu'il y a sous le capot d'une voiture. «Qu'est-ce qu'elles ont?» lui demandai-je, tout alarmé.

«Eh bien, dit-il, regardez comme cette courroie est éraillée. J'ai vu des voitures sortir de l'autoroute avec ces courroies tellement emmêlées dans le moteur qu'il a fallu un bon deux heures pour les dégager. Vos courroies à vous sont prêtes à craquer.»

Je regardai les courroies et n'y vis absolument rien d'anormal, mais son ton était si péremptoire que je commençai à avoir vraiment peur et restai bouche cousue. Certain qu'il savait de quoi il parlait, je tombai dans le panneau. Il mit la voiture un peu plus loin et commença à retirer toutes les courroies. Je remarquai qu'il y avait une autre voiture sur le côté qui subissait le même traitement. J'hésitai car j'avais des doutes, mais j'entrai quand même dans le garage et demandai à quelqu'un: «Est-ce que ce jeune homme sait ce qu'il fait?»

«Oh oui, me dit-il. Il sait bien ce qu'il fait.»

«C'est que, dis-je, les courroies me paraissent en bon état.»

«S'il a dit que les courroies n'étaient plus bonnes, c'est que les courroies ne sont plus bonnes», répliqua-t-il. Sur ce, je me tins coi.

C'est alors que ma femme s'approcha et me demanda ce qui se passait. Je le lui expliquai. Elle demanda, comme n'importe quelle femme l'aurait fait: «Mais qu'est-ce qu'elles ont, ces courroies?» Il faut savoir que ma femme a un très bon jugement et qu'elle ne s'en laisse jamais imposer par personne.

Je dis assez bas: «Ce jeune homme s'y connaît bien dans les courroies et il m'a dit qu'elles ne tarderaient pas à craquer. Il m'a parlé de voitures qui lui arrivent de l'autoroute avec les courroies toutes entortillées autour du moteur. Il faut changer les nôtres.»

Elle vit qu'il avait déjà enlevé deux courroies. Elle les regarda de près et dit: «Ces courroies sont en bon état. C'est une escroquerie. Veuillez les remettre tout de suite.»

J'étais gêné par ses paroles si franches et j'allai plus loin acheter un journal. À ce moment-là, trois des quatres hommes de la station-service étaient autour d'elle, et elle se mit en devoir de leur expliquer poliment mais résolument que leur affaire était une escroquerie. Eh bien, le croirez-vous? Ce sont toujours les mêmes vieilles courroies qui sont sur notre voiture. Elles ont fait leurs seize mille kilomètres depuis cet incident. L'homme jeune, baragouineur et sûr de lui et j'irais même jusqu'à dire *louche*, avait en fait presque réussi à me vendre ces courroies inutiles, rien qu'en se montrant autoritaire et en affichant un air supérieur et vainqueur. Très impressionné par lui et son air de tout savoir, ma vieille peur des autres avait refait surface. Sa façon d'agir par contre, n'en imposait pas le moins du monde à ma femme. Seuls les faits l'intéressaient. C'est pourquoi, quand on pense avec sa raison et que seul le concret nous impressionne, la peur des autres disparaît.

Alors, n'ayez peur de personne, ni de votre mari ou de votre femme, ni (que Dieu vous entende) de vos enfants, ni de ceux qu'on appelle les gros bonnets. Bien sûr, le seul moyen d'y arriver est d'aimer les gens et de toujours voir leurs bons côtés. Votre enthousiasme à leur égard grandira en vous et ce faisant, annihilera votre timidité et votre peur des autres. Vous ne serez plus angoissé à l'idée de ce qu'ils pensent de vous. Alors, vous oubliant vous-même, votre relation chaleureuse avec autrui s'ajoutera à votre enthousiasme envers la vie même.

Une étude minutieuse des maladies reliées à la peur et à l'angoisse révèle dans beaucoup de cas un souci exagéré de soi-même. L'angoisse présuppose une importante référence par rapport à soi, dans laquelle seuls comptent sa propre personne ainsi que l'entourage immédiat. Plus quelqu'un est tourné vers lui-même, plus grande sera son angoisse.

C'est pourquoi, pour supprimer un état d'angoisse, on doit nécessairement sortir de soi-même.

C'est cela qui donne toute son importance à l'enthousiasme car c'est l'un des mécanismes les plus efficaces pour développer une personnalité extravertie. L'individu inhibé ne s'intéresse que peu au monde qui l'entoure. Il parcourt le journal quotidien avec nervosité et est toujours certain que tout va mal. S'il manifeste quelque sens social, ce n'est que passager et sans implication profonde. Son principal souci est de voir comment les événements vont le toucher personnellement. Alors, il ne porte qu'une attention fragmentaire à des situations extérieures et continue de se ronger les sangs et de mijoter dans son anxiété qui le torture. Si cette angoisse se développe suffisamment, elle peut arriver à étouffer complètement sa personnalité.

L'angoisse équivaut
à la strangulation

Le mot angoisse vient du latin «angustia» qui veut dire resserrement. Si quelqu'un vous serrait le cou de toutes ses forces, avec ses deux mains et vous privait ainsi de votre ration d'air, il vous ferait de façon dramatique ce que vous vous faites vous-même en étant un angoissé perpétuel. Par l'angoisse, vous étouffez vraiment vos forces créatrices. Dans une illustration datant des premiers Anglo-saxons, l'angoisse est représentée sous la forme d'un énorme loup féroce dont les crocs sont plantées dans la gorge d'un homme.

Le but de ce livre est d'arriver à libérer l'angoisse. Plus que de la libérer, il propose de la soigner de façon positive par un enthousiasme vital qui la détruira.

Cette puissance d'action de l'enthousiasme est illustrée par le cas d'une veuve dont la tendance à s'inquiéter était restée en veilleuse lors du vivant de son mari. Quand il mourut, l'angoisse reprit le dessus. Elle fut bientôt sous l'emprise d'une forte réaction de peur. Son mari lui avait laissé un peu d'argent, assez pour pourvoir à ses besoins si elle faisait attention. Mais elle craignait de prendre des décisions car jusqu'alors, c'était presque toujours son mari qui l'avait fait. Elle avait été dépendante de lui pour tout, même pour son propre jugement. Elle me dit qu'elle se faisait du souci à en être malade. Je la croyais car les soucis peuvent vraiment rendre quelqu'un malade.

Je la pris comme patiente en espérant changer sa dépendance envers son mari autoritaire pour une dépendance envers un Dieu puissant. Mais, bien qu'elle fut cette sorte de personne qui croit facilement, elle ne se montra pas capable de rassembler toute sa foi pour surmonter ses peurs d'une façon concrète et elle fut de plus en plus profondément pénétrée par l'angoisse.

Un jour, à l'heure du midi, alors que je traversais le hall d'entrée de l'hôtel Commodore à New York, pour me rendre à la réunion hebdomadaire du Club Rotary, je la vis assise près de l'entrée de la salle à manger du club. Elle avait un air morose. À ma question, elle répondit qu'elle venait là chaque fois que le Club se réunissait, parce que «Bill ne manquait jamais une réunion. Je m'assoie ici, dans le hall, hors de la salle de réunion du Club Rotary et je pense à lui. Mais, docteur Peale, qu'est-ce que je vais devenir? Je me fais tellement de souci. Plus rien ne compte. La vie est finie.» Et toujours la même rengaine: «Je me fais du souci à en être malade.»

«Écoutez, Mary, lui dis-je. On va faire quelque chose pour vous. Restez assise ici jusqu'à la fin de la réunion, puis vous et moi aurons un entretien. Je ne vais pas supporter qu'une femme forte et intelligente comme vous continue d'être affolée par son anxiété. Je vais aussi vous dire exactement ce que Bill vous aurait dit. Je vous connais bien et je connaissais Bill encore mieux. Alors, attendez-moi.»

Durant la réunion du Club Rotary, je retournais constamment le problème dans ma tête. Cette femme avait de l'énergie et un grand potentiel d'enthousiasme. Je décidai d'essayer un traitement d'enthousiasme pour guérir sa peur, pensant bien que cela pourrait stimuler sa capacité d'avoir la foi qui n'avait plus aucune valeur depuis la mort de son mari.

Lors de la réunion, je remarquai un homme qui était à la tête d'une des grandes agences de service social pour les pauvres et les handicapés. Je lui demandai: «Jerry, avez-vous besoin d'autre personnel?»

«On en a toujours besoin; on en est même à court. Mais, nous avons déjà dépensé tout notre budget et je ne peux pas engager quelqu'un d'autre.»

«Que diriez-vous d'une femme d'environ cinquante ans, capable et intelligente mais sans expérience, qui travaillerait pour rien?»

«Ouais! Je vois le genre. Quelques heures par semaine entre deux parties de bridge pour se donner bonne conscience. Non merci.»

Je l'assurai que cette femme donnerait une demi-journée complète cinq jours par semaine, de neuf heures à une heure. Presque à contre-coeur, il me dit: «C'est bien, envoyez-la-moi. Mais si elle ne vient pas régulièrement, je ne la garderai pas. Je veux des gens qui fassent leur travail, pas du genre à pleurer sur eux et qui se remontent en se disant qu'ils font du bien.»

De retour dans l'entrée, Mary m'attendait toujours et je lui dis: «Maintenant, vous allez me faire le plaisir de venir à l'église Marble Collegiate. Je veux vous y voir dans une heure. Mais je veux que vous marchiez jusque là. Pas de taxi ou d'autobus. Essayez donc de faire quatre milles à l'heure. C'est une bonne allure et c'est celle que préconise le docteur Paul White pour éviter les attaques cardiaques.»

«Mais, je n'ai pas l'habitude de marcher!» s'exclama-t-elle, toute surprise. «Quelle différence cela peut-il faire, la façon dont je me rends à votre bureau?» Je l'assurai qu'il y avait une très bonne raison à cela et je lui extirpai la promesse qu'elle marcherait.

Elle arriva une heure plus tard et, pour la première fois, je lui vis des couleurs aux joues. «Savez-vous, je me sens vraiment bien. Mieux que depuis des mois. Cet air frais, ce ciel bleu au-dessus de ma tête, les couleurs des vitrines, tout cela est merveilleux.»

«Vous ne vous êtes pas arrêtée pour faire les vitrines, j'espère? Je tenais à ce que vous gardiez une bonne allure de quatre milles à l'heure», lui dis-je. Elle soutint que c'était bien ce qu'elle avait fait.

Oubliez vos soucis
en marchant et créez
en vous de l'enthousiasme

«Pourquoi avez-vous insisté pour que je marche?» me demanda-t-elle. Je lui parlai alors d'un de mes vieux amis, feu le docteur Henry C. Link, psychologue. Quand un patient accablé de soucis venait le voir, avant de commencer l'interview, le docteur Link lui demandait presque toujours de faire trois fois le tour du pâté de maisons en marchant d'un bon pas, ce qui équivalait à un mille environ. Le docteur Link expliquait que le cerveau comprend deux sections, une supérieure et une inférieure et qu'on se fait du souci avec le cerveau supérieur, tandis que la partie inférieure contrôle les réactions motrices. «Ainsi, disait-il en riant, si j'arrive à faire marcher mon patient, il fait fonctionner la partie inférieure de son cerveau, celle qui contrôle les jambes, et cela soulage la partie supérieure de la tension provoquée par des pensées néfastes.» Il lui semblait alors que les soucis s'envolaient bien plus facilement.

Mon ami Ernest Zingg de Berne en Suisse, avec qui j'ai souvent marché dans les Hautes-Alpes suisses me donna un article intitulé *La marche - moyen de guérison*, écrit par le docteur Félix Oesch, membre de la Commission médicale de Berne. En voici certains passages: *La marche non seulement active la circulation du sang mais accroît le rythme et l'intensité de la respiration et permet une plus grande absorption d'oxygène... Le corps du marcheur est complètement libre. Seuls ses pieds touchent le sol à intervalles réguliers, dans un mouvement de déroulement. Dans aucune autre position la circulation du sang n'est aussi libre... De plus, la marche fait entrer en jeu toute une série de muscles gros et petits qui se contractent à un certain rythme. Leur **eurythmie**... envoie le sang vers le coeur, seule direction imposée par l'action des valvules cardiaques... La marche a une influence apaisante et fait contre-poids aux troubles et conflits psychologiques, qu'ils soient gros ou petits... En s'éloignant de chez soi, on prend aussi de la distance par rapport à toute la misère qui existe dans le monde. Les perspectives et le ciel bleu ramènent les peines*

111

individuelles à des proportions plus réalistes dans le sac à misère du monde... Une promenade dans un lieu où on se sent en accord avec la nature, remplace souvent le psychiatre.

«Ainsi, Mary, lui dis-je, je vous recommande plus d'activité physique comme la marche par exemple. Mais, quand vous marchez, n'allez pas au pas de promenade; marchez vraiment et faites-en une habitude quotidienne, beau temps mauvais temps.»

Je lui suggérai une autre technique qui a aidé beaucoup de gens et que j'emploie souvent moi-même. C'est de scander son pas en se récitant des textes bibliques. En prenant une grande respiration, dites par exemple: «Que mon âme bénisse le Seigneur; que tout ce qui est en moi bénisse sont saint nom.»

Ou bien: «Je lèverai les yeux vers les collines d'où viendra mon sauveur.» Le fait d'accorder le rythme de ses paroles à celui de ses pas est d'activer la circulation du sang, de tonifier l'organisme et la pensée. Cette habitude, l'assurai-je, stimulerait son enthousiasme, la débarrasserait de ses soucis et augmenterait sa capacité de mettre sa foi à l'épreuve.

Je soulignai que c'était en rajeunissant sa foi qu'elle serait vraiment guérie de son angoisse. «Le plus gros effort doit être d'ouvrir bien grand votre coeur et de rebâtir votre foi ébranlée. C'est alors que vous commencerez à vivre une vie normale, créatrice et même heureuse.» Je lui parlai ensuite de *l'emploi* que je lui avais trouvé à l'agence et lui annonçai même que j'avais promis qu'elle irait travailler dès le lendemain, à l'heure convenue. Cela lui fit un choc. Elle était assez lente à se mettre en route le matin et, se présenter à un bureau à neuf heures serait un changement radical de ses habitudes. Je ne lui laissai pas le temps de se plaindre et remarquai seulement qu'*un changement radical* faisait partie intégrante du traitement de son angoisse. Que ce fut la stimulation d'une marche au grand air ou la perspective d'une nouvelle vie, ou les deux, elle se dit d'accord pour commencer son travail à l'agence aux conditions précitées. Elle se présenta le lendemain à neuf heures sonnantes.

Le responsable me téléphona quinze jours plus tard et me dit: «Cette dame est une perle rare. Elle comprend vite notre méthode de travail et le fait avec enthousiasme. Elle a de la compassion et une vraie sympathie pour les déshérités dont nous nous occupons. Son ardeur à les aider en tant qu'êtres humains n'est pas courante chez les professionnels du travail social.»

Je pense que je n'ai pas besoin de m'étendre plus sur ce cas, sauf pour dire qu'un enthousiasme d'une grande intensité était passé dans le coeur de cette femme. Ensuite, la prière commença à prendre tout son sens et récemment, elle m'a dit: «Je suis sur la bonne voie pour obtenir cette dépendance de Dieu dont vous m'avez parlé.»

Comment traiter un
problème d'angoisse

Voici un résumé de la thérapie suggérée pour traiter un problème d'angoisse:

1. Marcher d'un bon pas chaque jour.

2. Disciplinez-vous pour vous mettre au service des autres d'une façon régulière.

3. Faites grandir en vous une sollicitude et même un amour pour les déshérités.

4. Découvrez un nouveau sens à la prière et faites l'expérience de la vraie réalité de Dieu.

Ces facteurs produisent un enthousiasme curatif qui détruisit l'angoisse morbide menaçant l'avenir de cette femme. Il a aussi prouvé son efficacité dans bien d'autres cas.

L'enthousiasme change les jours difficiles en jours heureux

J'avais été invité chez mon ami le docteur Georg Heberlein, patron de la grande compagnie de textile Heberlein à Watwill en Suisse. Au dîner, Georg me demanda le titre de mon nouveau livre. Quand je lui dis que c'était L'enthousiasme fait la différence, il se montra tout à fait d'accord sur l'importance du sujet pour toute personne qui veut vraiment faire quelque chose d'elle-même. En tant qu'industriel qui a réussi, il sait que l'enthousiasme joue un rôle prépondérant dans le succès ou l'échec. Son gendre, Mark Cappis, un homme jeune et dynamique dont la participation enthousiaste dans l'entreprise et les affaires publiques en font un futur dirigeant, m'affirma tout de suite que l'angoisse n'a pas de prise sur quelqu'un qui est conditionné par l'enthousiasme.

Mark me raconta que lui et sa jeune femme Bridgett étaient allés à New York commencer leur vie dans un pays étranger, apprendre l'anglais, se faire des amis et ainsi se préparer à monter leur entreprise internationale. Chaque jour, à un moment où la situation économique était au point mort, Mark parcourait les rues de New York, à la recherche d'un travail qu'il voulait trouver lui-même, sans influence et sans appui. Il y a encore, Dieu merci, d'autres jeunes hommes comme lui dans le monde. Le couple vivait dans un deux pièces minuscule et mangeait sur un carton d'emballage recouvert d'affiches touristiques.

«Ne vous êtes-vous pas senti découragés durant ces temps difficiles?» lui demandai-je.

«Ce ne furent pas des temps difficiles», s'exclamèrent ensemble Mark et Bridgett. «On s'amusait bien, c'était formidable d'être ensemble avec cet avenir prometteur devant nous. Comment aurait-on pu se faire du souci?» Mark ajouta: «Vous savez, on était emballés par la vie et les États-Unis. On adorait les gens là-bas. On débordait d'enthousiasme à propos de tout et on n'avait vraiment ni le temps ni l'occasion de se faire du souci.»

Et c'est la pure vérité. Soyez enthousiaste et les soucis n'auront aucune prise sur vous.

Un soir que j'avais quitté Colombus dans l'Ohio, avec John Robison, pour me rendre à Findlay dans le même État où je devais faire un discours, je remarquai des lumières tamisées mais qui illuminaient suffisamment sur des poteaux, à proximité de presque toutes les fermes que nous dépassions. John, qui travaille pour la compagnie d'électricité de Colombus et du Sud de l'Ohio, m'expliqua que c'étaient des lampes au mercure. Elles s'allument automatiquement le soir car c'est l'obscurité qui les déclenchent et elles s'éteignent d'elles-mêmes au lever du soleil. Ces lampes protègent les fermiers en les libérant de la peur des voleurs la nuit.

Cela m'apparut une sorte de parabole. Il est évident qu'une personne qui garde son esprit constamment éclairé par la lumière de l'enthousiasme, dissipe les ténèbres de son esprit dans lesquelles grandit l'angoisse. Souvenez-vous que l'angoisse et l'enthousiasme ne peuvent tout simplement pas cohabiter dans le même esprit. Ils sont tout à fait incompatibles.

Cela a été résumé par l'Honorable Dan Liu, chef de la police d'Honolulu, qui a été récemment élu l'homme le plus sympathique des îles d'Hawaii. Ce chef a dit: «Grâce à Dieu, je n'ai jamais fléchi sous le poids de mes soucis et j'ai toujours été soutenu dans les dangers de ma profession.» L'enthousiasme spirituel élimine vraiment toute angoisse.

J'ai toujours aimé cette affirmation simple et rassurante de Victor Hugo: «Quand vous avez fait tout ce que vous pouviez, allongez-vous et cherchez le sommeil. Dieu veille.»

Je connais un docteur qui a une très bonne idée: il recommande à ses patients de dire leurs prières du soir et d'ajouter: «Bonsoir mes soucis et à demain».

Je peux ajouter que si vous développez en vous un réel enthousiasme, le matin il n'y aura pas de soucis pour vous accabler ou, s'il y en a, vous serez capable d'y faire face. N'oubliez jamais ces paroles extraordinaires: «Dites aux coeurs bouleversés: Courage, ne craignez point.» (Isaïe 35:4)

CHAPITRE V

Essayez de mettre de l'enthousiasme dans votre travail

L'une des courses les plus passionnantes dans l'histoire du sport américain fut disputée lors du Prix Dwyer, à Aqueduct, en juillet 1920, entre deux chevaux célèbres, Man o' War et John P. Grier. Man o' War était le meilleur cheval américain, le champion incontesté de son époque et l'un des plus extraordinaires qui aient jamais vécu.

Je l'ai vu courir une seule fois, mais cette course est à jamais gravée dans ma mémoire. On aurait dit que le jockey et le cheval ne faisaient qu'un. Le spectacle de ce magnifique animal en pleine action a été l'une des expériences sportives les plus fantastiques de ma vie; un moment d'exaltation unique et inoubliable que je peux comparer à celui où j'ai vu Jackie Robinson à Ebbets Field, *voler* trois buts, y compris le marbre lors d'un seul match. Man o' War était champion depuis longtemps quand un autre cheval commença très sérieusement à se mesurer à lui. Mais ce cheval prouva plus tard qu'il n'avait pas l'âme d'un vrai champion.

Je suis redevable à mon ami W. Clement Stone pour le récit de cette course mémorable; avec Napoleon Hill, il a écrit le livre *Success Through a Positive Mental Attitude* (Le succès par une attitude mentale positive) dans lequel cette histoire est racontée. L'adversaire John P. Grier semblait très bon et beaucoup de gens croyaient qu'il battrait Man o' War qui, d'après les chroniqueurs sportifs, semblait sur le déclin alors que la cote de John P. Grier montait sans cesse. La course qui allait se disputer était la causerie de l'heure. Est-ce que le nouveau venu arriverait à supprimer l'ancien champion?

Enfin le grand jour arriva; les deux chevaux avaient des chances égales et étaient prêts. Quand le signal retentit, ils démarrèrent rapidement. Ils en étaient au même point au poteau du premier quart de mille et encore à égalité au second. C'est alors que les milliers de spectateurs se levèrent d'un bond, électrifiés: John P. Grier prenait de l'avance. Man o' War allait participer à la course décisive de sa carrière.

Le petit jockey averti qui montait Man o' War réfléchit très vite. Il connaissait son cheval jusqu'au fin fond de son être. Il savait qu'il possédait des réserves formidables de force et de volonté. Jamais il n'avait touché Man o' War avec un fouet. Le magnifique cheval avait toujours couru avec assez de puissance pour qu'il n'eût pas à s'en servir. Mais il était évident que, cette fois-ci, Man o' War ne courait pas assez vite pour gagner. En voyant la tête de John P. Grier le dépasser petit à petit, le jockey sut qu'il lui fallait agir vite. Les flancs de l'animal qui n'avaient jamais goûté à la cravache en sentirent le coup.

Le résultat ne se fit pas attendre. La réponse au coup cinglant fut immédiate. Des profondeurs de l'être de Man o' War monta comme une vague de fond, une puissance formidable, une folle motivation. Martelant le sol de ses sabots ressemblant à des pistons, il faisait vibrer chaque fibre de ses muscles, de son courage et de son âme. Avec cette nouvelle fougue, il dépassa John P. Grier comme une boule de feu. Sous les acclamations de la foule, Man o' War passa la ligne d'arrivée avec plusieurs longueurs d'avance. Il était toujours le champion. Les hommes se donnaient l'accolade en hurlant de joie. Beaucoup avaient les larmes aux yeux. Ce fut la course du siècle.

Il y a dans cet épisode passionnant de la course américaine un élément très important qu'il est intéressant d'étudier. C'est de savoir ce qui est arrivé à John P. Grier. La course au cours de laquelle il dépassa pour quelques instants le vieux champion, fut, à ce qu'il semble, le point culminant de sa gloire, son unique grande chance. Apparemment, l'échec de sa victoire si proche eut un effet désastreux sur l'animal. Je ne suis pas qualifié pour parler de la psychologie du cheval mais il semblerait qu'au fond de lui, John P. Grier était trop mou. Il n'était pas vraiment fait pour la compétition car, dans un moment de crise, son courage l'abandonnait. S'il avait pu penser, il se serait peut-être dit: «D'accord, j'ai presque battu ce vieux Man o' War. Encore un peu d'entraînement et la prochaine fois, je vais l'emporter, c'est sûr.» De toute évidence, il n'avait pas l'étoffe d'un vrai champion. Man o' War lui, était d'une autre race. Il possédait les qualités qui permettent aux chevaux et aussi aux hommes de rester parmi les meilleurs compétiteurs. Il faillit perdre la course, mais, au moment crucial, il rassembla toutes les forces qui étaient en lui. Man o' War avait un profond enthousiasme pour la victoire. Sa tâche était de courir et gagner. Et il gagnait magnifiquement quand, en position difficile, il devait faire à nouveau appel à son enthousiasme fondamental pour la compétition.

Je crois qu'il y a un lien étroit entre la compétition sportive et les problèmes de la vie. Vous et moi avons aussi en nous cette force insoupçonnée. Le Créateur l'a donnée aux hommes comme aux chevaux; aux hommes bien plus qu'aux chevaux, j'en suis sûr. Ce désir de vaincre est là au plus profond de nous. C'est dans l'essence même de la nature de chercher à gagner, sinon sur les autres, du moins sur soi-même. Peut-être que la forme la plus noble de compétition est de se mesurer à soi-même en essayant constamment d'améliorer sa performance actuelle. Malheureusement, beaucoup d'hommes vivent et meurent sans jamais utiliser ce supplément de force qui permet un meilleur rendement et une plus grande performance. Il en résulte que certains se laissent dépasser sans raison. Le remède à de tels échecs est de fouiller les profondeurs de l'être et d'y chercher un nouvel enthousiasme pour le travail à accomplir.

Le garçon qui se servait de l'enthousiasme comme d'un tremplin

On a prouvé maintes fois que l'enthousiasme fait une différence considérable dans le rendement au travail. Envisagez votre occupation quotidienne avec apathie comme beaucoup de gens ont tendance à le faire et votre travail sera difficile et épuisant. C'est presque impossible que le travail soit bienfaisant quand une personne le considère comme une corvée de plus à accomplir; vous pouvez très bien dire que votre travail n'est pas intéressant mais n'auriez-vous pas aussi une attitude négative face à lui? Essayez d'avoir de l'enthousiasme quand vous travaillez, quel que soit votre emploi, et observez le changement. Par la même occasion, vous verrez que vous changez aussi. L'enthousiasme change la valeur d'un travail parce qu'il change les gens.

Ne vous donnez jamais l'excuse que votre travail est fastidieux pour vous empêcher d'y introduire de l'enthousiasme à le rendre plus vivant. Beaucoup d'enthousiastes ont obtenu des résultats fantastiques à des emplois qui leur paraissaient, de prime abord, dépourvus d'intérêt. Prenons par exemple un travail considéré plutôt morne, celui de garçon de café dans un grand établissement. Ce travail consiste à débarrasser les tables de la salle à manger et à emporter les assiettes à la cuisine. Dans l'échelle rigide de la hiérarchie des restaurants européens, c'est sans doute le travail le plus ingrat: les vestes blanches sont au plus bas et les cravates blanches au sommet. La plupart des garçons de café considèrent leur travail si dégradant qu'ils le méprisent et l'accomplissent sans zèle aucun et même avec ressentiment. Cela finit par devenir un travail terne et ennuyeux accompli sans intérêt par un individu terne et indifférent. Ceci devient auto-destructeur.

Je connais pourtant un jeune homme qui s'est servi de l'enthousiasme dans ce travail avec des résultats surprenants. Il y a ajouté cette touche de technique supplémentaire et quels résultats passionnants et créatifs il en a tirés! Il s'appelle Hans et je l'ai connu un été alors que nous passions un mois à l'hôtel en Europe. Dans la salle à manger, j'ai bien vite remarqué le sourire et la bonne humeur de ce garçon allemand. Il était à l'aise, ouvert et si enthousiaste qu'il se distinguait des autres membres du personnel. Il était aux petits soins avec les clients et prêt à se rendre utile non seulement envers eux mais aussi envers ses collègues.

Il aidait les serveurs dans leur travail en faisant ce qui était nécessaire contrairement aux autres qui refusaient d'accomplir la moindre tâche qui ne relevait pas de leurs fonctions particulières. On se rendait vite compte que ce garçon était distinctement différent. Il aimait les responsabilités et ça se voyait dans son comportement. Il avait de l'enthousiasme en quantité inépuisable. Ainsi, il se valorisait avec son travail qui lui était finalement très favorable.

«Vous semblez vous plaire ici, Hans», lui dis-je un jour.

«Oh oui! C'est un hôtel formidable. J'aime bien le branle-bas aux heures des repas dans une salle à manger où on offre un excellent service. C'est la cuisine à son meilleur. Et les clients sont les meilleurs de toute l'Europe. Quand à notre chef, c'est l'artiste numéro un de la maison.» Ainsi continuait sa conversation enthousiaste. Qu'il fut au bas de l'échelle dans la salle à manger n'avait aucune importance pour lui. Il était l'incarnation même de l'enthousiasme au travail.

Au cours de nos conversations, j'appris que Hans avait un but, un but bien particulier, pas une vague idée du genre *un-jour-ce-sera-mon-tour*. Son but était précis, bien défini. Il voulait devenir directeur ou gérant d'un grand hôtel européen, et de faire au mieux son travail de garçon de café était, selon lui, la meilleure façon d'atteindre ce but. Il savait aussi que donner le meilleur service avec le plus grand plaisir jouait un rôle important dans la réalisation de son objectif. Mais il ne simulait pas la joie ou l'enthousiasme pour un dessein ultérieur; il était tout simplement enjoué et enthousiaste.

Pour atteindre son but, il savait qu'il lui fallait aller à Londres subir une formation de base indispensable dans les grands hôtels internationaux. «Mais, ajouta-t-il, Londres est bien loin et je n'ai rien dans les poches.»

«Le fait d'avoir les poches vides n'a jamais bloqué personne, lui dis-je. C'est seulement les têtes et les coeurs vides qui le font. Vous êtes sur la bonne voie. Vous savez exactement où vous voulez aller. Et en attendant, vous vous donnez entièrement à votre travail. Gardez cette image dans votre tête, jusqu'à ce que, par un phénomène d'osmose mentale et spirituelle, l'image de vos objectifs se grave dans votre inconscient. À ce point-là, tout sera joué, car vous aurez mis toutes les chances de votre côté. En attendant, étudiez et observez attentivement les gens qui font leur travail le mieux possible. Continuez à vous faire des amis. Mettez en pratique l'amour pour autrui. Souvenez-vous que certains des gens dans cette salle sont malheureux et sont accablés par les chagrins, le découragement et les problèmes. Aimez-les donc personnellement et ils vous aimeront en retour. Les gens qui aiment les autres vont loin aujourd'hui, croyez-moi.»

Je lui donnai un exemplaire de l'édition allemande de mon livre *Le pouvoir de la pensée positive*. «Vous êtes déjà un penseur positif s'il en est un, lui dis-je. Mais je veux que vous lisiez ce livre et que vous appreniez les principes de mettre votre vie entre les mains de Dieu, d'être guidé par le divin, de penser juste et d'éliminer tout ce qui est négatif.» Pendant ses pauses, je le voyais courbé sur son livre et, de temps en temps, il venait à notre table pour en discuter certains points.

Nous quittâmes l'hôtel à la fin de nos vacances et peu à peu, j'oubliai Hans. Plusieurs années s'écoulèrent. Un jour, alors que nous dînions dans un restaurant bien connu de Londres où la salle était comble, le maître d'hôtel, en smoking et pantalon rayé impeccables, vint à notre table. Il décrivit les divers plats du menu avec tant de conviction que tout nous sembla délicieux. Son attitude très amicale n'était pas courante. Il nous donnait l'impression que nous étions chez nous.

Quelques-unes de ses expressions anglaises teintées de germanismes nous le firent regarder de plus près. Alors, en souriant, il nous dit: «Je pratique toujours la pensée positive, docteur Peale.»

«Hans! m'exclamai-je. Mais c'est Hans, notre bon vieux garçon de café!»

«Lui-même», acquiesça-t-il.

«Vous êtes toujours le même et cependant, vous êtes différent. Vous avez grandi et vous vous êtes développé. Ainsi, vous êtes arrivé jusqu'à Londres et vous êtes sur le bon chemin.»

«*Ja, ja,* répliqua-t-il. Je veux toujours devenir directeur.»

«Et vous aidez toujours les gens de la même façon aussi aimable, n'est-ce pas?»

«*Ja,* je le ferai toujours. Je vous le promets.»

Hans atteindra-t-il son but? Comment pourrait-il le manquer? Cette histoire de Hans qui débuta comme garçon de café est une preuve éclatante que la monotonie ne se rattache pas nécessairement à l'emploi mais plutôt à la personne qui le fait. Quand quelqu'un met de l'enthousiasme à faire son travail, ce travail devient vivant et apporte des ouvertures formidables. Si donc vous avez envie d'un emploi nouveau, essayez plutôt de mettre de l'enthousiasme dans votre travail actuel. Vous verrez qu'il se produira des choses incroyables autant pour votre travail que pour vous.

Comment Fred Hill acquit de l'enthousiasme

Voyons la façon de s'y prendre pour mettre de l'enthousiasme dans son travail. Pour ce faire, revenons au cas de Fred Hill mentionné plus haut. Cet homme était sur la voie d'une promotion, mais le directeur du personnel sentait qu'il ne pouvait pas le recommander en dépit de sa compétence pour la simple raison qu'il manquait d'enthousiasme.

Le cadre de la compagnie déclara cependant qu'il pourrait légitimement le recommander pour un poste supérieur, si, en six mois, nous pouvions lui insuffler de l'enthousiasme. Pourrions-nous y parvenir dans ce laps de temps et comment? Tel était le problème.

Je réfléchis longuement à ce sujet parce que l'avenir de Fred et de sa famille était en jeu. Le cadre me donna la permission de discuter librement du problème avec Fred et même d'aller jusqu'à l'avertir que son avenir au sein de la compagnie risquait d'être compromis. L'occasion se présenta d'elle-même quand je rencontrai Fred au cours d'un déjeuner.

Après les politesses d'usage, j'orientai la conversation avec cette remarque: «Fred, vous devez avoir un travail bien intéressant, là où vous êtes.»

«Qu'est-ce qui vous fait croire que ce soit si intéressant?» demanda Fred d'un ton revêche. «Si vous voulez vraiment avoir mon avis, je vais vous le donner: c'est ennuyeux au possible.»

«Pourquoi, ripostai-je. Je pensais que vous, en tant que cadre, deviez ressentir beaucoup de fierté de prendre des décisions et de voir vos idées mises en pratique.»

Là-dessus, Fred se mit en devoir de me faire comprendre le peu d'importance qu'avait un cadre», selon lui. «N'allez pas croire qu'un gars est un gros bonnet parce qu'il a le titre de *cadre*», marmonna-t-il. Il continua à discourir sur la structure du pouvoir dans une grande entreprise et sur le fait qu'aucun homme ne prend les décisions, même le président de la société. Fred décrivit ce dernier comme *un garçon de courses très bien payé qui doit consulter un comité ou un autre avant d'autoriser l'achat d'une boîte de crayons.* C'était une analyse assez amère de la grosse entreprise où, selon lui, *l'individu n'est qu'une grenouille minuscule dans une mare immense qui déborde d'autres petites grenouilles.*

«Je travaille, continua-t-il, dans un immeuble avec neuf mille personnes qui se croisent dans les trains de banlieue, le métro et les ascenseurs. Même si vous êtes quelqu'un d'important ou pensez que vous l'êtes, quand vous vous retrouvez noyé chaque jour dans le tourbillon de cette foule, vous savez que vous n'êtes personne. Alors que voulez-vous dire par *bien intéressant?*»

Il était évident d'après ces remarques que le problème de Fred n'était pas seulement de l'apathie mais aussi du ressentiment, peut-être même ce genre de dédain pour le travail qu'éprouvent beaucoup d'employés routiniers. Alors je lui parlai franchement. Je lui demandai quelle serait sa réaction s'il ne réussissait pas à grimper plus haut dans l'entreprise. À ma grande surprise, il me dit: «Je pense que je n'y tiens pas plus que ça. D'après ce que je vois, plus on monte, moins c'est intéressant; plus il vous faut porter la cravate.» Cependant, par la suite, je découvris que Fred y tenait beaucoup plus qu'il ne le laissait croire.

Je me rendis compte cependant que nous devions être honnêtes avec Fred. Il convint d'un rendez-vous pour continuer la discussion. Quand nous nous rencontrâmes, je commençai par lui décrire la situation, en ce qui le concernait lui, dans l'entreprise. Il pâlit. «Vous voulez dire qu'ils vont me couper l'herbe sous les pieds seulement parce que je n'ai pas l'âme d'un grand ambitieux? Quel sale tour.» Sa colère éclata au grand jour, puis il se calma et retrouva sa raison; il me demanda ce qu'il pouvait faire pour *améliorer son image*. Ensuite, après avoir vidé son sac, il m'apparut tel qu'il était vraiment. Il était évident qu'il ne s'en fichait pas du tout. Il voulait rectifier son erreur. Il se montrait de plus en plus touché au fur et à mesure que se dévoilait toute l'ampleur de son problème.

«Ce que nous devons faire, suggérai-je, c'est de travailler à créer en vous cet enthousiasme qui vous manque. Mais d'abord, puis-je vous faire remarquer que le dépit ne va pas avec une attitude enthousiaste. Alors débarrassons-nous des vieilles histoires et du dépit que vous avez manifesté lors de notre conversation à midi.» Il justifia ce comportement par le fait que le jour de notre premier entretien était un de ses mauvais jours. Mais j'insistai pour qu'il exprime toute sa colère et ses frustrations. Il s'était toujours arrangé pour que ses sentiments restent bien cachés, aux yeux de tous.

Avec mon encouragement, il se vida finalement de sa haine des gens, du mode de vie moderne dans lequel il se sentait en cage et pour lequel il ressentait tant de mépris. Ce processus de nettoyage ne fut pas facile. Il fallut un certain nombre de rencontres avant qu'il fut complètement débarrassé de tous ses ressentiments. Dans son entreprise, il était considéré comme un homme calme et tranquille, trop tranquille peut-être. Personne n'aurait eu idée des tempêtes qui grondaient sous son extérieur tranquille. J'avais le sentiment très net que l'irascibilité qui tourmentait cet homme était faite d'une insatisfaction profonde de lui-même. Il le reconnut d'emblée. Nous étions alors prêts pour l'étape suivante.

Un centre essentiel pour une vie créatrice

Dans le traitement des problèmes de personnalité, j'ai bien souvent demandé aux gens concernés de venir à notre église Marble Collegiate chaque fois que cela leur était possible. Au cours des années, nous avons essayé de faire de l'église un important centre de vie créatrice. Tous ceux qui y pénètrent sentent, je crois, une atmosphère de véritable compréhension, de vie positive, de joie réelle et de guérison de personnalité. C'est une église qui comprend plusieurs milliers de gens dont la plupart sont sortis de leurs problèmes difficiles après beaucoup d'efforts en faisant appel à des techniques spirituelles, celles qui changent les attitudes et changent ainsi la vie. Nous croyons, et notre longue expérience nous l'a confirmé, que quiconque s'ouvre à l'atmosphère de cette église, acquiert à la longue le pouvoir de la foi, de cette foi profonde qui réveille l'enthousiasme et fait toute la différence dans une vie.

Fred était un croyant spirituel du genre indifférent. La plupart du temps, il ne fréquentait pas l'église. Quand je lui prescrivis de se tremper régulièrement dans l'atmosphère dynamique de Marble Church, il me dit en geignant: «Vous voulez dire que je vais faire quatre-vingts kilomètres tous les dimanches matin pour aller à l'église?»

«Oui, c'est exact. Ce qui m'intéresse le plus, ce n'est pas que vous alliez à l'église mais plutôt que vous vous exposiez à un renouvellement de personnalité. Si nous y parvenons, les quatre-vingts kilomètres et plus auront bien valu la peine.»

Fred se rendait maintenant compte que son avenir dépendait de sa volonté à poursuivre le traitement mental et spirituel suggéré et il accepta de suivre tous mes conseils. Après avoir baigné un mois dans cette atmosphère spirituelle dynamique, il reconnut que ça commençait à faire effet. «Il se passe quelque chose en moi.» C'était évident surtout dans sa détermination expresse d'arrêter de détester les gens et de commencer à les aimer. Aller à l'église lui avait ouvert les yeux sur lui-même. Il vit son irascibilité et sa haine comme un empêchement majeur à l'enthousiasme créatif qu'on essayait de développer.

Pour aller plus loin dans le changement, je suggérai à Fred qu'il commence à mettre en pratique un principe constructif que je savais efficace dans des cas semblables. Il devait délibérément avoir des pensées aimables envers les gens dans les trains de banlieue, le métro et les ascenseurs. Il devait les voir non pas comme une foule détestable mais comme des individus, chacun essayant de donner un sens à sa vie. Cet exercice lui apparut d'abord un peu ridicule. Cependant, il essaya et se prit au jeu. Au fur et à mesure qu'il perdait son irascibilité, il commençait à changer. Au point qu'il arriva un jour au travail en se sentant, comme il le dit: «assez bien, même très bien.» Il commença alors à manifester de la joie dans sa façon d'agir.

Comme résultat, il se mit à faire preuve d'une nouvelle vitalité qui surprit tout le monde. Elle était réelle et non factice. En fait, il changea tellement que la différence parut flagrante à tous ceux qui l'avaient connu auparavant. L'enthousiasme l'avait envahi.

Je dois signaler que ce changement ne fut pas facile. En pratique, un homme plus faible aurait mis beaucoup plus de temps à changer. Mais fondamentalement, Fred était de qualité supérieure, du genre qui ne se permet aucune faiblesse quand il est décidé de changer. Il traitait cela en homme d'affaires. On ne peut bien sûr espérer un changement en profondeur en l'espace d'une nuit mais le processus ne doit pas pour autant s'éterniser.

En guise de conclusion au cas de Fred Hill, exemple typique de la façon d'utiliser l'enthousiasme créatif au travail, récapitulons:

(1) Il devait apprendre l'enthousiasme ou ne plus progresser dans son travail.

(2) Il devait se voir tel qu'il était: bien pourvu mais manquant de force de motivation.

(3) Il devait se défaire d'une foule de griefs, de sentiments de haine et de ressentiments accumulés qu'il avait refoulés au cours des années et qu'il contrôlait mal. Ces éléments avaient réellement bloqué l'enthousiasme dont il avait tant besoin.

(4) Il devait s'ouvrir à un traitement spirituel mené de façon scientifique et stimulante.

Renaissez grâce à l'enthousiasme

Le résultat fut que la personnalité de Fred commençait maintenant à renaître. Elle prit les caractéristiques définies par le docteur Rollo May, psychologue-éducateur. Lors d'un discours à l'Académie de médecine de New York, il fit la déclaration suivante: *Votre personnalité veut dire l'aspect de vous-même qui détermine votre degré d'efficacité dans la vie. Il est clair qu'il y a deux aspects de l'efficacité d'un individu. Premièrement, quels effets avez-vous sur les autres*

*ou comment les stimulez-vous? Ceci est votre valeur de
stimulation. Deuxièmement, comment les autres vous
affectent-ils? Comment leur répondez-vous? Cela est
l'aspect réponse de la valeur. Mettez ensemble ces deux
aspects: l'effet que vous faites sur les autres et celui qu'ils
font sur vous et voilà vraisemblablement votre personnalité.*

C'est exactement ce que Fred a fait. Il rassembla ces
deux aspects de sa personnalité et ses rapports avec les
autres s'améliorèrent énormément. En conséquence, sa
personnalité revêtit une vitalité et un enthousiasme neufs
extraordinaires. Mon ami le cadre, très intrigué, me rapporta que son travail avait repris de façon fantastique. Fred
allait obtenir sa promotion. Mais les événements prirent
une tournure ironique. Fred ne voulut pas de cette promotion. Tout imprégné de son nouvel enthousiasme, il décida
de monter sa propre affaire. Cette nouvelle hardiesse lui
venait de la confiance qu'il avait acquise tout récemment.
«C'est une offre extraordinaire, me dit-il tout exalté, et je
sais que je vais devoir y mettre le paquet. C'est l'aventure
la plus amusante de ma vie!» Fred réussit, comme quiconque met de l'enthousiasme dans son travail.

Parmi d'autres techniques efficaces utilisées avec succès
pour appliquer de l'enthousiasme dans le travail, il y a celle
de feu Dale Carnegie, un de mes bons amis. Dale a écrit
l'un des plus grands bestsellers de l'Histoire: *How to Win
Friends and Influence People* (Comment se faire des amis).
Il a aussi mis sur pied le cours Dale Carnegie sur l'art de
faire un discours. Grâce à ses livres et à ses cours, il a probablement aidé plus de gens à exprimer leurs talents et
leurs capacités personnels qu'aucun autre homme de notre
époque. Il venait d'un milieu pauvre et défavorisé. À cause
des misères qu'il avait endurées dans sa jeunesse, il était
positivement hanté par l'idée d'aider les autres à grimper

toujours plus haut vers une vie meilleure. Des milliers de gens doivent leur réussite aux idées et aux conseils de ce grand homme.

Comme tous les grands hommes d'action, Dale Carnegie avait le sens de l'organisation et était très sensible. Il passait par des périodes de découragement total et de profonde dépression. «Alors, disait-il gaiement, je faisais un tour de passe-passe mental pour faire revenir en moi mon enthousiasme coutumier envers la vie et le travail. Je faisais exprès de me dire que j'avais tout perdu: mon travail, ma maison, ma réputation, ma famille, tout ce qui à mes yeux avait de la valeur. Je m'asseyais dans le plus profond désespoir. Puis, je commençais à compter tout ce que je n'avais pas perdu en commençant par la fin de cette même liste. Presto, mon vieil enthousiasme pour le travail revenait même plus fort qu'avant. Essayez ça, une bonne fois, ça marche» disait-il. Je fus bien impressionné et j'essayai. Il avait raison. Ça marche réellement.

Qu'est-ce qu'une personne imaginative ferait de votre emploi

Vous pouvez essayer d'appliquer une autre technique efficace dans un travail pour lequel vous avez peu d'enthousiasme et que vous détestez même peut-être ou trouvez mortellement ennuyeux. Essayez de vous demander ce que quelqu'un d'autre verrait dans votre travail. Laissez aller votre imagination pour savoir ce qu'il en ferait. Peut-être est-ce quelqu'un qui réussit extraordinairement bien dans son emploi actuel. Essayez d'imaginer ce qu'il ferait si, subitement, il prenait votre place. Comment pensez-vous qu'il réagirait envers votre travail? Qu'imaginerait-il de nouveau pour mettre de la vie et obtenir des résultats dans ce que vous considérez comme un travail ennuyeux? Notez sur papier ce que vous pensez qu'il ferait s'il occupait votre emploi.

Ensuite appliquez dans votre travail les talents dont il ferait preuve selon vous, s'il se mettait dans votre peau. Parce que vous avez de l'expérience dans ce domaine, il y a en vous des qualités cachées de connaissance et de pratique qui lui manquent. Il y a toujours quelque chose de nouveau et d'imaginatif à apporter même à un travail que vous connaissez bien. Par cette nouvelle approche, vous trouverez en vous des forces et un enthousiasme insoupçonnés pour accomplir votre tâche.

Le directeur des ventes d'une épicerie de gros me raconta un jour une histoire qui illustre bien notre idée de ce qu'un homme imaginatif peut faire dans un travail catalogué comme étant sans espoir. Cette compagnie vendait ses produits dans quatre grandes villes. Dans la ville B, le représentant avait désigné un quartier comme une région où la vente était nulle. Son idée était faite à ce sujet. Elle lui avait été transmise par son prédécesseur qui, par ailleurs, n'était pas très compétent et ceci avait apporté du découragement à son état d'esprit déjà pessimiste. Alors il délaissa ce quartier, qui selon lui ne valait rien, en étant convaincu qu'il ne pourrait rien y vendre.

À un certain moment, la direction muta ce pessimiste ailleurs et nomma pour la ville B un nouveau représentant qui ne se doutait pas du tout des endroits du territoire décrits comme arides. Ayant un caractère ouvert et énergique, il rencontra les clients avec l'idée qu'il allait vendre et offrir ses services. Vu qu'il n'avait aucunement l'idée préconçue que *personne ne pouvait vendre dans ce quartier-là,* il n'était pas paralysé par des pensées négatives. Il commença à aller voir d'éventuels clients dans cette

région négligée jusque là et fit bientôt des ventes spectaculaires. Il envoya un rapport enthousiaste au siège
social, disant qu'il y avait là un territoire vierge et qu'il
allait s'y attaquer. Il n'arrivait pas à comprendre pourquoi
ses prédécesseurs l'avaient négligé.

Peut-être y a-t-il dans cette histoire une leçon pour
chacun de nous. Est-ce qu'il n'y a pas par hasard des ter-
ritoires vierges dans notre travail qui, de la même façon,
pourraient devenir de véritables mines d'or?
L'enthousiasme pour des possibilités augmente ces
possibilités qui, à leur tour, font croître l'enthousiasme.

Cette forme de pensée est essentielle même dans un
métier comme le mien. À l'église Marble Collegiate de New
York où j'ai été pasteur pendant trente-cinq ans, on revoit
et réévalue constamment les méthodes pour développer
des moyens plus imaginatifs et plus créatifs de rejoindre le
plus de gens possible.

Un facteur important dans un travail est l'organisation.
C'est l'art de faire ce qu'il faut au bon moment et en s'y
prenant bien. Ceux qui envisagent un travail d'une façon
négative sacrifient ce sens fragile de l'organisation. Quelle
que soit la façon dont un travail a été accompli auparavant, on peut l'améliorer en y apportant de l'imagination et
de l'enthousiasme et en s'assurant la coordination de tous
ces éléments.

Une recherche constante et la satisfaction de la
découverte qui en découle mettent de la vitalité dans la
structure d'un travail et compose son importance. Aucun
emploi n'est terne ou stérile si on se met à en explorer les
possibilités et à les développer. Ceux qui restent accrochés
au bas de l'échelle dans leur emploi craindront peut-être

qu'il n'y ait jamais d'ouverture pour eux. Mais avant de se tourner vers le gouvernement pour y trouver de l'aide, il faut affermir son sens de l'indépendance pour tenter encore une fois d'améliorer son sort. Priez, pensez, travaillez avec enthousiasme même si le travail vous paraît complètement absurde. Bien souvent l'enthousiasme est le pont entre la pauvreté et la prospérité.

Ce que fit l'enthousiasme
pour un concierge

«Il y a quelque temps», m'écrivit un homme récemment, «je vous ai écrit que j'avais été congédié d'un emploi que j'avais occupé pendant dix-sept ans et que j'avais de la difficulté à me trouver un autre travail, étant un ouvrier non qualifié. Mais je continuai à avoir foi et confiance comme vous me l'aviez dit. Je pris finalement un emploi de concierge. Des mois passèrent et je demandai toujours à Dieu: «Est-ce que c'est là l'abondance dont m'a parlé le docteur Peale? Celle que je pouvais demander et espérer obtenir? Seigneur, j'ai deux fils qui vont aller à l'université et une fille qui va entrer au secondaire. Comment vais-je pouvoir m'occuper d'eux avec ma paye de concierge?»

Quelquefois sa foi se dérobait un peu. Mais il se cramponnait à son rêve et finissait toujours ses prières par ces paroles: «Je crois que tout va bien aller, que ce sera l'abondance au-delà de ce que j'ai demandé ou espéré.» Enfin, six mois plus tard, il y eut un emploi disponible d'homme à tout faire. Il le prit et son salaire atteignit $78.00 par semaine. Dans ses prières à Dieu, il disait: «C'est un peu mieux. Au moins, nous avançons.»

Puis il alla à la bibliothèque emprunter des livres sur les chaudières. Pensez donc, un concierge qui étudie les chaudières. Il demanda conseil à Dieu et travailla fort; il croyait nécessaire de travailler dur et d'obtenir de la coopération. Il passa finalement l'examen des chaudières et le réussit. Deux semaines plus tard, son patron lui demanda s'il aimerait être surveillant dans une école. Il pria pour que Dieu le conseille.

«Voilà, Dieu et moi avons accepté ce travail», poursuivait-il dans sa lettre. «Puisqu'il avait mis ici bas tous les matériaux nécessaires à la construction de l'école, je savais qu'ensemble, nous n'aurions pas trop de difficultés à la faire fonctionner; alors Dieu et moi gagnons $145 par semaine et j'adore mon travail.

«Et ce n'est pas tout, parce qu'un jour, Dieu et moi serons en charge d'un important groupe de bâtiments et nous ferons bien notre travail. L'un de mes fils a un prêt bancaire pour fréquenter l'université, l'autre a une bourse pour étudier à l'université et ma fille a été acceptée dans une école secondaire où des bourses d'études sont disponibles. Vous avez tort, docteur Peale, de dire que Dieu donne en abondance; vous devriez plutôt dire que Dieu donne en surabondance.»

Voilà un homme humble, pauvre, peu instruit, pris avec de grosses difficultés. Cependant il a appris l'une des plus grandes vérités de la vie; qu'un homme qui croit, qui a confiance, qui a une grande foi en Dieu et qui travaille et étudie peut obtenir des résultats surprenants.

L'enthousiasme de l'auteur de cette lettre est aussi inépuisable que sa foi. Le résultat est qu'il a fait réapparaître des bienfaits remarquables dans sa vie et la vie des siens. Il fait mentir les tristes prophètes de malheur qui blâment leur propre échec sur le mode de vie américain.

Telle a été mon expérience; que ceux qui sont enflammés par une idée enthousiaste la laissent les envahir et dominer leurs pensées pour voir un monde nouveau s'ouvrir à eux. Aussi longtemps qu'ils sont sous l'emprise de l'enthousiasme, ils auront de nouvelles opportunités.

Comment un morceau de tarte fit naître l'enthousiasme

Un soir, dans l'Indiana, je fis un discours lors d'un grand dîner. À côté de moi, assis à la table d'honneur se trouvait le président de l'organisation qui s'était chargée de cette réunion. C'était un homme extrêmement intéressant et enthousiaste. Nous avions eu une très bonne conversation sur divers sujets et j'étais impressionné par son style plein de vie et l'attention soutenue qu'il manifestait.

C'était un homme qui semblait aimer la vie avec passion. Il me dit qu'il travaillait dans ce qu'il considérait comme *la plus grande entreprise au monde*. Cette déclaration m'intéressa et je lui demandai: «Qu'est-ce donc que la plus grande entreprise au monde?»

«Je fais des tartes» me dit-il en souriant, «et ce dont ce pays a besoin, c'est de bonnes tartes comme celles que je fais.»

Je le questionnai et découvris qu'il avait débuté comme représentant. Il faisait assez bien son travail mais les résultats n'étaient guère spectaculaires. Puis un jour, quelque chose arriva qui devait décider de sa nouvelle carrière. Il mangea un morceau de tarte. Ce morceau de tarte qui fit époque lui fut servi dans un petit restaurant ordinaire dans une petite ville où il s'était arrêté pour déjeuner. Il n'avait jamais goûté une tarte comme celle-là! C'était un petit chef-d'oeuvre. La semaine suivante, lors de sa tournée, il s'arrêta de nouveau. La tarte était toujours aussi bonne. Cela continua pendant quelques semaines puis un jour, la tarte fut pareille à toutes les tartes: sans beaucoup de goût et bien ordinaire. Il demanda alors au propriétaire du restaurant ce qui s'était passé. L'homme expliqua que la femme qui faisait les tartes était malade et qu'elle ne pouvait plus l'approvisionner.

Cette nouvelle parut catastrophique à mon compagnon de table. Fini les tartes délicieuses! Rentrant chez lui, encore ébranlé par cette nouvelle, il se souvint que sa femme avait des talents culinaires. En fait, elle était très bonne pâtissière, mais depuis quelque temps s'en était remis à la pâtisserie pour se procurer les desserts.

Là-dessus, mon ami bien résolu convainquit sa femme de faire une demi-douzaine de tartes différentes. Il en goûta une qui lui parût excellente. Il les emporta à un restaurant local et invita le propriétaire à les goûter. Le restaurateur les acheta toutes les six et en commanda d'autres. Les tartes se vendaient 39¢ dans les magasins, mais mon ami estima les siennes à 75¢ et demanda ce montant. Le restaurateur trouva bien que c'était cher mais pas *si les clients revenaient*. Les tartes maison eurent tout de suite beaucoup de succès et la femme de cet homme se lança à plein temps dans cette aventure. L'affaire prit de l'ampleur si rapidement qu'ils durent bientôt s'adjoindre l'aide d'autres employés. Ce couple finit par posséder une grande usine qui livrait des tartes fraîches tous les matins à tous les restaurants.

Mon interlocuteur rayonnait. De sa voix vibrante d'émotion, il m'assura que la qualité-maison originale et la touche personnelle particularisaient toujours ses produits.

Étant moi-même grand amateur de tartes, au détriment de ma ligne, je partageai son enthousiasme. Ce soir-là, j'étais dans ma chambre et j'allais me coucher quand on frappa à la porte. C'était un garçon de courses qui m'apportait deux tartes toutes fumantes que mon ami plein d'attentions me faisait envoyer; l'une aux pommes, l'autre aux cerises; chaque bouchée était exquise!

Voilà un homme qui avait vraiment appliqué l'enthousiasme dans son travail avec des résultats surprenants. J'appris par des tiers que son enthousiasme, amorcé par les délicieuses tartes, s'étendait à tout son milieu où il faisait figure de leader. Il avait découvert que l'enthousiasme fait la différence, une différence marquée, que ce soit pour des tartes ou n'importe quelle autre situation.

L'enthousiasme amène les bons jours

La religion doit servir à donner de la force et de l'enthousiasme pour vivre dans un monde difficile. Ce ne sont pas tous les gens dits religieux qui sont enthousiastes, loin de là même. Certains semblent avoir en tête cette idée bizarre que la tristesse et le pessimisme sont les marques caractéristiques du christianisme. Alors, on comprend mal le message de Jésus-Christ qui dit: «Ce dont je vous ai parlé, que ma joie reste en vous et que votre joie déborde.», et encore «Réjouissez-vous toujours dans le Seigneur: et à nouveau je vous le dis, réjouissez-vous.» Le christianisme peut mettre joie et enthousiasme dans l'esprit des gens pour les aider à vivre de façon créatrice et victorieuse dans un monde dur.

L'un des meilleurs représentants de l'industrie américaine est un homme imprégné de cette foi. Il a mis en marché plusieurs des articles les plus utilisés dans l'économie actuelle. C'est une personne active, à l'esprit vif, dont la disponibilité envers son église et son milieu est remarquable. Après des débuts bien modestes, il est maintenant un leader très influent. Sa contribution à de nombreux services humanitaires est considérable. Je lui demandai ce qu'il pensait de l'avenir. Il me répondit qu'il pensait qu'il serait très bon. Quand je le poussai à m'expliquer les raisons de son optimisme et de son enthousiasme, il me déclara: «Il y aura des bons jours pour la simple raison qu'on en fera des bons jours.»

Il affirma sa croyance que «*Dieu lui-même nous a donné le pouvoir et l'autorité d'agir sur chaque jour pour en faire une journée bonne ou mauvaise. Chaque matin, dit-il, nous avons le choix d'en faire une bonne ou une mauvaise journée. Je décide quant à moi chaque matin, qu'avec l'aide de Dieu, j'en ferai une bonne journée. Je suis en mesure de vous dire que, si mes journées ne sont pas toutes faciles, elles sont quand même bonnes.*» Cet homme croyait qu'une journée mauvaise selon certains pouvait devenir bonne si on se chargeait de la transformer.

Il me dit qu'il avait une formule à toute épreuve pour faire des bonnes journées, une technique en six points qui, je crois, aidera tous ceux qui veulent mettre de l'enthousiasme dans leur travail.

Formule pour rendre bonne chaque journée

1. *Pensez à une bonne journée.* Pour qu'une journée soit bonne, imaginez-la d'abord bonne en esprit. Ne faites aucune réserve quant au fait qu'elle sera bonne. Les événements, sont régis en grande partie par la pensée

créatrice; alors un concept positif de la journée tendra énormément à la rendre telle qu'on l'a imaginée.

2. *Dites merci pour cette bonne journée.* Remerciez d'avance pour la bonne journée qui s'annonce. Remerciez et soyez sûr de cette bonne journée. Cela aide à la rendre bonne.

3. *Planifiez une bonne journée.* Mettez de mauvaises pensées, de mauvaises attitudes et de mauvaises actions dans une journée et elle revêtira de mauvaises caractéristiques. Mettez de bonnes pensées, de bonnes attitudes et de bonnes actions dans une journée et elles en feront une bonne journée.

5. *Priez pour que ce soit une bonne journée.* Commencez chaque jour par cette assertion puissante du Psaume 118:24: *Voici le jour que fit Yahvé, pour nous allégresse et joie.* Commencez la journée par une prière et terminez-la de la même façon. Elle ne pourra qu'être bonne, même si elle comporte des expériences difficiles.

6. *Remplissez la journée d'enthousiasme.* Donnez à cette journée tout ce que vous avez et elle vous donnera en retour tout ce qu'elle a et ce sera beaucoup. L'enthousiasme fera une énorme différence dans chaque journée et pour chaque tâche.

Le super-chef des ventes qui me fit part de ces règles, me dit avec un petit rire: «Voici une citation que j'ai lue quelque part; c'est d'un nommé H. W. Arnold. Il devait être à bout de ressources: *Le gars plein d'enthousiasme qui se jette à corps perdu dans son entreprise (c'est-à-dire son travail) est rarement jeté dehors par celle-ci.*»

Cela me rappela un employeur qui me dit qu'il allait remercier un homme de son entreprise. Je lui demandai: «Pourquoi ne pas le remercier *dans* l'entreprise? Essayez de lui donner de l'enthousiasme au travail.» C'est ce qu'il fit et cet employé devint bientôt un homme très important dans la compagnie. Il se jeta *dans* l'entreprise et ne fut pas jeté dehors. L'enthousiasme le fit se jeter à corps perdu dans son travail. Il devint une nouvelle personne qui réussit, heureuse et créatrice. Essayez l'enthousiasme au travail. Le résultat vous surprendra.

CHAPITRE SIX

Tendu? Nerveux? Laissez l'enthousiasme venir à votre rescousse

Nous étions assis à côté l'un de l'autre à la table du conférencier faisant face à une assemblée d'environ mille cinq cents personnes qui remplissait la grande salle de bal de l'hôtel. Cet homme, maître de cérémonie pour ce grand dîner, était le plus nerveux de tous les annonceurs de toasts. Il picorait dans son assiette et trempait constamment ses lèvres sèches dans son verre. Sa main tremblait comme une feuille au vent et quand, par inadvertance elle frôla la mienne, elle me fit l'effet d'un glaçon.

«Vous semblez un peu nerveux», remarquai-je, compatissant.

«Eh bien, si vous pensez que je suis nerveux maintenant, vous auriez dû me voir il y a six mois», fut sa réponse étonnante.

«Étiez-vous plus nerveux il y a six mois que maintenant?» demandai-je.

«Et comment, dit-il. Quand je vous présenterai, vous saurez comment j'ai commencé à m'améliorer.»

Bientôt, le maître de cérémonie se leva, tremblant sur ses jambes et, d'une voix chevrotante, commença à parler:

«Mes amis et concitoyens, ce soir, je veux vous présenter notre conférencier, un homme qui n'a pas fini de me faire du bien. Il y a quelque temps, angoissé et sous-tension, j'étais au bord de la dépression nerveuse. Je ne dormais plus la nuit et un rien me contrariait. C'est alors qu'un ami m'a fait parvenir un livre de notre conférencier. J'ai pris le livre avec moi au lit et, croyez-le ou non, je n'avais pas lu trois pages que j'étais profondément endormi.»

À cette remarque bien intentionnée, la foule fut secouée de rire, ce qui ne réduisit pas beaucoup la tension du maître de cérémonie. Plus tard il me demanda si nous pouvions parler en tête à tête. Quand nous fûmes seuls, je dis: «Regardons les choses en face: vous n'êtes pas encore tiré d'affaires avec ce problème de tension, même si vous avez fait des progrès.» Je lui rappelai qu'il y a deux sortes de tension: (1) la bonne, qui pousse les gens à agir dans la bonne direction et (2) la mauvaise, qui les anéantit complètement. Pour surmonter la deuxième et acquérir la première, je l'encourageai à devenir un adepte de l'enthousiasme, car l'enthousiasme a le pouvoir de faire sortir les gens d'eux-mêmes et de changer leurs pensées de cet état chronique de référence à soi et d'hypersensibilité dans lequel se développe la tension. Moins on est centré sur soi-même, moins on laisse de chance à la tension d'avoir prise sur soi.

Chaque fois que l'enthousiasme diminue pour une raison ou pour une autre, la tension semble croître. C'est le moment d'agir. Personnellement, quand je ressens une diminution de mon enthousiasme, j'évalue soigneusement mon état de tension et, si cela m'est possible, même pour une très courte période, j'essaie d'aller quelque part, dans un endroit où ma tension a de grandes chances de disparaître.

Je choisis d'ordinaire ma ferme du comté de Dutchess dans l'État de New York.

Mais une fois que j'avais besoin de m'évader, après une saison bien mouvementée, je pris l'avion pour atterrir sept heures plus tard en Suisse. Je me rendis tout de suite en voiture dans un endroit calme et serein, la haute vallée alpine de l'Engadine qu'on appelle aussi le toit de l'Europe. Il ya là trois grands cols, celui du Julier, celui de la Maloja et celui de la Bernina, qui forment une barrière entre le voyageur et le monde extérieur. Une retraite comme celle-là, loin de la tension du travail, permet à celui qui la vit de faire face aux problèmes lorsqu'il revient à la routine familière. Pour trouver un soulagement à la tension, il n'est pas nécessaire bien sûr d'aller à l'étranger. Souvent une promenade dans la rue sous les étoiles fera le même effet, pour bien moins cher.

St-Moritz est une charmante station des Alpes, nichée dans une vallée encerclée de magnifiques montagnes, à mille huit cents mètres au dessus du niveau de la mer. L'air est tonique, toujours frais et piquant. Dans la journée, les rayons dorés du soleil vous réchauffent. Des étoiles brillantes qui semblent toutes proches éclairent le ciel la nuit quand les dernières lueurs du jour se sont évanouies. Les nuits sont froides et on se pelotonne avec délice sous d'énormes édredons dont la douce chaleur favorise vite un profond sommeil.

Mon ami Andrea Badrutt, un des grands hôteliers d'Europe, dont l'hôtel Palace est celui où je reste, dit que l'air, le soleil et l'eau de la Haute Engadine ont fait des merveilles pour certaines des personnes les plus affairées du monde. «La tension ne peut pas rester en vous, déclare-t-il, dans l'atmosphère paisible et relaxante d'une vallée où les gens sont venus chercher la guérison depuis des temps très reculés.»

Il y a tant de tension dans la vie moderne qu'on doit de temps en temps se retirer du monde pour être ensuite efficace dans ce monde. Le gouverneur d'un État américain m'a dit qu'il rejoint un groupe d'hommes chaque année dans un endroit retiré où, dans une atmosphère religieuse, le silence le plus strict est imposé pour quarante-huit heures.

«Comment, lui demandai-je, un politicien peut-il se taire pendant deux jours? Ça me semble impossible.»

«C'est une partie du traitement», me dit-il avec un grand sourire. «La valeur apaisante de la discipline est salutaire et dans le silence, on peut se retrouver et retrouver Dieu. On approfondit la connaissance de soi-même au fur et à mesure que l'agitation fébrile de la vie ordinaire disparaît.»

Il cita la remarque pleine de sagesse de Thomas Carlyle: «Le silence est l'élément dans lequel se façonnent les grandes choses». Et je pensai à Isaïe 30:15: «Dans la conversion et le calme était le salut, dans une parfaite confiance était votre force.» Ce texte incidemment exprime une progression intéressante. Le silence conduit à la confiance et la confiance à la force. Et le silence, la confiance et la force sont très payants car ils font de vous quelqu'un de plus compétent et certainement une personne plus heureuse et plus enthousiaste.

Ma tension s'apaisa lors de ce séjour dans la large vallée ensoleillée entourée de pics élevés. De sombres forêts entourent les flancs des montagnes au-dessus desquelles un ciel bleu rappelle l'Italie toute proche, juste derrière les pics de la Bernina. Là, l'air est plus léger que dans les basses terres et possède une tonicité qui, avec le soleil éclatant, semble produire un effet de doux massage. Les eaux minérales et les bains de boue alpine contribuent à un sentiment de bien-être.

Cependant quelque chose de plus important que le soleil, l'air et l'eau est nécessaire car le contrôle de la tension peut aussi être psychologique et spirituel. Le secret pour la surmonter est une attitude mentale contrôlée et cela dépend souvent de facteurs spirituels.

À St-Moritz, un playboy riche aux tempes dégarnies me déclara qu'il n'avait «rien d'autre que du temps et de l'argent». Il s'était fait soigner dans toutes les stations thermales d'Europe, mais se plaignait d'avoir toujours envie de se gratter. «Est-ce que ces démangeaisons vont toujours me torturer?» me demanda-t-il d'un ton pitoyable.

Je lui parlai d'une femme qui avait eu des démangeaisons pendant plusieurs années. Son médecin me l'avait envoyée en m'expliquant que, pour une certaine raison, elle *se grattait de l'intérieur*. Elle était dans une tension extrême. Notre entretien fit ressurgir une vieille querelle qu'elle avait eue avec sa soeur à l'occasion du testament paternel. Cette colère, selon le médecin, avait sans nul doute provoqué les manifestations physiques de démangeaison. Nous la convainquîmes d'oublier sa haine et graduellement, comme sa tension s'amenuisait, les démangeaisons cessèrent.

Mais à une époque où l'angoisse est omniprésente, il ne faut pas se dire qu'on va devoir vivre tendu. Vous pouvez vivre sans tension et une façon d'y parvenir est de développer des attitudes et des techniques enthousiastes.

Votre problème de tension peut être en tout ou en partie médical et le traitement sera conduit par un médecin. D'un autre côté, il peut être le résultat de facteurs psychologiques ou spirituels. Si c'est votre cas, continuez à lire ce livre car ce chapitre est écrit pour vous. Il peut vous aider de façon créatrice.

Un homme d'affaires guéri de sa tension

J'ai été capable d'aider à opérer une guérison à la tension grâce à l'enthousiasme, dans le cas d'un homme d'affaires célèbre, qui est pour moi une vieille connaissance. Il était gravement ennuyé par la tension et cherchait désespérément de l'aide. Il fut capable d'en obtenir parce qu'il suivit humblement un programme de travail. Chacun peut être aidé s'il le veut vraiment et s'il étudie et applique avec foi les techniques qui ont rendu de grands services à d'autres personnes aux prises avec les mêmes problèmes.

Cet homme Joe K...., commença à venir écouter mes sermons dans l'espoir qu'il trouverait un soulagement à son état d'extrême tension. Peu après, il prit rendez-vous pour me voir. Il me décrivit son état très nerveux qui se manifestait par son incapacité à prendre des décisions. Chaque fois qu'une décision lui revenait, il *avait des sueurs froides* et avait l'impression qu'il *allait s'effondrer.* Cet état d'esprit était un sérieux problème car, dans son entreprise, il devait prendre d'importantes décisions chaque jour.

Auparavant, ça ne l'avait jamais ennuyé de prendre des décisions. Il avait toujours pris des décisions intelligentes, autrement il n'en serait pas arrivé à son poste actuel de cadre. Les docteurs avaient diagnostiqué une hypertension aiguë, ce phénomène résultant selon eux d'une vieille angoisse ancrée dans son subconscient. Ils lui avaient prescrit des remèdes. Quand il devait faire face à la prise d'une décision importante, une qui *avait des implications multiples,* il prenait son médicament et il y parvenait. «Mais, se plaignit-il, je ne peux pas avaler des pilules toute ma vie chaque fois que je dois prendre une décision. Mon seul espoir réside dans un soulagement permanent de ma tension ou alors je n'ai plus qu'à prendre ma retraite et à me laisser mourir.»

Il resta assis un grand moment sans parler puis, d'une manière attendrissante, il dit: «Je crois que Dieu peut me guérir. Oui, je crois qu'Il me guérira.»

«Si vous croyez cela de tout votre coeur et de toute votre âme, lui dis-je, c'est que la guérison a déjà commencé.» Je voulais parler de l'immense pouvoir inhérent à la foi et lui rappelai que le Nouveau Testament est rempli d'exemples de guérison qui chaque fois prouvent l'extrême importance d'une foi toute simple. Par exemple la femme malade qui sortit timidement de la foule pour venir toucher l'ourlet de l'habit de Jésus. Elle ne parla même pas au Seigneur mais crut simplement qu'elle guérirait si seulement elle touchait *son* vêtement. Et elle avait raison car elle fut guérie.

«Bien que vous soyez un homme important, Joe, lui dis-je, vous semblez posséder cette rare qualité d'avoir une foi candide et, grâce à cela, je crois que vous serez guéri de votre tension.» Je citai ces mots: «Si vous avez la foi, de la grosseur d'une graine de sénevé... rien ne sera impossible pour vous.»

«Je crois à cela, c'est vrai, j'y crois, s'exclama-t-il. Maintenant, que dois-je faire?»

«Rien du tout, dis-je, sauf de continuer à croire profondément et à avoir confiance. Continuez seulement à remercier Dieu pour la grâce de la guérison qu'il vous accorde maintenant. Ne demandez pas qu'elle vous soit accordée plus tard, mais dites merci parce que vous l'avez déjà. C'est-à-dire dites avec gratitude que vous l'avez reçue. Et aussi, soulignez tous les passages du Nouveau Testament qui ont rapport à la foi et mémorisez-en le plus possible pour que votre esprit devienne saturé par la foi. Quinze minutes consacrées à ce travail chaque jour feront des merveilles. Le but de ce traitement est d'approfondir votre foi car c'est avant tout votre foi plus que n'importe quelle autre activité qui vous guérira.

Le pouvoir de guérison d'une foi enthousiaste

Ce patient commença tout de suite à manifester des signes de relâchement de sa tension et l'enthousiasme suivit. Ce fut d'une manière si soudaine qu'il me téléphona pour me dire: «Écoutez ceci. N'est-ce pas formidable?» Et il citait un passage de la Bible qui parlait de la foi, de la guérison ou de la paix. «Excusez-moi de vous déranger, s'excusait-il. Mais ne trouvez-vous pas que ce passage est une perle? Au revoir et à bientôt.»

Il faisait partie de cette race d'hommes en petit nombre qui ont un caractère entier. Des gens comme lui reçoivent la foi avec enthousiasme et l'extériorisent constamment. Ils sont de vrais croyants et cette sorte de croyants balaient toujours tout devant eux, y compris la tension et la nervosité ou n'importe quel autre problème.

Joe avait toujours été en quête de quelque chose. Il était ainsi conditionné à la psychologie de la foi et, on l'a vu plus haut, il possédait aussi le don d'humilité. L'extériorisation combinée à l'humilité est un mélange formidable pour bâtir une force personnelle. Il avait une âme assez grande pour être simple et il possédait cette faculté supérieure qui est la capacité de croire.

Peut-être que Jésus-Christ pensait à des hommes de la même grandeur d'âme que Joe quand il disait: «...quiconque ne reviendra pas comme un petit enfant n'entrera pas dans le royaume de Dieu.» Si vous avez ce qu'il faut pour devenir humble, simple et sincère, et que vous croyez simplement que rien n'est trop beau pour être vrai, il vous sera possible de bénéficier des grandes joies de la vie. En tout cas, Joe fut capable de développer l'enthousiasme qui fit vraiment toute une différence en lui.

Une autre chose que nous enseignâmes à Joe fut de se sensibiliser à la présence de Dieu. Il est écrit que *Jésus-Christ (est) le même hier, aujourd'hui et pour toujours*. On peut donc en déduire que des guérisons semblables à celles qu'*il* fit durant *sa* vie physique se produisent aujourd'hui dans *sa* vie spirituelle qui se poursuit. Quand le sentiment de *sa* présence devient assez fort, l'individu qui l'a recherchée se trouve pris dans la vague du même pouvoir de guérison où étaient les personnes dont la guérison est rapportée dans les Écritures et avec des résultats identiques.

C'est pourquoi le processus de relâchement de la tension de cet homme fit du progrès quand il commença fermement à déclarer sa foi. En acceptant l'idée que sa guérison était en cours, il faisait naître un enthousiasme curatif. Comme il continuait à saturer son esprit de foi et à se mettre à l'écoute de «la Présence», sa tension commença à diminuer. L'enthousiasme s'empara de lui. Cette procédure eut tant de succès qu'avec le temps, Joe développa en lui une passion et une vitalité débordantes qui n'ont jamais diminué depuis.

Un associé de cet homme qui était au courant à titre confidentiel du traitement qu'il suivait, me fit cette remarque: «Je n'aurais jamais cru possible un changement aussi radical chez Joe.» Et il ajouta avec émotion: «Seul Dieu a pu le faire.» Et c'est vrai. Seul Dieu pouvait le faire et Dieu l'avait fait. Pourquoi pas? Car *en lui était la vie; et la vie était la lumière des hommes,* ce qui signifie que vous vivez vraiment quand Dieu met en vous une nouvelle vie. Tolstoï l'a dit d'une manière concise: *Connaître Dieu, c'est vivre.*

Cette guérison de la tension fut provoquée par la pensée, la foi et les exercices - les trois éléments miracles. La tension présente dans l'esprit fut expulsée par un décalage mental dans lequel un modèle de pensée plus puissante construite autour du concept de Dieu lui fut substitué. Cette idée maîtresse était renforcée par des exercices quotidiens. Nous suggérâmes à Joe qu'à son réveil, il *parle* à Dieu, le remercie de la bonne nuit qu'il venait de passer et ajoute toutes les raisons qu'il avait d'être reconnaissant et joyeux. Puis, mentalement, il devait remettre sa journée entre les mains de Dieu, convaincu qu'il serait guidé dans ses activités. Il devait dire: «Seigneur, je dois prendre des décisions importantes aujourd'hui. Puisque *tu* vas me conseiller pour chacune d'elles, comment pourrai-je me tromper?»

Puis il devait faire des exercices physiques intensifs, tout en se disant: «Voici la journée que le Seigneur a faite; Réjouissons-nous et soyons plein d'allégresse.»

Au bureau, avant de se mettre au travail, il devait dire: «Seigneur, je dois aller travailler maintenant. Reste avec moi et aide-moi.» Je lui racontai qu'un de mes amis, feu Fulton Oursler, le célèbre écrivain, avait une pensée encadrée près de sa porte d'entrée; il l'avait sous les yeux chaque fois qu'il quittait sa maison. «Seigneur, je vais être bien occupé aujourd'hui. Il se peut que je t'oublie, mais toi, ne m'oublie pas.» Je n'ai jamais vu Fulton oublier Dieu et il était, de toute évidence, le plus enthousiaste de tous les hommes.

Je conseillai fortement à Joe de répéter des bouts de prières tout au long de la journée. S'il avait par exemple un appel important au téléphone, il devait dire en priant: «Seigneur, guide-moi lors de cette conversation.» S'il devait dicter une lettre, il devait faire la même prière très courte. De tels fragments de prières «flash» devaient pénétrer sa conscience de la présence de Dieu, non pas comme étant un être flou quelque part dans le ciel, mais comme un ami qui conseille. Au fur et à mesure qu'il appliquait cette procédure, ce qu'il faisait sincèrement et de façon convaincue, il lui devenait plus facile de prendre des décisions jusqu'au jour où il me déclara tout excité: «J'ai enfin réappris à prendre des décisions et à les oublier une fois que c'est fait. Je ne me crée plus de tension à les disséquer nerveusement.» Son enthousiasme tout neuf l'élevait au-dessus de la tension, ce qui l'amenait à découvrir une nouvelle vitalité de sa puissance mentale et à avoir bien en main toutes les situations.

Enfin le soir, il devait dire: «Merci, Seigneur, pour avoir été avec moi toute la journée. On a passé une bonne journée ensemble. Maintenant accorde-moi un sommeil réparateur. Bonsoir, Seigneur.» Comme le sentiment de présence grandissait dans l'esprit de cet homme, la vague d'enthousiasme écarta de sa conscience les pensées angoissantes qui le rendaient nerveux et il finit par devenir un homme bien dans sa peau. L'enthousiasme avait là encore exercé son pouvoir de guérison.

Je sus qu'il était vraiment guéri quand, s'oubliant lui-même, il se mit à dire: «Seigneur, que puis-je faire pour toi?» Je souligne ce fait qui a son importance car la guérison de la tension n'est pas terminée avant que l'individu ne devienne assez enthousiaste pour sortir de lui-même. Sénèque a dit: «On ne pense jamais bien sauf quand on est en paix avec soi-même.» On ne peut pas avoir l'esprit en paix quand on est anormalement inquiet à son sujet. Plus on est fixé sur soi, plus on permet à la tension de se développer. La tension n'est pas tant le problème de la personne toujours occupée que celui de la personne toujours inquiète d'elle-même. Ces individus désorganisés, fiévreux, qui sont toujours dans une agitation fébrile, les indisciplinés mentaux, sont tendus et c'est normal. Mais les gens qui ont les idées bien en place, ceux qui contrôlent leur état mental, sont capables de vivre d'une manière courtoise et sans tension.

Oubliez-vous et la tension vous oubliera

Un jour vint me consulter un homme au désespoir qui se plaignait que *la tension le rendait fou*. En fait, il n'était pas loin de l'hystérie. Il semblait que la vie à New York lui avait fait *perdre la boule* et il ne pouvait plus supporter le bruit, le stress, la course. Si seulement il pouvait aller vivre à la campagne, au milieu des collines, des prés et écouter le ruisseau chanter...

«John, aller vivre à la campagne ne vous aiderait pas du tout» lui dis-je, brisant son rêve bucolique. «Vous trouverez la même tension là-bas. Votre problème ne vient pas de la ville. Il vient de vous.» Je lui racontai alors l'histoire d'un homme rencontré dans une rue de New York. En réponse à mes questions habituelles concernant sa santé, il se mit à me parler avec exaltation de son état de tension. Il faisait de grands gestes, comme pour prendre toute la ville à témoin et s'écriait: «L'air même de cette ville est plein de tension.» Je dus lui ouvrir les yeux et répliquai: «Si vous preniez un échantillon de cet air et le faisiez analyser en laboratoire, il est certain qu'il serait plein de saleté; mais vous n'y trouveriez pas un soupçon de tension. La tension n'est pas dans l'air mais dans l'esprit des gens qui respirent cet air.»

Après lui avoir raconté cette histoire, je poussai l'homme qui avait des problèmes à essayer de mettre de l'enthousiasme dans ses pensées pour contrecarrer ce souci de lui-même qui faisait croître sa tension et sa nervosité. «L'enthousiasme, dit-il avec un ton de mépris, c'est bien la dernière chose que je possède!»

«C'est peut-être bien ça qui ne va pas, répliquai-je. Alors essayons de vous en donner un peu!»

«Bon, très bien, ronchonna-t-il. Vous êtes le docteur. Mais comment allez-vous vous y prendre?»

«Si je suis le docteur, je vais vous prescrire un traitement qui va faire agir l'enthousiasme pour apaiser la douleur dans votre esprit.»

Soyez certain que je connaissais bien mon homme. J'étais au courant de son inquiétude anormale pour lui-même et de son angoisse exagérée pour son bien-être et son confort matériel. Je savais qu'il donnait peu ou pas du tout d'argent à son église et aux services sociaux. Il ne donnait pas son temps non plus. Il était renfermé et centré sur lui-même bien qu'il parût aimable et séduisant. Sa tension était vraiment une maladie provoquée par l'intérêt pour lui-même autant que la pression extérieure. Pour la réduire, il me faudrait recourir à des moyens extrêmes; c'est-à-dire extrêmes pour lui.

«John, lui demandai-je, pouvez-vous prendre une heure pour faire quelque chose pour moi?» Il fut un peu surpris, mais déclara qu'il pourrait peut-être. «C'est bon. Je veux que vous alliez voir un de mes amis qui a beaucoup d'ennuis. Son fils est entré dans une bande de *hippies*. Ce garçon se dit libéral et est par conséquent en rébellion contre tout ce qui existe, depuis son père jusqu'au gouvernement. Il a cru malin de traiter son employeur de gros capitaliste et a été mis à la porte. Depuis ce temps-là, il va de mal en pis. Il est si odieux que personne n'en veut. Il vit aux crochets de son père qui peut mal se le permettre car ses affaires ne sont pas très prospères.

«Mais récemment, il est arrivé un coup encore plus dur au père. Le docteur lui a appris que sa femme est gravement malade et qu'il n'y a pas d'espoir. J'ai essayé de l'aider moralement, mais le pauvre homme est très découragé.»

«Eh bien, je suis désolé pour ce pauvre gars. Mais n'a-t-il pas la foi? C'est de la foi qu'il a besoin.» Ces propos étaient bien les derniers que je m'attendais à entendre sortir de sa bouche.

Il me répondit qu'il n'avait rien à donner à ce malheureux et me rappela qu'il avait lui-même des problèmes et qu'il était venu me voir à cause de cela. «Qu'est-ce que je pourrais faire ou dire à cet homme pour l'aider?» demanda-t-il.

Je lui racontai que j'avais souvent moi-même ce problème mais que je faisais vite une petite prière pour demander conseil. Puis, j'essayais de dire ou de faire ce qui me semblait le mieux. «Essayez cette méthode, suggérai-je. Allez voir cet homme pour moi et dites-moi comment ça se passe.»

Il partit rempli de doutes et hésitant. Je n'en entendis pas parler pendant plusieurs jours et commençai à penser qu'il avait manqué à sa parole. Puis il téléphona et me fit le plus étonnant des rapports. «J'ai remis ce gars complètement sur pied, me dit-il tout joyeux. Je lui ai dit qu'il n'y avait aucun problème que la foi ne peut régler. Croyez-le ou non, j'ai prié avec lui. C'est bien la première fois que je prie avec quelqu'un. Je l'ai emmené souper hier soir. Vous savez, son fils, le hippie, eh bien, ce n'est pas si grave. Il est seulement un peu perdu. Ses démêlés avec la société ont peut-être leur raison d'être. De toute façon, croyez-le ou non, il vient souper avec moi ce soir. Je lui ai demandé de mettre une veste et une chemise propre. Et savez-vous, il m'a dit qu'il en avait assez de ressembler à un *beatnik*. Il a l'air content qu'un ami lui dise de s'habiller un peu.»

«Vous semblez prendre cette histoire bien à coeur, John. Et comment va votre tension à vous?»

«Ma tension? N'allez pas croire que je n'en ai plus, mais les problèmes de Dick font paraître les miens insignifiants. À plus tard.» Il vint me voir plus tard, beaucoup plus tard. En fait, il était si occupé avec Dick et son fils qu'il n'avait plus le temps de penser à ses problèmes.

Quelques mois plus tard, je dis la messe pour le service funèbre de la femme de Dick. John était là, assis à côté du père et du fils et il était visible qu'il était le pilier sur lequel ils s'appuyaient en ce moment de chagrin. John est revenu me voir, mais pas à cause de sa tension. Son enthousiasme pour les autres l'a éclipsée. Il est déménagé maintenant et habite une ville du Midwest et, aux dernières nouvelles, il s'était engagé pour aider les autres à soulager une autre sorte de tension, raciale celle-là. Dans un effort pour remédier à ce problème social plus vaste, le sien s'était évanoui. L'enthousiasme avait aidé à sa guérison.

Les gens du milieu médical insistent sur le danger du stress dans les maladies physiques. Tous les moyens qui ôtent la tension contribuent au bien-être. Un enthousiasme solide et bien dirigé aide dans beaucoup de cas. Le docteur Hans Seelye dit depuis plusieurs années que le stress est à la racine de toutes les maladies, à cause de l'effet de déséquilibre qu'il a sur le fonctionnement de l'organisme humain. Un éminent cardiologue m'a montré un jour les radiographies du coeur de trois personnes, prises alors qu'elles avaient chacune soixante-cinq ans. Il me fit remarquer certains détails bien évidents dans les radiographies et me dit: «À l'heure qu'il est, ces personnes devraient être décédées. Mais elles ont environ soixante-dix ans et vivent de façon satisfaisante.» Comme je lui en demandai la raison, il me répondit que chacun de ces hommes avait maîtrisé sa tension et son stress. Ils avaient rejeté l'angoisse et développé un sain enthousiasme. Il en résultait que le pronostic était très bon dans chaque cas.

L'enthousiasme est un bon remède

Dans son livre *The Healing of Persons* (La guérison des gens), le docteur Paul Tournier, psychiatre européen de renom, développe la thèse que des pensées négatives ont un effet désastreux sur l'état physique. Il dit: *La plupart des maladies n'arrivent pas, comme on le croit, comme un cheveu sur la soupe. Le terrain est préparé depuis des années par un régime déficient, des excès, du surmenage, des conflits moraux qui sapent lentement la vitalité du sujet. Quand enfin la maladie se déclare de façon brutale, ce serait appliquer un remède bien superficiel que de la soigner sans retourner à ses causes premières.* Citant un collègue, le docteur Tournier ajoute: «L'homme ne meurt pas. Il se tue.»

Un malade nous fut envoyé à la clinique de l'église Marble Collegiate par un médecin bien connu qui déclara: «Cet homme est en train de se tuer avec sa dépression anormale. Je ne connais aucun remède qui pourrait le guérir. Donnez-lui de l'enthousiasme pour vivre ou bien il va mourir.» Par bonheur, nous pûmes aider cet homme à prendre le *remède* de l'enthousiasme et il ne fit pas seulement revivre, mais sortit complètement de sa dépression.

Le docteur Tournier fait remarquer que «tout acte physique, psychologique ou toute désobéissance morale aux desseins *divins*, est un acte contre-nature et a des conséquences fatales.» Beaucoup de docteurs dont la technique est de traiter le patient plutôt que la maladie et qui n'ont peut-être pas une orientation aussi religieuse que le docteur Tournier, souscrivent cependant à ses conclusions de l'effet de la haine, du mal, de la tristesse et de la dépression sur le genre humain.

Par exemple, ce docteur qui déclare ne jamais assister à un service religieux et ne jamais employer de termes religieux, parla d'un patient qui mourut *d'avarice*. Il définit cette maladie comme une *haine profonde et maladive de nature si virulente que, vers la fin, son haleine devient in-*

croyablement fétide et que les organes de son corps semblent se détériorer très rapidement. Puis il ajouta cette citation que j'étais bien surpris de lui voir connaître: *La mort est le salaire du péché.*

Une pensée négative n'aboutit pas toujours à des maladies aussi graves que celle-là. C'est un fait authentique que toute procédure qui élève et renouvelle l'esprit comme l'espoir, l'optimisme et l'enthousiasme, est du côté de la santé et du bien-être. C'est pourquoi, si vous êtes tendu et nerveux, l'enthousiasme peut vous aider comme il en a aidé beaucoup avant vous.

Perles du souci, pierres de la nervosité et trombones tordus

Cette époque de tension semble avoir touché les gens du monde entier. Ayant effectué plusieurs voyages au Moyen-Orient, qui est une région bien éloignée du climat matérialiste de la civilisation occidentale, j'ai observé même là, une tendance à la nervosité. Des Musulmans fervents ont l'habitude d'avoir toujours un chapelet derrière leur dos dont ils égrènent sans cesse les trente perles l'une après l'autre, chacune portant le nom d'une divinité. Ils les appellent *des perles du souci* car ils pensent qu'elles peuvent réduire les tensions et l'anxiété de façon efficace.

Si vous avez envie de déduire que cette pratique est de la *superstition,* je me permets de vous raconter ma visite à une boutique de la Cinquième Avenue à New York dont le propriétaire me montra sa merveilleuse collection de jade. Parmi d'autres pièces, il sortit un morceau de jade plat, d'à peu près cinq ou six centimètres de longueur et de trois centimètres de largeur, avec un creux pour y insérer le pouce. On l'appelle *pierre de la nervosité*. Très généreusement il m'en offrit une et me dit qu'il les vendait en grand nombre aux New Yorkais et aux habitants de Westchester.

La pierre était enveloppée dans une peau de chamois avec un petit dépliant à l'intention de l'usager, qui disait: *La relaxation est à portée de vos doigts. La pression et les tensions s'évanouissent au fur et à mesure que vos doigts se déplacent sur la surface lisse de la pierre de la nervosité. Elle est en jade, très bien taillée, comme pour s'adapter à votre personnalité et vous serez fier de la montrer. Pendant des siècles, les Orientaux ont attribué leur calme et leur impassibilité à leur habitude d'avoir toujours des morceaux de jade entre les doigts. Tout ce qui était bon était attribué au jade, et tout ce qui était mauvais était évité grâce à lui.*

Ainsi, il semble que les Américains d'aujourd'hui qui sont à la pointe de la mode, tout comme ceux qu'on dit *superstitieux*, s'accrochent à l'espoir que le toucher d'un morceau de jade a un mystérieux effet apaisant et magique. Il est possible que de remuer sans cesse les doigts et de palper un objet puisse arrêter l'anxiété pour un temps. Des milliers de trombones prennent chaque jour les formes les plus bizarres entre les doigts d'hommes d'affaires tendus. Il semble donc que les perles qui éloignent les soucis, les pierres de la nervosité et les trombones tordus soient les symptômes d'un désir inconscient de soulager la tension. Mais il est évident que ces moyens sont très futiles car le vrai remède n'est pas dans un mouvement nerveux des doigts mais dans des attitudes contrôlées qui s'apprennent. La paix n'existe qu'à des niveaux supérieurs de l'esprit.

Cessez d'être tendu, cessez!

La façon courante de traiter les problèmes émotifs est d'ordinaire une analyse en profondeur avec l'aide d'un psychiatre. C'est à la fois bon et valable. Mais c'est un fait aussi qu'une tension importante ne peut être maîtrisée que si le patient a décidé au fond de lui qu'il allait la surmonter. Bien sûr l'introspection est nécessaire pour découvrir les causes de cette tension, et l'introspection peut être acquise par un traitement. Mais il arrive un moment où l'on doit vraiment décider de substituer des réactions émotives contrôlées aux réactions de nature indisciplinée. Peut-être que la force n'est pas donnée à tous d'employer cette méthode qui fait appel à la discipline, mais certains le peuvent et peut-être plus facilement qu'ils ne le pensent. Quelle que soit la durée du traitement psychiatrique et sa qualité, l'important est que chacun, de lui-même et par lui-même, et avec l'aide de Dieu, doive passer par cette étape décisive et finale qui apporte le remède à des schémas mentaux néfastes.

Par exemple, il y a quelques années, je soupai un soir avec des amis à la terrasse de l'hôtel Royal Danielli de Venise. La nuit était d'une douceur délicieuse. Au-dessus de nous, c'était la pleine lune et les barcarolles romantiques des gondoliers nous parvenaient depuis les eaux luisantes du Grand Canal. La conversation s'orienta sur la paix et la beauté de cette soirée et sur le bien qu'un tel environnement faisait aux gens tendus, toujours attelés au travail, comme ceux assis autour de la table - un cadre new-yorkais, un producteur d'Hollywood, un agent de change d'une grande ville et leurs épouses.

Le producteur de cinéma développait son idée sur la façon courante de traiter les problèmes émotifs, qui devrait attacher plus de valeur thérapeutique à ce qu'il appelait *l'esprit de décision discipliné*. Pour appuyer cela, il raconta cette histoire au sujet de son père. «De tous les hommes que j'ai connus, dit-il, mon père était celui qui se contrôlait le mieux. Il maîtrisait complètement toutes ses réactions émotives. Cependant, il n'avait pas une personnalité froide comme cette description le laisserait croire. Au contraire, c'était un homme à l'enthousiasme débordant et très chaleureux, mais on aurait pu le surnommer *contrôle émotif.*»

Il raconta comment son père, avant l'âge de quarante ans, avait un caractère intraitable. Il entrait dans de violentes colères puis sombrait dans la dépression la plus totale. «Quand j'étais jeune, je le vis souvent adopter cette conduite violente et indisciplinée, mais, vers la quarantaine, il se prit soudain en main. Il changea radicalement et je ne l'ai plus jamais vu piquer une colère ou être dépressif par la suite. Il devint au contraire très maître de lui, plein d'enthousiasme et de gaieté. Émotivement, il était tout à fait normal - tout ce qui faisait de lui un homme anormal avait disparu.

«Des années plus tard, continua le producteur d'Hollywood, je demandai à mon père comment il avait fait pour en arriver à un changement si soudain et radical. Sa réponse fut classique: *Mon fils, j'en ai eu tout simplement assez d'être comme j'étais. Je croyais à la prière et en Dieu. Alors j'ai dit à Dieu que j'en avais assez d'être comme cela et je lui ai demandé de me changer. Je croyais que Dieu le ferait et, comme de fait, il l'a fait. Mon voeu a été exaucé, c'est aussi simple que ça. J'ai demandé à Dieu de me changer et Il l'a fait.* Mon père n'avait jamais le moindrement douté qu'il trouverait réponse à sa prière.

«Je demandai à mon père s'il ne sentait jamais sa vieille colère revenir. Il me répondit: *Quand je le sens, mon fils, au lieu d'avoir un accès de colère, j'ai un accès de calme.*

«Mon père disait toujours que Dieu, sa décision, ce qu'il avait dans le ventre et son enthousiasme, l'avaient sauvé de la folie. C'est peut-être une façon de parler un peu crue, mais je peux dire que ce fut une combinaison efficace.»

Chaque fois que je rencontre des gens qui me soutiennent avec hystérie qu'ils ne peuvent pas surmonter leur tension, cette conversation de Venise me revient à l'esprit. Ce qui en ressort, c'est que vous pouvez faire plus de vous-même que vous ne le pensez. Il y a un certain humour sardonique dans l'histoire du cadre new-yorkais qui avait une dépression nerveuse. Laissant les affaires à des subalternes plus jeunes, il partit se faire soigner dans une station thermale. Ce cadre croyait que le surmenage était responsable de sa dépression. Mais il serait plus juste de dire qu'il l'avait recherchée. Mais, ayant beaucoup d'argent, il pouvait se permettre une dépression nerveuse.

Pendant le traitement de sa dépression, son subalterne eut des problèmes et on lui demanda de revenir à la compagnie pour les *sortir du trou*. Il prit beaucoup d'intérêt aux problèmes qui s'étaient accumulés et il commença à se sentir beaucoup mieux. Sachant très bien que son séjour au bureau n'était que temporaire, jusqu'à ce que la situation s'améliore, il ne ressentait pas autant de pression qu'auparavant. En fait, il travailla avec plus de plaisir que jamais durant les six mois qu'il fallut pour régler les problèmes. Puis, comme il n'avait rien de plus à faire, il déclara: «On n'a plus besoin de moi ici. Alors je retourne à l'hôpital m'occuper de ma dépression nerveuse.»

Cette anecdote me rappelle l'histoire de la pauvre femme qui avait toujours eu des ennuis mais qui ne l'avait jamais laissé paraître. Comme on lui demandait le secret de son imperturbabilité, elle répliqua: «Eh bien, je m'occupe des problèmes comme ils arrivent; si j'en ai deux en même temps, je m'arrange avec les deux. Il le faut bien, voyez-vous. Il n'y a pas d'échappatoire. Bien sûr, si j'étais riche, j'aurais une dépression nerveuse.»

Je ne veux pas minimiser la réalité et la tristesse de la tension. J'en connais bien tous les dangers. Je ne présente pas non plus l'enthousiasme comme un entrain perpétuel, la vie en rose et une exubérance débordante. À son sens le plus profond, l'enthousiasme est une attitude calme de l'esprit qui se cultive et exerce un contrôle tranquille.

Durant des années, j'ai connu un homme qui avait l'étonnante faculté de rester toujours calme au milieu du brouhaha et du stress. Toujours maître absolu de lui, c'était quelqu'un de particulièrement enthousiaste. Auparavant, il était très tendu, mais il s'était exercé à *sortir de cet état pitoyable*. J'insiste là-dessus, car l'exercice est très important pour la guérison de la tension. Cet homme se servait d'un programme en quatre mots qui disait ceci: 1. Avec enthousiasme. 2. Avec gratitude. 3. Calmement. 4. Philosophiquement.

Il disait: «Je vis avec enthousiasme. Je reçois avec gratitude. Je fais face aux échecs avec calme et je prends les choses avec philosophie.» Cette formule en quatre mots est sûrement valable. Elle lui a réussit. La tension cessa d'être un problème; l'enthousiasme et le contrôle intime prirent le dessus.

Technique quotidienne anti-stress

Il existe une autre technique très utile que j'ai écrite un jour comme *ordonnance* pour un homme souffrant depuis longtemps de tension et qui en fut guéri définitivement. L'ordonnance consiste à dire à haute voix et à méditer chaque jour de la semaine, des phrases guérissantes.

LUNDI —

Je te donne ma paix... Que ton coeur ne soit pas troublé.

MARDI —

Tu garderas dans la paix totale celui dont l'esprit est tourné vers toi.

MERCREDI —

Ma présence ira vers toi et je te donnerai le repos.

JEUDI —

Repose-toi sur le Seigneur et attends-le patiemment: ne t'agite pas.

VENDREDI —

Venez vers moi, vous tous qui peinez et portez de lourds fardeaux. Je vous accorderai le repos.

SAMEDI —

Laisse la paix de Dieu gouverner ton coeur.

DIMANCHE —

Il m'a créé pour que je m'allonge dans les vertes prairies: *il* m'a conduit auprès des eaux tranquilles. *Il* a fait renaître le calme en mon âme.

L'homme à qui j'avais suggéré cela garda les citations dans son portefeuille jusqu'à ce que, à force de les répéter, ces versets de la Bible imprègnent sa conscience. Alors s'y installa une paix si agréable que la tension disparut peu à peu et qu'un nouvel élan pour la vie prit sa place. La foi et l'enthousiasme en profondeur redonnèrent vigueur à sa pensée et l'amenèrent à se contrôler tranquillement, ce qui changea sa vie.

Un mot pour finir

Je ne veux pas dire que la tension est toujours indésirable. Elle a son utilité propre, en tant que force motivante. La tension existe aussi pour permettre de s'élever à un niveau créatif qui est vital à une réalisation originale de soi-même. L'acier sans tension manque de qualité. De la même façon une personne sans tension est mollasse et passe inaperçue. Le plus important, c'est de faire travailler la tension pour soi plutôt que contre soi.

Batten et Hudson, dans leur livre *Dare to Live Passionately* (Osez vivre passionnément), citent les mots du docteur James G. Bilkey: «Vous ne serez jamais la personne que vous pouvez être si on ôte de votre vie la pression, la tension et la discipline.»

On peut cependant être très entreprenant et détendu, sans tension excessive. Acquérir cette faculté d'être détendu est un secret important pour réussir sa vie. Un homme qui devint très habile à cela est mon vieil ami John M. Fox, président de la United Fruit Company. Il y a des années, j'ai entendu monsieur Fox qui s'occupait alors de la mise sur le marché de jus d'orange congelé, raconter sa lutte pour vaincre sa tension. Lors d'un discours devant le Rotary Club de New York, John Fox déclara que l'enthousiasme avait fait une grande différence dans sa vie, bien qu'il dût, comme beaucoup de gens, maîtriser sa tension pour y parvenir.

«J'aimerais vous faire part d'une expérience que j'ai vécue alors que la compagnie en était à ses débuts. Cela se passait durant l'hiver de 1947. Nos problèmes paraissaient insurmontables. La nouvelle souricière que nous avions mise au monde avait pondu un oeuf géant; personne ne se frayait un chemin jusqu'à nous. Le capital action était tombé à zéro. Les ventes étaient pratiquement nulles. L'industrie des aliments congelés en général était au bord de la faillite. Comme dit le dicton: *Quand la marée descend, elle laisse voir les rochers.* Où que je regarde, il y avait des rochers!

«C'est alors que je décidai de participer au congrès des producteurs de conserves alimentaires à Atlantic City, continua John Fox. Ce qui fut une erreur. Mon désespoir était un écho de tout le désespoir que je voyais autour de moi. La détresse aime la compagnie et je trouvai foule cette année-là sur la promenade.

«J'en avais mal au ventre. J'étais inquiet au sujet des parts que nous avions vendues au public. J'étais inquiet au sujet des employés que nous avions congédiés brusquement d'emplois sûrs et bien payés. Pour finir, j'allai me coucher très soucieux. Je m'inquiétai même du sommeil que je perdais.

«Ma famille habitait Atlantic City et je logeai chez elle. Cela d'ailleurs évitait des frais d'hôtel que nous pouvions difficilement nous permettre. Un jour, vers la fin du congrès, mon père me demanda si je voulais bien l'accompagner à un déjeuner du Rotary Club. Je n'en avais guère envie mais je savais que je le blesserais en refusant.

«Je devins encore plus malheureux lorsque j'appris que le conférencier invité était un ministre du culte. Je n'étais pas en forme pour écouter un sermon. Le pasteur était le docteur Norman Vincent Peale. Il annonça le sujet de son discours: *La tension - Maladie qui détruit l'homme d'affaires américain.*

«À peine avait-il prononcé quelques mots que j'eus l'impression qu'il ne parlait que pour moi. Je savais que j'étais l'homme le plus tendu de l'assemblée. Ce fut un grand discours qu'il a ensuite prononcé dans tout le pays. Sa formule pour se détendre et mettre les soucis de côté, j'aimerais vous la redire:

«*D'abord, vous vous détendez physiquement. Vous y parvenez en vous étendant sur un lit ou dans un fauteuil confortable. Puis, méthodiquement et soigneusement, vous vous concentrez pour détendre chaque partie de votre corps. Commencez par le cuir chevelu, puis le visage, le cou, les épaules et continuez ainsi en descendant, jusqu'à ce que vous soyez mou comme une guenille.*

«*Deuxièmement, vous vous détendez mentalement. Vous vous rappelez un incident agréable dans votre vie: des vacances, votre lune de miel, une pièce de théâtre, un livre, n'importe quoi qui vous fasse revivre un bon moment.*

«*Enfin, vous détendez votre âme. Pour nous, hommes d'affaires, cela est un peu plus dur, mais on y parvient en renouvelant notre foi dans le Seigneur. Vous vous arrangez avec Dieu. Vous passez en revue avec **lui** vos craintes et vos soucis. **Il** peut s'en occuper mieux que vous. Vous faites ceci en priant. Si vous ne connaissez pas de prière, celle que disent les enfants fera l'affaire.* **Maintenant je me couche pour dormir. Je prie le Seigneur de garder mon âme.**

«La première chose que vous saurez est que vous dormirez profondément. Je le sais, parce que, en désespoir de cause, j'ai essayé cette méthode la nuit même qui suivit la conférence du docteur Peale. Cela fut très efficace et le lendemain, je m'éveillai frais et dispos, convaincu qu'un jour, nous sortirions de notre pétrin. Ce que nous fîmes.»

Voilà le témoignage d'un homme d'affaires qui a réussi et qui essaya les techniques que je suggérai et découvrit qu'elles marchaient.

CHAPITRE SEPT

L'enthousiasme fait des miracles face aux problèmes

Il existe une phrase de douze mots qui peut faire une différence considérable dans votre vie. La voici: *Tout problème contient en lui-même le germe de sa propre solution.*

Cette formule en douze mots qui est un chef-d'oeuvre de perspicacité et de vérité, est de Stanley Arnold, considéré comme *l'homme aux grandes idées* par les grands hommes d'affaires qui ont souvent eu recours à ses services pour résoudre leurs problèmes.

Stanley Arnold a fait du domaine qui traite de la solution des problèmes, une entreprise d'un million de dollars. Là où d'autres ne voient que découragement et échec, il trouve une opportunité surprenante qui conduit à une réalisation. Il a découvert et utilise cette vérité dont beaucoup ne se rendent pas compte, qu'il y a au centre de chaque problème un élément positif qui lui est propre. Sa phrase célèbre l'exprime très bien: *Tout problème contient en lui-même le germe de sa propre solution.*

Stanley Arnold s'est voué toute sa vie à résoudre des problèmes, les siens et ceux des autres. Il fait son travail en pensant et en réfléchissant. Il a acquis ce savoir-faire très tôt. Dans son livre, *The Executive Breakthrough* (La découverte des cadres), Auren Uris raconte ainsi les débuts de Stanley Arnold.

«À l'âge de treize ans, Stanley Arnold était appuyé contre un arbre dans sa cour et se répétait tristement qu'il était à coup sûr le plus mauvais en saut en longueur dans tout le réseau scolaire de Cleveland. *Si je suis si mauvais dans le saut avant, peut-être que je devrais apprendre à sauter à reculons.* Stanley se redressa, fit un bond en arrière et se retrouva par terre sur la pelouse. Il essaya de nouveau et, cette fois-là, ne trébucha pas. Ce ne fut pas long avant qu'il puisse faire un saut en arrière de plusieurs dizaines de centimètres, avec un tant soit peu d'élégance.

«Quand il raconta cela au professeur de gymnastique et lança l'idée d'un concours en saut arrière pour sa classe, le professeur regarda ce grand échalas d'élève et dit: *Peut-être; on va sans doute s'amuser.* Au cours de gymnastique suivant, l'entraîneur annonça: *Maintenant, nous allons essayer un saut arrière debout.* Le professeur expliqua que c'était un saut en longueur normal, sauf que les concurrents devaient sauter à reculons le plus loin possible.

«L'un après l'autre, les meilleurs athlètes de sa classe se mirent en position, se propulsèrent et atterrirent quelques centimètres plus loin sur leur derrière. Quand vint le tour de Stan, les autres se penchèrent en avant, s'attendant à une démonstration clownesque, selon son habitude. Il se pencha très bas et, se déroulant comme un ressort, sauta élégamment en arrière et atterrit proprement sur ses pieds. Sans nul doute, l'école avait non seulement inventé un nouveau sport, mais avait le championnat mondial du saut arrière.

«Depuis lors, Stanley Arnold a fait des sauts dans des domaines plus importants, créant toujours pour ses clients la même sorte de passion qu'il avait fait naître pour ses camarades. Aujourd'hui, il est président de Stanley Arnold & Associates, Inc., une entreprise dont le seul but est de trouver de nouveaux moyens, pour les entreprises, d'augmenter les ventes de leurs produits.»

Souvenez-vous donc toujours de ce qu'a dit Stanley Arnold: «Tout problème contient en lui-même le germe de sa propre solution», et vous aurez l'enthousiasme qui fait des merveilles pour résoudre vos problèmes.

L'enthousiasme à la hauteur des problèmes les plus difficiles

L'enthousiasme n'est pas un concept spontané à l'eau de rose. C'est une attitude mentale solide et robuste qu'il est dur d'accomplir, difficile de maintenir, mais puissante, combien puissante!

Le mot enthousiasme est dérivé du grec *enthousiasmos* qui veut dire transport *divin, de theos dieu.* Ainsi, quand nous parlons de l'enthousiasme, le pouvoir de faire des miracles pour résoudre les problèmes, nous voulons vraiment dire que Dieu lui-même nous pourvoit de sagesse, courage, stratégie et foi, éléments nécessaires pour faire face avec succès à toutes les difficultés. Nous n'avons qu'à découvrir comment appliquer efficacité, enthousiasme et bon jugement à nos problèmes. Commençons par ce qui semble le plus difficile.

J'ai eu à m'occuper de plusieurs cas ressemblant de près ou de loin à celui de cette femme de la Côte Ouest, par exemple. Alors que j'étais engagé comme conférencier dans cette région, une femme me téléphona. Elle était au désespoir parce que son mari l'avait quittée pour une jeune femme de vingt-trois ans qui tenait une boutique de produits de beauté de luxe. Apparemment, il avait dit à sa femme qu'il était fou de cette jeune personne. Comme je creusais le problème, il me sembla que la jeune personne en question, la *voleuse d'hommes* qui, de toute évidence en voulait à son argent, savait comment s'y prendre pour obtenir ce qu'elle voulait du gars. Elle lui avait demandé gentiment conseil pour son commerce, le domaine des produits de beauté n'étant pas très rentable. Le statut du conseiller parternel avait vite pris une tournure plus romanesque. Ainsi le mari avait prévenu sa femme que, bien qu'il l'aimât toujours, il lui fallait absolument suivre l'appel de l'amour et vivre avec cette jeune beauté. Sa femme, telle une mère indulgente, lui avait donné la permission, en lui disant en pleurant qu'elle attendrait patiemment son retour. «Que puis-je faire maintenant?» me demanda-t-elle, angoissée. «Cet esprit de sacrifice ne semble pas tellement marcher et je n'aime pas agir comme cela.»

En dépit de son comportement plutôt naïf, je sentais que j'avais affaire à une femme perspicace et d'une grande force qui, malgré tous ses efforts pour être *moderne*, était profondément ébranlée. «Eh bien maintenant, dis-je, si nous appliquions à votre problème la technique de l'enthousiasme créatif?»

«L'enthousiasme? répéta-t-elle, éberluée. Qu'est-ce que l'enthousiasme a à voir dans une telle situation?»

«L'enthousiasme peut libérer de grandes forces et les mettre à l'oeuvre pour vous. Elles peuvent réhabiliter votre mariage brisé.»

J'ai décrit la curieuse relation épouse-mère-amante qui existe parfois entre mari et femme. Comment un homme peut aimer réellement sa femme et en même temps s'enticher de quelqu'un d'autre. Qu'il lui ait fait part si franchement de la situation, indiquait qu'il la considérait moins comme sa femme que comme une mère indulgente prête à lui accorder toute la liberté qu'il réclamait. Et quand il n'en voulait plus, il pouvait revenir chez sa mère (son épouse-mère) qu'il aimait. Chez lui, il trouvait affection et compréhension avec en plus le pardon accordé d'avance. Avec cela, il avait l'esprit en paix et il se sentait libéré de sa culpabilité. Mais ce curieux mécanisme mental ne tient pas compte du fait que l'épouse-mère peut aussi devenir une vraie femme qui veut non pas d'un enfant mais d'un homme. Elle ressentait comme une violation d'elle-même en tant que femme-épouse le fait qu'il pouvait délaisser son véritable amour pour une aventure.

«Comprenons bien la situation, dis-je. Les hommes de l'âge de votre mari s'entichent souvent de jeunes femmes à cause de leur peur de vieillir. Il est fort possible que, dans votre propre relation avec votre mari, vous ne soyez pas aussi consciente et ne compreniez pas aussi bien les facteurs physiques que vous le devriez.»

Puis, je recommandai à cette femme de modifier son comportement. Son mari était trop sûr d'elle. Il fallait détruire sa tranquille assurance. «Faites-lui une grosse surprise, lui conseillai-je. Allez quelque part où il ne puisse pas vous trouver. S'il ne peut localiser sa mère toujours aimante et présente, il peut devenir désespéré. Arrêtez d'être la femme douce qui pardonne et attend le retour au bercail du mari prodigue. Disparaissez, évadez-vous, faites une fugue. Laissez-le vous trouver s'il en est capable.»

Mes suggestions lui répugnèrent, mais finalement, elle se dit d'accord pour appliquer ma stratégie. Elle me dit qu'en fait, elle allait se rendre vitement au Japon. «Eh bien, dis-je, aller au Japon est une très bonne façon de prendre mon ordonnance. Mais si l'absence attendrit, peut-être que la distance le fera aussi. Et avec la distance, on acquiert une certaine perspective. En outre, le Japon est bien le dernier endroit où il vous chercherait, n'est-ce pas?»

«C'est possible, répliqua-t-elle, d'une manière entendue. Nous avons toujours dit que si notre amour venait à décliner, nous retournerions au Japon à l'époque de la floraison des cerisiers. C'est là que nous nous sommes connus, voyez-vous. Nos parents y étaient missionnaires.»

«Bien joué», pensai-je. Je l'avertis que nous prenions un risque, mais j'avais la vague impression que ça allait marcher. Je dis alors: «Partez au Japon et restez-y. Il peut se passer quelque temps avant que le vilain petit garçon n'ait besoin de sa mère.»

Je la pressai entre-temps de réfléchir à sa propre responsabilité dans ce penchant pour l'aventure qu'avait son mari volage. N'était-elle pas devenue indifférente après cette fonction biologique de base du mariage qui est de faire des enfants? Ne se désintéresserait-elle pas de l'art de faire l'amour? Ne trouvait-elle pas ridicule que deux personnes d'âge mûr soient encore intéressées par le sexe? N'avait-elle pas l'impression que leurs relations ne devraient plus être maintenant qu'une bonne camaraderie? Ne l'avait-elle pas, d'une quelconque manière, écarté d'elle?

Elle admit que ce n'était pas là sa première aventure. «Mais même s'il fait cela, il semble qu'il ne peut pas me quitter», me dit-elle toute désorientée.

«Et vous, lui avez-vous mené la vie dure quand il est revenu?» lui demandai-je.

«Et comment! Il a dû passer par de mauvais moment.»

«Et alors, dans les relations sexuelles, il était plutôt, sinon totalement, impuissant, n'est-ce pas?»

«Mais oui! Mais comment le savez-vous?»

«C'est facile. Dans son subconscient, il essayait d'avoir des relations sexuelles avec l'image de la mère castratrice qui impose le châtiment.»

«Mais, demanda-t-elle, voudriez-vous dire que je devrais l'accueillir au retour d'une aventure en me jetant toute heureuse à son cou?»

«Pas du tout. Mais, pour l'amour du ciel, servez-vous de ce que Dieu vous a donnée: votre féminité! Rendez-vous si séduisante que vous éclipserez toutes les autres femmes. Soyez la plus jolie possible. Allez chez le coiffeur le plus en vogue de la ville. Achetez-vous les vêtements les plus élégants que vous puissiez vous payer. Et faites-les porter à son compte.»

Surpasser en finesse un chercheur d'or

«Regardez ce qui est de votre côté: l'amour des enfants, les liens de famille, un mariage honnête et bon, et la foi en

Dieu. Mettez dans l'autre plateau de la balance ce qui est du côté de cette fille: clandestinité, danger de maladies, crainte du déshonneur. La balance penche assurément de votre côté.

«Alors partez en voyage, ressourcez-vous et changez-vous. Essayez de faire renaître les qualités qu'il a aimées en vous au tout début. Vous avez tout ce qu'il faut pour éclipser cette femme dans les bras de laquelle il est momentanément tombé. Je suis certain qu'il va revenir en courant vers sa mère, beaucoup plus sage, même s'il est plus pauvre. Mais à son retour, faites en sorte qu'il ne trouve pas une mère dont il n'a pas besoin mais plutôt une femme fascinante qu'il désire vraiment. Puis, faites entrer dans votre vie un peu de spiritualité. Mettez un enthousiasme positif et dynamique dans ce projet et je vous gage que ça ira tout seul.»

Elle partit donc au Japon et plusieurs mois s'écoulèrent. Le printemps était déjà arrivé quand un homme m'appela au téléphone de Californie. «Docteur Peale, avez-vous une idée de l'endroit où pourrait être ma femme? Il faut absolument que je la trouve. J'ai pensé mettre le Bureau des personnes disparues sur sa piste, mais j'ai trouvé un mot me disant qu'elle va bien et qu'elle est partie pour de bon; que, comme je l'avais quittée, elle me quittait aussi. On m'a dit qu'elle vous avait parlé. Avez-vous une idée de l'endroit où elle est?» Il était complètement bouleversé.

«Comment ça va avec la jeune et jolie personne?»

«Oh, j'en ai tellement marre que je l'ai envoyée au diable.»

«C'est toujours comme ça que ça finit, le diable et l'enfer, hein?» dis-je d'un ton rêveur.

«C'est bien vrai», dit-il d'un ton contrit.

«Voulez-vous vraiment une femme ou voulez-vous une mère?» demandai-je.

«Je ne veux que ma femme», sanglota-t-il.

«D'accord, dis-je. Les cerisiers en fleurs, c'est là où elle se trouve.»

«Les cerisiers en fleurs, répéta-t-il tout dérouté. Oh! Les cerisiers en fleurs! Je crois que je vous comprends.»

«Je lui ai suggéré d'aller méditer dans le Jardin de pierres de Kyoto, cette ancienne chapelle si paisible, et de chercher à trouver comment devenir une meilleure épouse.»

«Au revoir, s'écria-t-il. Et merci, merci beaucoup!»

Il trouva une nouvelle femme

Beaucoup plus tard, je reçus un appel interurbain de San Francisco: «Vous connaissez bien les femmes», me dit une voix d'homme. «Croyez-vous vraiment que je l'ai retrouvée en train de méditer dans le Jardin de pierres de Kyoto? Savez-vous où je l'ai trouvée? Eh bien, je vais vous le dire. J'ai retrouvé une femme splendide, rajeunie de dix ans, en train de valser dans les bras d'un Anglais à l'hôtel Miyako. Elle n'a pas eu l'air particulièrement heureuse de me revoir, mais je l'ai convaincue que personne d'autre qu'elle n'existe pour moi.»

«Formidable, répliquai-je. Vous connaissez bien les femmes.»

Je ne lui ai jamais parlé du télégramme envoyé à sa femme pour la prévenir que son mari était en route pour le Japon. Il y a plus d'une façon de résoudre un problème. Un jour, je les ai *remariés* symboliquement à l'autel de l'église. Ils ont renouvelé leurs voeux et se sont donnés l'un à l'autre en affirmant la sincérité de leur amour.

L'enthousiasme, la prière et la stratégie résoudront tous les problèmes, même les plus coriaces. En fait, il n'en existe aucun si difficile qu'il ne résiste à cette combinaison puissante. L'enthousiasme peut accomplir des miracles pour résoudre les problèmes.

La philosophie de l'enthousiasme

Pour réussir de tels miracles, l'enthousiasme présuppose une philosophie saine et exploitable. Il est évident, je crois, qu'un problème est considéré en général comme quelque chose de mauvais qu'il faut éviter à tout prix. Il semble que la plupart des gens ne comprennent pas le sens du problème. En fait, on peut se demander si un problème est une mauvaise chose ou, à l'opposé, une très bonne chose.

Laissez-moi répondre à cette question en vous faisant part d'un incident. Sur la Cinquième Avenue à New York, je vis venir vers moi un ami nommé George. À son pas traînant et à son air triste, il était évident qu'il ne débordait pas d'une folle joie de vivre. Sa dépression manifeste provoqua ma sympathie et je lui demandai: «Comment ça va, George?»

Ce n'était qu'une question de politesse, mais j'eus tort de la poser. George la prit au sérieux. Durant un quart d'heure, il me parla en long et en large de son sentiment de malaise. Plus il parlait, plus je me sentais mal. «George, dis-je finalement, quel est votre problème? J'aimerais vous aider si c'est possible.»

«Oh! Ce sont des problèmes, répliqua-t-il. La vie n'est rien qu'un amas de problèmes. Je n'en peux plus. J'en ai marre des problèmes.» George était tellement préoccupé par son sujet qu'il en oubliât à qui il parlait et se mit à déblatérer sur ses problèmes, employant tout un vocabulaire de théologien. Je savais ce qu'il voulait dire. Il avait le pouvoir de communiquer.

«Dites-moi ce que je peux faire pour vous, George», lui demandai-je.

«Délivrez-moi de ces problèmes, c'est tout ce que je vous demande. Écoutez, si vous arrivez à m'en délivrer, je vous donne mille dollars pour vos oeuvres.»

Je ne suis pas de nature à refuser pareille offre. Je réfléchis, méditai et trouvai finalement une solution qui, à mes yeux, avait du bon sens. Mais apparemment, George ne s'en servit pas car j'attends toujours les mille dollars qu'il m'avait promis.

«Vous voulez être complètement libéré de vos problèmes, c'est bien ça, George?» lui demandai-je.

«Vous l'avez dit!», répliqua-t-il avec ferveur.

«Eh bien, voilà comment on va s'y prendre. L'autre jour, je me trouvais dans un endroit par affaires, si je puis dire et quelqu'un me déclara qu'il y avait là cent mille personnes et aucune n'avait de problèmes.»

La première lueur d'enthousiasme passa dans son regard et illumina son visage. «Bon sang, c'est ce que je veux. Conduisez-moi à cet endroit.»

«D'accord, vous l'aurez voulu, répliquai-je. Mais je doute que ça vous plaise beaucoup. C'est le cimetière de Woodland.»

Bien sûr personne dans ce cimetière ou dans un autre n'a de problèmes. Pour eux, les *montées de fièvre de la vie* n'existent plus; *ils se reposent de leurs durs labeurs*, ils n'ont pas de problèmes.

Les problèmes sont un signe de vie. Peut-être que plus vous avez de problèmes, plus vous êtes vivants. L'homme qui a, disons, dix problèmes de taille est deux fois plus vivant que le gars apathique qui n'en a que cinq petits. Si vous n'avez aucun problème, je vous le prédis, vous êtes en grand danger. Vous marchez sur la corde raide. La meilleure chose à faire est de prier le Seigneur en disant: «Est-ce que tu n'as plus confiance en moi, Seigneur? Je t'en prie, donne-moi quelques problèmes.»

On devrait mettre l'accent sur une nouvelle philosophie en profondeur de la valeur inhérente aux problèmes. On traite aujourd'hui les problèmes comme quelque chose de foncièrement mauvais. Dans les services sociaux, on pense couramment que le bien-être des gens ne peut être prodigué que par le soulagement complet de leurs problèmes personnels. Il est important et très valable de combattre l'injustice, de lutter contre la pauvreté et de chercher à avoir de meilleurs logements, mais le concept américain typique que les gens deviennent forts et améliorent leurs conditions de vie en faisant face aux problèmes et en y remédiant, est aussi valable et important.

Je marchais sur Nob Hill à San Francisco lorsque je rencontrai un intellectuel. Comment, me demanderez-vous, est-ce que je savais que c'était un intellectuel? Parce qu'il me l'a dit. S'il ne l'avait pas fait, je ne l'aurai pas deviné. J'ai pour le vrai intellectuel le plus profond des respects. Mais pour celui qui se fait passer comme tel, c'est autre chose. Et ce gars-là, à n'en pas douter, faisait partie de la dernière catégorie.

Une des caractéristiques bien visibles de ce pseudo-intellectuel était son air *très soucieux*. Étant une âme simple, je crus qu'il avait l'air morose. De nos jours, on voit inévitablement cet air morose sur le visage des personnes graves qui semblent porter sur leurs épaules tous les fardeaux du monde. On n'est pas vraiment *dans l'vent* si on n'a pas à la bouche le jargon traditionnel de la sociologie et si on n'affiche pas cet air soucieux et morose.

Quelle différence avec le passé! Là, c'était les gens qui se disaient pieux qui prenaient cet air morose. Tout comme leurs contre-parties intellectuelles modernes, ils étaient les faux dévots de cette époque.

Je me revois encore enfant, assis à côté de ma mère à l'église. Tout près de nous s'asseyait *Frère Jones*, membre important du Conseil de la Fabrique et apparemment un pilier de l'église. Cet individu avait l'air triste. Quand je le voyais, je demandais tout bas à ma mère: «Pourquoi Frère Jones a-t-il cet air morose?»

«Ce n'est pas un air morose mais une expression pieuse», répondait ma mère. Elle semblait confondre une apparence dévote avec la sainteté. Cela ne m'impressionnait pas du tout, car les enfants de la ville savaient certaines choses au sujet de Frère Jones que ma mère ignorait. Nous, les enfants, nous savions bien ce qu'il valait.

De nos jours, celui qui témoigne avec sincérité de son appartenance à un christianisme de bonne foi, a l'air heureux. Pourquoi pas? Il a été délivré des conflits et de la misère. Il a fait l'expérience de la victoire. Quand ils découvrirent qu'ils avaient au fond d'eux-mêmes le pouvoir de régler leurs problèmes, les chrétiens créatifs abandonnèrent leur air morose qui est aujourd'hui le signe distinctif du pseudo-intellectuel.

Une autre caractéristique de ce curieux individu sur Nob Hill était la façon plus qu'exotique dont il était habillé. C'est étrange que presque tous les *beatniks* semblent confondre individualité avec désaffection de la salle de bain.

À Genève en Suisse, ma femme et moi étions assis dans l'entrée d'un hôtel, quand un groupe de jeunes arriva pour un défilé de mode. Ça ne m'intéressait pas du tout mais ma femme voulut absolument y assister. Très vite, elle fut aussi choquée que moi par la laideur des vêtements que présentaient les mannequins et par ceux que portaient les spectateurs. J'aurais pu quand même le supporter s'il y avait eu une seule jolie fille, mais elles s'étaient dépouillées avec succès de tout charme et de toute trace de beauté, de façon qu'elles étaient aussi laides que leurs habits. Quant aux hommes, ils étaient encore plus laids. «Ça suffit, dis-je à ma femme. Allons respirer un peu d'air frais dehors.» Cela se passait, chers amis, dans l'hôtel le plus luxueux d'une grande capitale d'Europe.

**Pas un poil sur la
poitrine et pas une pensée
positive dans la tête**

Pour en revenir à notre ami dans la rue de San Francisco, il portait une chemise noire de bonne qualité, apparemment très coûteuse. La chemise était ouverte jusqu'au troisième bouton. Bien sûr, pas de veste ni de cravate et encore moins de tricot de corps, l'intention étant de révéler une poitrine velue.

Mais sa poitrine m'apparut plutôt pâlotte. Il n'y avait pas un seul poil. Ses pantalons n'avaient sans doute jamais connu le fer à repasser et ses chaussures blanches, aussi de bonne qualité, avaient été délibérément esquintées, d'où ma conclusion que c'était un *beatnik* qui devait vivre dans un garage et qui parlait sans cesse de la tristesse existentielle et voyait les choses en général sous le signe du défaitisme.

Le regard soucieux et morose de cet individu se posa sur moi et il dit: «Je suis heureux de vous rencontrer.» Je demandai au Seigneur de me pardonner et lui dit que j'étais moi aussi heureux de faire sa connaissance. Il dit: «Vous êtes bien l'homme tout heureux tout sourire qui parcourt le pays de long en large pour bavarder sur la pensée positive, c'est bien ça?»

«Eh bien, répliquai-je, vu que vous avez posé cette question de manière courtoise, abstraite et érudite, examinons dans le détail les implications que vous avez soulevées si délicatement.» Je peux moi aussi à l'occasion déballer un certain jargon. Je dis en poursuivant: «C'est vrai, je parcours le pays et je parle de la pensée positive qui n'est pas tout sucre tout miel comme vous le pensez. Peut-être que la définition d'un penseur positif éclairerait votre lanterne. Un penseur positif est quelqu'un de franc et sans détour, qui voit toutes les difficultés et fait face aux événements de façon réaliste. Mais il n'est pas dépassé par ce qu'il voit.

Il pratique la philosophie de l'optimisme qui soutient que ce qu'il y a de bon dans la vie est plus fort que ce qu'il y a de mauvais. Et il croit que dans chaque difficulté il y a quelque chose de foncièrement bon à découvrir.» J'ajouterai avec peut-être plus de méchanceté que je ne le voulais: «Pour être un penseur positif, il faut avoir de l'étoffe, ce qui est bien difficile à certaines personnes que je ne nommerai pas.»

Alors, pensant qu'il allait me coincer, il me demanda: «Mais, ne pensez-vous pas que le monde est plein de difficultés et de problèmes?»

«Qu'est-ce que vous me chantez là? Pensez-vous que je suis né d'hier? Dans mon métier, jeune homme, on en sait plus sur les difficultés et les problèmes en cinq minutes que vous en cinq ans. Et il y a une autre différence fondamentale entre nous. Malgré toutes les difficultés qui existent dans ce monde, nous ne sommes pas dépassés comme vous l'êtes, car nous savons que les difficultés renferment toutes sortes de possibilités créatrices.»

Une vieille phrase me revint en mémoire. Plusieurs de mes bons mots me viennent à l'esprit bien après que j'en aie besoin. Mais celui-là émergea tout droit de mon subconscient et je dis: «Le monde est assurément plein de difficultés et de problèmes mais le monde est aussi plein de moyens de surmonter les difficultés et de résoudre les problèmes.» Il resta tout décontenancé et descendit la rue en hochant la tête. Je l'entendis radoter jusqu'au coin.

Lutter est dans la nature humaine

Le monde est bien sûr plein d'embûches, de graves et douloureuses difficultés. Le monde est aussi plein de problèmes ardus et épineux et il en sera toujours ainsi. N'allez pas croire le politicien ou le prêcheur qui vous annonce la suppression de tous les problèmes existants, grâce à une certaine panacée. La constitution de l'univers ne peut le permettre. Le monde existe sur la base de la lutte; et la lutte amène inévitablement difficultés et bien souvent souffrances et épreuves.

Les écrivains de la Bible qui avaient une grande connaissance de la vie élaborèrent une philosophie en profondeur de l'existence humaine qui dit: *C'est l'homme qui engendre la peine, comme le vol des aigles qui recherchent l'altitude.* (Job 5:7) Et encore: *Dans le monde vous aurez à souffrir.* (Jean 16:33) Mais la Bible dit aussi: *Mais gardez courage! J'ai vaincu le monde.* (Jean 16:33), ce qui signifie que nous aussi pouvons vaincre tout ce que le monde nous balance à la tête. La religion ne promet pas joyeusement un monde sans difficultés, sans problèmes, sans pauvreté; mais plutôt une fougue, une force, un enthousiasme qui donnent à chacun de nous la possibilité de les vaincre complètement. En luttant, nous améliorons les situations. Mais nous devons compter avoir des problèmes et des difficultés toute la vie.

Un psychiatre a dit: «Le premier devoir de l'être humain est de supporter la vie» et c'est bien vrai. Il y a certaines choses dans la vie qu'il faut supporter. Il y en a inévitablement pour lesquelles il n'y a pas d'échappatoire ni d'alternative. Mais, si l'appréciation du psychiatre était la fin de l'histoire, la vie serait bien morne et sinistre. Un meilleur jugement sur ce sujet est, je crois, que le premier devoir de l'être humain n'est pas seulement de supporter la vie mais aussi de la maîtriser. Une saine philosophie est donc importante pour traiter les problèmes de façon efficace.

L'enthousiasme nous aide à faire des miracles dans nos problèmes en nous aidant à les maîtriser par la pensée et l'action. L'enthousiasme est une attitude de l'esprit et une attitude mentale dans une situation difficile est le facteur important pour sa solution. Lors d'un discours public, je fis la constatation que *les attitudes sont plus importantes que les faits*. Un homme qui entendit cette remarque la fit graver sur des plaques de bois laminé pour être accrochées aux murs des bureaux. Il m'en envoya une. Cet homme me dit que cette phrase lui avait fait réaliser qu'il échouait non pas à cause de faits difficiles, mais à cause de son attitude défaitiste et négative envers ces faits. L'enthousiasme change la perspective mentale de la crainte des faits en une foi profonde dans la certitude d'une réponse.

Un homme examinant un problème ardu déclare sombrement: «Voilà la réalité; je n'y peux rien sinon l'accepter.» Les faits l'ont ainsi battu d'avance. Un autre homme, qui a le bonheur de posséder de l'enthousiasme, examinant les mêmes faits, dira: «Bon, voilà la réalité et elle n'est pas rose. Mais je n'ai jamais vu une situation difficile qui ne trouve sa solution. Peut-être que certaines choses ne peuvent être modifiées mais je peux contourner les faits, ou les présenter autrement ou encore réviser ma stratégie. Si cela est nécessaire, je peux encore m'en accommoder et les utiliser plus tard à mon avantage.» L'attitude de cet homme fait entrer en jeu la magie de la foi créative, qui à son tour, stimule l'ingéniosité jusqu'alors inutilisée et même insoupçonnée.

Si vous mettez en doute la mise en pratique de ce principe, laissez-moi vous parler d'un homme que j'ai rencontré lors d'un congrès où j'étais un des conférenciers. Il me fit cette remarque: «J'aimerais bien mettre la main sur ce pouvoir magique de la foi, dont vous parliez au congrès, à la session de ce matin.»

«Trouvez votre propre méthode pour mettre en pratique la magie de la foi, lui suggérai-je. Vous verrez que ça marche.»

Il se découvrit une méthode qui marcha très bien, comme vous allez le voir.

La magie de croire

Comme beaucoup de cadres, il avait sur son bureau un panier pour le courrier et d'autres documents qu'il recevait et un second pour le courrier et les documents à expédier. Voici ce qu'il fit: il ajouta un troisième panier avec l'étiquette *Pour Dieu, tout est possible.* (Matthieu 19:26) Dans ce panier, il laissait en attente tous les sujets pour lesquels il n'avait pas encore de réponse et les problèmes pour lesquels il n'avait déterminé aucune solution. Pour employer ses propres mots, il maîtrisait ces sujets «par la pensée et la prière. J'entoure les sujets dans cette boîte de la magie de la foi et les résultats sont extraordinaires.» C'est ainsi qu'un cadre très respectable fit l'essai pratique du principe que la foi et l'enthousiasme font des miracles.

L'expérience de cet homme prouve un autre principe qui attira mon attention dans un livre écrit par un ami, feu Albert E. Cliffe, chimiste alimentaire canadien de renom. Son livre qui s'intitule *Let Go and Let God* (Abandonne-toi à Dieu) est un livre simple et direct, écrit dans un style de formules chimiques, plein de bon sens et d'idées faciles à mettre en pratique. «En tant que chimiste, écrit Cliffe, je crois dans la science et je peux le prouver tous les jours. Je ne suis pas théologien et je n'ai pas l'intention d'étudier la théologie à l'université. Je crois seulement que Dieu est mon Père et que je suis *son* fils et que mon esprit est une partie de *son* esprit divin. Par cette magie de la foi, je peux être en harmonie avec cet esprit si puissant qui est le *sien* au moment où je le veux et en agissant ainsi, en croyant cela, je peux avoir une réponse à tout problème auquel je dois faire face.»

Au début de sa carrière, le docteur Cliffe dut faire face à un grave problème de santé. On le tenait même comme incurable. Sur son lit d'hôpital, il lit ce texte de la Bible: «Tout est possible à celui qui croit.» (Marc 9:23) Malade comme il l'était, il vit là un message d'espoir qui lui était destiné. Il chercha alors mentalement à guérir, croyant implicitement à cette promesse. «Je m'abandonnai à Dieu et Dieu me guérit», écrit-il simplement. Il croyait que c'était là l'explication de son retour à la santé. Il dit plus loin: «Ce que vous obtenez de la religion dépend entièrement de vous. Vous pouvez faire de votre foi une dynamo super-atomique ou une affaire de routine qui ne change rien. Vous pouvez guérir et votre guérison peut commencer n'importe quand, sans tenir compte de la gravité de votre état, si vous laissez partir vos craintes et laissez à Dieu *sa* juste place dans votre vie.»

Al Cliffe possédait un énorme et solide enthousiasme pour la foi et, à ma connaissance, il encouragea plusieurs guérisons. Il me dit qu'au plus fort de la maladie, quand les forces de la vie étaient presque éteintes, il ressentait une chaude assurance favorisant continuellement ce pouvoir de guérison.

Il en résulta que cet homme de science passa le reste de sa vie à exhorter les gens à s'en remettre à Dieu et à le laisser agir. La Bible, dont les textes éveillent la foi, est véritablement un livre de techniques et de formules de pouvoir. Jésus a dit: «Vous allez recevoir une force...» (Actes 1:8) C'est la promesse d'une puissance et le don d'une puissance à ceux qui croient et pratiquent leur foi, qui s'abandonnent à Dieu et le laissent agir. De tels croyants découvrent à leur grand étonnement que l'enthousiasme peut vraiment faire des miracles pour résoudre les problèmes.

J'ai observé qu'en général ce sont les hommes qui aiment le plus les problèmes qui les résolvent le mieux. J'ai prononcé un discours pour les vingt-cinq ans de carrière d'un grand industriel. Environ deux mille personnes participaient au souper en l'honneur du quart de siècle de son leadership au cours duquel sa compagnie avait accru de beaucoup son importance. Nous étions tous deux assis sur l'estrade d'honneur et je lui demandai: «Quelle a été votre plus grande satisfaction durant ce quart de siècle où vous avez été à la tête de l'entreprise?» Je m'attendais à ce qu'il fasse allusion à la croissance et au développement de la compagnie, mais il m'a répondu: «C'est le plaisir que j'ai eu avec les problèmes et, croyez-moi, certains ont été amplement difficiles. Quand vous n'avez plus de problèmes, c'est le moment de faire attention parce que l'enthousiasme vous lâchera bientôt et ensuite, ce sera à votre tour de tout lâcher. C'est pourquoi un grand dîner comme celui-là m'apparaît équivoque. Ça pourrait donner l'impression qu'on a réglé tous les problèmes et quand cela arrivera, ç'en sera fini de moi. Et je ne veux pas que cela m'arrive. J'aime trop travailler sur des problèmes.»

**Des agents de
motivation personnelle pour
résoudre les problèmes**

Mon ami W. Clement Stone, président de la Combined Insurance Company of America, avec qui je suis fier d'être associé dans la Fondation américaine de la religion et de la psychiatrie, a plus d'enthousiasme authentique et vrai que n'importe qui que je connaisse. Qui plus est, il n'accepte jamais un échec pour réponse. Je lui ai demandé un jour: «Quel est le secret de votre enthousiasme face aux problèmes, qu'ils soient d'affaires ou personnels?» Voici ce qu'il m'a répondu:

«Comme vous le savez, les émotions ne sont pas toujours immédiatement soumises à la raison mais elles sont toujours immédiatement soumises à l'action (mentale ou physique). De plus, la répétition de la même pensée ou de la même action physique devient une habitude qui, si elle se produit assez souvent, devient un réflexe automatique.

«C'est pourquoi je me sers d'agents de motivation personnelle. Un agent de motivation personnelle est une affirmation, un ordre qu'on se donne, un lieu commun ou tout symbole qu'on utilise délibérément pour s'auto-suggestionner à agir de la façon désirée. On répète simplement une phrase pour se motiver, cinquante fois le matin, cinquante fois le soir pendant sept ou dix jours pour que les mots soient gravés à jamais dans la mémoire. Mais on le fait dans *l'intention précise de se mettre à l'action* quand les mots de la phrase motivante passent comme un éclair du subconscient dans le conscient au moment opportun.

«Quand j'ai un problème, parce que je m'y suis préparé, une ou plusieurs phrases passent automatiquement de mon subconscient dans mon conscient. En voici quelques-unes:

(Problème personnel grave) *Dieu est toujours un bon Dieu!*

(Problème d'affaires) *Tu as un problème...c'est bon signe!*

Chaque contrariété porte en elle le germe d'un profit équivalent ou plus grand.

Ce que l'esprit peut concevoir et croire, l'esprit peut le réaliser.

Trouve une idée efficace et mets cette bonne idée en action.

Fais-le tout de suite!

Pour être enthousiaste...AGIS...de façon enthousiaste!

«Il y a très peu de différence dans la façon dont je traite les problèmes d'affaires et les problèmes personnels, mais il y a quand même une différence. Si un problème personnel met en jeu des émotions profondes, j'utilise toujours et immédiatement la plus grande force de l'homme, la prière. Pour résoudre les problèmes d'affaires, je prie aussi pour être guidé, mais pas forcément tout de suite.

Il pouvait dissoudre les problèmes
et les résoudre correctement

Dans ma jeunesse, j'ai eu l'occasion de côtoyer un être remarquable. Il s'appelait Harlowe B. Andrews et habitait Syracuse dans l'État de New York. Andrews Brothers, épicerie en gros, était une maison bien connue dans le Nord de l'État. On attribue à Harlowe l'ouverture du premier *super-marché* aux États-Unis qui importait des denrées périssables de Californie par trains rapides et réfrigérés pour les vendre dans son magasin de la rue Salina en moins de quatre jours. On dit aussi qu'il a inventé et fabriqué le premier lave-vaisselle efficace qu'il vendit plus tard à une grosse compagnie. Il était très religieux et après avoir fait fortune, il se retira pour se consacrer à plein temps à la religion, laissant la direction des affaires à son frère qui dispersa rapidement la fortune. Frère Andrews, comme on l'appelait, de retour dans l'entreprise, fit de nouveau fortune, mettant cette fois son frère à la retraite et gardant la fortune.

Un banquier de Syracuse me raconta qu'il ne connaissait aucun homme doué d'une telle faculté de faire de l'argent. Pour employer sa propre expression imagée: «Tout ce que Frère Andrews semble faire est de tendre la main et par je ne sais quel magnétisme, l'argent tombe dedans.» J'étais très impressionné et pendant longtemps je tournai autour de Frère Andrews, mais je ne parvins jamais à acquérir ce don.

Malgré ses caractéristiques religieuses, Frère Andrews avait un net penchant pour les sports. Bien avant l'avènement de l'automobile, il conduisait à toute allure un attelage de deux chevaux dans la rue James en été et sur le lac Onondaga en hiver. Quand l'automobile arriva, il devint le démon de la vitesse dans sa localité.

Il avait un sens de l'humour remarquable joint à une perspicacité fine et éveillée. Avant que Ruth et moi annoncions nos fiançailles, en fait, bien avant même qu'on y ait songé, je l'emmenai rendre visite à Frère Andrews à sa ferme. Lors d'une promenade dans le jardin, il ramassa une cosse de pois, l'ouvrit et, montrant deux pois nichés à l'intérieur, remarqua pas très discrètement: «Voyez-vous, tout marche par paires.» Là-dessus, tout heureux de sa trouvaille, il se mit à rire, à mon grand embarras et au plaisir de Ruth.

Ce bonhomme possédait une si grande sagesse, était doué d'une perspicacité si pénétrante et d'une intuition si juste, en plus de sa faculté de penser de façon créative, que j'allais toujours lui demander conseil. Je n'ai connu personne qui aimât les problèmes autant que lui. En fait, ils étaient pour lui une sorte d'excitant. Plus ardu était le problème, plus il le trouvait intéressant. Il allait même jusqu'à penser que les problèmes sociaux étaient vraiment formidables. L'explication qu'il donnait de son enthousiasme envers les troubles et les problèmes dans le monde était de nature stimulante. «Soyez content tant qu'il y a des problèmes sur la terre, expliquait Frère Andrews, car cela signifie qu'il y a de l'action dans le ciel; et c'est le signe que de grandes choses se préparent.» Si on le prend à la lettre, cela veut dire que les événements sont à la recherche des hommes.

J'avais un problème dont je n'arrivais pas à sortir. Il me semblait écrasant et je me débattis avec pendant plusieurs jours. Finalement, j'allai en parler à Frère Andrews. «J'ai un problème qui me tracasse, un gros problème», lui annonçai-je, l'air sombre.

«Félicitations! C'est formidable. Sois toujours content quand tu as un problème difficile car ça veut dire qu'il se passe des choses, que tu es en mouvement.» Je fus stupéfait par cette réaction car je n'avais franchement pas pensé à envisager les choses sous ce jour-là.

«Ne sais-tu pas, dit-il, en étouffant un petit rire, que Dieu a le sens de l'humour? Dieu aime jouer à cache-cache. Quand *il* veut te faire un cadeau de grande valeur, sais-tu ce qu'il fait? *Il* le cache dans un gros problème, puis *il* te présente ce problème en disant: «Voyons si tu es capable de trouver le cadeau caché là-dedans.» *Il* te surveille avec beaucoup d'intérêt, en t'attirant sans cesse. Quand finalement, tu trouves ce merveilleux cadeau, est-ce qu'*il* est heureux? *Il* l'est sûrement.

«Raconte-moi ça, mon garçon, dit-il. On va déballer ton problème sur la table et l'examiner de près.»

Ainsi encouragé, je racontai tout, en énumérant les situations difficiles l'une après l'autre et en les décrivant en termes négatifs comme vous n'en avez jamais entendus. Je m'interrompis finalement. «Eh bien, je pense que c'est tout. C'est tout un problème n'est-ce-pas?» Il se leva de sa chaise et fit le tour de la table, bougeant les mains comme s'il empilait des objets invisibles. «Je suis en train d'entasser ton problème et, bon sang, c'est une merveille!» Ses yeux brillaient d'excitation.

«Maintenant, écoute bien mon garçon,» (il m'appelait toujours ainsi et je n'y trouvais rien à redire car il était comme un père), «la première chose à faire est de prier pour ça. Qu'est-ce que nos simples esprits en savent de toute façon? Alors demandons à Dieu de nous conseiller.» Après quelques instants, il dit: «Merci Seigneur. Amen.»

«Maintenant, mon garçon, dit-il, Dieu travaille avec nous. Alors commençons à réfléchir. Fais disparaître cette expression triste de ton visage. Deviens enthousiaste car quelque chose de formidable et de merveilleux se prépare.» Il recommença à faire le tour de la table, farfouillant de son index droit ce problème empilé. Frère Andrews avait de l'arthrite dans les doigts et une bosse sur la première phalange crochissait son index. Mais il pouvait pointer ce doigt crochu plus droit que quelqu'un ayant un index parfait.

Il s'arrêta et fit comme s'il avait mis le doigt dans un trou du problème. Il s'acharna dessus comme un oiseau sur sa proie, puis se mit à rire tout bas. «Ha ha, mon garçon, viens voir ici. Qu'est-ce que je t'avais dit. Tout problème a une faille.» Puis il commença à décortiquer le problème et à le reconstruire avec une adresse et un discernement que je n'ai jamais vus ni avant ni depuis. «Quelle chance tu as, garçon! La question est de savoir si tu es à la hauteur. Mais tu l'es parce que Dieu t'aidera et moi aussi si tu en as besoin.»

Avec Dieu et Frère Andrews, comment aurais-je pu passer à côté?

Je retournai chez moi en voiture par une nuit claire d'étoiles et de lune, vibrant d'émotion car j'avais appris l'une des grandes leçons de la vie, que l'enthousiasme fait des miracles pour les problèmes. Essayez ces conseils dynamiques et constatez par vous-même:

Premièrement: Ne cédez pas à la panique. Restez calme. Servez-vous de votre tête. Vous avez besoin de tous vos esprits.

Deuxièmement: Ne vous laissez pas dépasser par votre problème. N'en faites pas un drame. Dites-vous avec assurance: «Dieu et moi allons y voir.»

Troisièmement: Mettez de l'ordre. Souvent un problème devient tout embrouillé. Alors désembrouillez-le. Prenez un papier et un crayon et écrivez-en les divers éléments.

Quatrièmement: Ne vous attardez pas sur le passé. Ne dites pas: «Pourquoi ai-je fait ceci? Pourquoi ai-je fait ça?» Prenez le problème au stade actuel.

Cinquièmement: Cherchez une solution pas pour le problème au complet, mais pour le pas suivant. Les étapes se succèdent jusqu'à la solution finale. Alors contentez-vous d'aborder l'étape qui vient.

Sixièmement: Faites de l'écoute créative.

Un de mes amis, président d'une grosse compagnie, a l'habitude d'aller se promener dans la forêt avec son chien lorsqu'il a un problème difficile. Il m'a dit que son chien a bien plus d'intelligence que beaucoup de gens. Il s'assoit sur une souche avec son chien à ses pieds qui le regarde. Puis, à haute voix, il lui décrit le problème. Tout d'un coup son oreille (intérieure, pas extérieure) perçoit la réponse. Alors il s'en retourne avec son chien. Mais pour faire de l'écoute créative, vous n'avez besoin ni de chien ni d'une promenade dans la forêt.

Septièmement: Demandez-vous toujours ce qu'il y a à faire dans une situation donnée. Si ce que vous faites n'est pas bon, alors c'est mauvais. Rien de mauvais n'est jamais devenu bon. Alors agissez bien et vous vous en tirerez bien.

Huitièmement: Continuez à prier, continuez à penser et continuez à croire. Et gardez la flamme de l'enthousiasme car il fait des miracles pour vos problèmes.

CHAPITRE HUIT

L'enthousiasme - Motivation puissante qui provoque les événements

Ce chapitre renferme les histoires fascinantes de bon nombre d'êtres humains dont l'enthousiasme dynamique a agi si fortement qu'il leur est arrivé les choses les plus surprenantes. Plus je rencontre de tels individus et plus j'en entends parler, plus je me passionne. Il y a un potentiel extraordinaire dans les êtres humains pour devenir plus grands et plus forts qu'il ne le sont et pour faire beaucoup plus dans la vie qu'ils ne l'ont jamais pensé. C'est ce fait extraordinaire qui m'a poussé à écrire *L'enthousiasme fait la différence,* car l'enthousiasme a fait une différence si fantastique dans la vie de tant de gens qu'il m'était tout à fait inconcevable de ne pas donner le plus d'exemples possible dans un livre d'un format raisonnable.

Pour commencer, voici l'une des plus belles histoires que j'ai connues durant toute une vie passée à recueillir les récits de personnes ayant accompli des choses formidables par elles-mêmes. Ça s'est encore passé en Amérique; c'est un récit à vous vibrer d'émotion, un de ces épisodes profondément humain qui vous donne chaud au coeur et illumine votre esprit des merveilleuses et infinies possibilités de la vie.

Mary B. Crowe avait huit frères et soeurs. Son père travaillait dans une aciérie de l'Ohio et ne gagna jamais plus de cinquante dollars par semaine. C'est avec ce maigre salaire qu'il éleva sa famille.

Il incombait à Mary de laver chaque jour les salopettes encrassées de son père. Comme elles étaient crasseuses! À cette époque, il n'y avait pas de ces détergents-miracle qu'on annonce à la télévision. Elle devait les frotter énergiquement pour qu'ils deviennent propres. Puis, une idée formidable prit naissance dans sa tête, lieu d'origine de toute grande chose. Une idée tout à fait nouvelle et inconnue se mit en branle dans sa tête. C'était la pensée positive et la motivation pour l'action positive qui devait suivre. C'était le pouvoir magique de l'image mentale qui s'imposait. Comme elle frottait les bleus dans l'eau savonneuse, une image à lui couper le souffle lui traversa l'esprit. L'université! Elle se vit coiffée d'une toque et portant la toge, en train de monter sur l'estrade devant une grande assemblée pour recevoir son diplôme et être félicitée par le président de l'université. Mary Crowe avec un diplôme? Ce qu'on peut être bête! Pas d'argent, pas d'aide, aucun atout, aucune chance. Aucun membre de sa famille n'avait jamais fréquenté l'université. C'était inconcevable pour elle. Oublie-le! Mais elle ne pouvait l'oublier car l'image créative était là; l'enthousiasme avait pris racine et avec lui ce genre de motivation qui provoque les événements.

Alors elle continua à laver les salopettes et dans l'intervalle, fréquenta l'école secondaire. Vint le jour de la remise des diplômes et Mary reçut le sien avec mention. Le curé de la paroisse la fit venir dans son bureau et sortit de son pupitre une enveloppe qu'il gardait là depuis quatre ans. Elle renfermait une bourse d'études pour l'Université St. Mary's of the Springs. Il avait attendu que quelqu'un mérite cette bourse tant convoitée. Il avait suivi les progrès de Mary. Ce qu'elle avait imaginé se concrétisait; une bourse pour une fille qui n'avait jamais entendu parler de l'Université St. Mary's of the Springs mais qui l'avait imaginée en pensée, l'avait rêvée et avait travaillé et pratiqué la pensée positive en étudiant sans relâche tout en lavant les sempiternelles salopettes.

Elle alla à l'université pleine d'enthousiasme; elle fut tour à tour serveuse dans un club local, femme de ménage, cuisinière, n'importe quoi pour gagner assez d'argent et se préparer à la vie que sa foi et son enthousiasme lui faisaient rechercher. Puis les choses se gâtèrent. Durant sa dernière année, elle crut qu'elle devrait quitter l'université. Mais un membre d'un club social fut si impressionné par son intelligence et ses capacités qu'il lui avança $300 sur une police d'assurance de $1 000 ayant une valeur au comptant de $20. Grâce à cet argent, elle se rendit jusqu'au diplôme qu'elle obtint encore avec mention.

Ce prêt fit quelque chose de plus. Il fit que Mary s'intéressa à l'assurance-vie. Sa carrière avait été sauvée par l'assurance-vie. Est-ce qu'elle ne pouvait pas aussi faire des miracles pour d'autres gens? Elle suivit un cours en assurance. Elle se présenta à un bureau d'assurance et demanda un emploi d'agent. Le directeur la regarda de haut: «Qu'est-ce que vous connaissez dans l'assurance-vie ou dans la vente? Vous ne connaissez personne. Et d'ailleurs (il disait ceci dans le but de lui clouer le bec), vous êtes une femme. Ma réponse est non!» Cet homme la renvoya chaque fois qu'elle vint tenter sa chance. Mais elle revint s'asseoir tous les jours dans son bureau, jusqu'à ce que, de guerre lasse et pour en finir, il lâcha: «D'accord! Voici un livre de primes et un bureau. Mais pas de compte de dépenses et personne pour vous aider. Crevez de faim si vous y tenez!» Elle ne lui donna pas raison et revint quelques jours plus tard avec sa première vente d'assurance.

Avec les années, elle atteignit la *Table Ronde* du million de dollars. Vingt-cinq ans après qu'elle eut été engagée à contre-coeur, ses associés se réunirent lors d'un dîner pour célébrer ses mérites, en tant que femme d'assurance. Sa recette de succès? Eh bien, c'était un travail d'image mentale, de prière, de foi et de pensée positive avec, en plus, de l'enthousiasme et de la motivation. Mis ensemble, ces éléments donnaient une formule énormément puissante qui provoque les événements. Mary Crowe prouva que l'enthousiasme est une grande force qui, soutenue par la prière et la foi, motive l'excellence dans le travail, triomphe de l'échec latent et amène les grands événements. Comme la défaite ne faisait pas partie du plan de Mary, elle en sortit vainqueur.

«Vous *pouvez* changer votre façon de penser et ainsi changer votre façon de vivre», dit Mary Crowe. «Vous pouvez le faire en vous représentant délibérément dans votre subconscient de bonnes idées et des images positives au lieu d'idées et d'images négatives. Vous êtes constamment en état de *devenir*. Et *vous deviendrez ce que vous imaginez!* Cette philosophie, fait remarquer Mary, ne signifie pas bien sûr que vous aurez une vie sans problèmes. Ce que cela veut dire, c'est qu'en ressentant la présence de Dieu en vous et autour de vous, vous serez capable de faire face à n'importe quel problème qui se présente dans votre vie, avec la certitude que Dieu vous donnera courage et force pour l'affronter, qu'*il* sera disponible pour vous aider à le résoudre. Vous n'avez qu'à demander et à croire!»

L'histoire stimulante de Mary Crowe prouve une fois de plus que l'enthousiasme est la motivation puissante qui provoque les événements. Et, bien sûr, si ça arrive à une personne, ça peut arriver à d'autres; pourquoi pas à vous?

Les bons perdants deviennent des perdants réguliers

Le processus de l'image créative fait aussi partie de l'heureuse philosophie d'un de nos grands athlètes.

«Comment devient-on un bon quart-arrière dans le football professionnel?» demanda-t-on à Fran Tarkenton, quart-arrière étoile des Giants de New York.

«Ayez dans votre coeur l'image de la victoire, répliqua Fran. Dans notre société actuelle, poursuit l'étoile célèbre du football, il semble que nous fonctionnions par extrêmes. Pendant un certain temps, on a mis l'accent très fortement sur l'importance de gagner et cela a même touché les ligues de débutants. Puis, il y a eu une réaction. *Nous ne sommes pas réalistes,* ont dit des parents intelligents. *Nos enfants doivent apprendre à perdre car la défaite fait aussi partie de la vie.* C'est vrai, dit Fran Tarkenton; on peut exagérer de beaucoup le fait de gagner. Il faut que nous sachions perdre de façon élégante. Mais on peut aussi exagérer de ce côté-là. Les enfants qui pensent trop à être bons perdants oublient que le but du sport et aussi de la vie, est de réussir dans ce qu'on fait. Montrez-moi un bon perdant et je vous montrerai un perdant régulier.»

Le célèbre quart-arrière raconte comment il passa par une phase de découragement si profond qu'il pensa même arrêter de jouer pour de bon. Mais «tout au fond de mon coeur, je gardais l'image de ma première grande victoire. Et si je n'ai pas abandonné, c'est parce que je croyais que je pouvais connaître de nouveau le succès. Ça se produisit en effet après bien des matchs mais, sans cette image de la victoire pour me soutenir à travers tant d'échecs, j'aurais sûrement abandonné.»

Cette preuve que l'enthousiasme continu et bien enraciné est une motivation puissante qui provoque les événements comme on le souhaite, me rappelle une phrase très explicite de Bernard Haldane qui enseigne la motivation du succès. «Tirez des leçons de vos succès plutôt que de vos échecs», conseille-t-il. Un échec peut vous montrer comment ne pas faire quelque chose; mais qui veut savoir comment ne pas le faire quand c'est tellement plus important de savoir comment bien le faire? Ainsi quand vous faites bien les choses et réussissez dans ce que vous entreprenez, il est adroit de vous former au succès. Demandez-vous: «Voyons, comment ai-je si bien fait ça?» Puis essayez de le refaire la fois suivante. Disons que vous avez fait un coup magnifique au golf. Ne continuez pas joyeusement en vous disant: «Bon sang, quel coup!» Demandez-vous dans le détail comment vous vous y êtes pris; puis essayez délibérément de refaire ce coup.

On peut tirer une leçon de ses échecs. On raconte qu'après uné autre des nombreuses tentatives pour fabriquer une ampoule incandescente, Edison fit la remarque suivante: «Eh bien, ce n'est rien qu'une façon de plus parmi cinq mille de ne pas le faire.» Mais quand il y réussit enfin, il fabriqua d'autres ampoules en se basant sur ce qu'il avait appris lors de sa réussite. Ainsi, soyez un bon perdant, mais pas au point d'instaurer la défaite comme une vertu. Ayez l'enthousiasme pour la victoire si bien ancré dans votre conscience qu'il devienne une force puissante qui pousse les événements dans le bon sens.

Dans son livre fascinant *The American Diamond,* (Le marbre américain), un classique du sport national américain, Branch Rickey a dressé sa propre liste des grandes figures du baseball, dont les deux plus marquantes sont Ty Cobb et Honus Wagner. Rickey appelle Cobb *l'unique joueur de choix pour l'unique match qu'il fallait remporter,* ce qui signifie bien sûr que Ty Cobb fut d'abord et toujours un bon compétiteur. Il n'avait qu'un but - gagner. «Il avait un besoin incontrôlable d'être le meilleur. Son aptitude naturelle l'empêchait de se montrer courtois dans le sport, lorsqu'il disputait un match. Quand il était en rivalité sur le terrain comme hors terrain, son habileté, face à l'obstacle, était son effort personnel pour vaincre ou mourir. Cobb aurait été le seul Grec nécessaire aux Thermopyles.»

Rickey dit que l'esprit de compétition de Cobb et son enthousiasme sans bornes pour la victoire, firent de lui l'un des joueurs les plus scientifiques que ce sport ait jamais produits. Cobb n'avait pas de grands bras, mais la précision et la hauteur du lancer ainsi que la bonne rotation de la balle lui étaient innées. Il ne fit jamais deux pas pour lancer la balle de l'extérieur du champ. Il lançait tout de suite, dès qu'il attrapait la balle. «Le coureur file à toute allure et il franchira cinq mètres pendant que j'en marcherai un.» Il mettait dans chacun de ses mouvements une précision scientifique. On n'a jamais entendu parler d'un seul coureur de baseball qui ait pris des risques contre un lancer de Cobb.

«Il jouait presque douze heures sur vingt-quatre, continue Rickey. Quand il lançait de l'extérieur du champ, son objectif était que la balle remonte vitement en touchant le sol pour la première fois, au lieu de rebondir au ralenti, ce qui impliquait un contrôle ferme de la vitesse et une trajectoire parfaite. A-t-on jamais entendu parler d'un joueur de baseball qui, de lui-même, s'imposait en solitaire une pratique aussi acharnée que celle-là? Pas à ma connaissance.»

Bien sûr, Cobb possédait un énorme enthousiasme et une motivation constante et sans relâche pour qu'il se produise les choses les plus fantastiques dans le baseball qui était sa vie. Cette attitude fit de lui le seul et unique Ty Cobb, le champion, le plus grand de tous.

Rickey lui-même dit: «Le baseball m'a donné de grandes joies. Je n'aurais pas changé ma vie pour une autre.» Mais Branch Rickey n'est pas devenu le plus grand joueur de baseball de tous les temps sans la flamme de l'enthousiasme. Ce fut sa motivation qui l'amena à vivre de si grands moments.

Je lui demandai un jour: «Branch, quelle est l'expérience qui vous a le plus marqué durant vos cinquante années dans le baseball?»

Il me regarda avec son front sourcilleux. «Je ne sais pas, me lança-t-il. Je ne l'ai pas encore connue.» L'enthousiasme, c'est ce qui fabrique les grands hommes qui fabriquent les grands événements.

Défendez-vous vaillamment - L'enthousiasme vous aidera

Ayez toujours ce bon esprit combatif de compétition. L'enthousiasme naturel vous motivera pour vous défendre vaillamment dans la vie. Les êtres humains ont un instinct créatif inné et le besoin d'exceller. Nier ce fait équivaut à un suicide de la personnalité. L'une des déclarations les plus importantes qui fait à jamais partie du patrimoine culturel américain, sont les paroles tendres mais fermes de la mère d'Abraham Lincoln. Dans la pauvreté et l'adversité des étendues sauvages de l'Ouest, elle dit à son fils turbulent en qui elle pressentait instinctivement une étrange grandeur: «Abe, sois quelqu'un.»

Mais les temps ont bien changé. *Ne sois personne* semble être le concept des extrémistes de gauche de notre époque. Mais le concept de n'être personne ne durera pas car c'est une notion fausse qui va à l'encontre de la nature humaine. De la même façon que la graine plantée dans la terre pousse d'elle-même vers le soleil, ainsi l'être humain de par l'essence même de sa nature veut aller plus haut, toujours plus haut. Je n'ai pas honte de dire que ce livre est sans contredit, sans gêne et délibérément écrit pour servir les gens qui veulent arriver quelque part et pour les stimuler et les motiver à être gagnants, non pas perdants; en d'autres mots, à être quelqu'un et à arrêter de s'illusionner que c'est bon de n'être rien.

La vie est un combat, une lutte, peu importent nos efforts à minimiser les éléments durs et difficiles. Enlever le fardeau qui pèse sur les épaules des êtres humains ou, tout au moins, le rendre plus léger, améliorer le sort de toute l'humanité, faire disparaître les ghettos et les taudis, combattre l'injustice et améliorer les relations entre les races, voilà des objectifs importants. Mais, même quand ils auront été atteints, la vie ne sera toujours pas une fête continuelle ni une douce mélodie.

C'est pourquoi tous ceux qui veulent devenir quelqu'un et voir de bonnes choses se produire feraient mieux d'inclure l'élément combatif à leur programme. S'ils ont de l'enthousiasme, ils auront cette motivation puissante qui les aidera à *bien se défendre* pour que ces événements se produisent.

Ce serait un grand malheur si les jeunes de notre société d'abondance devaient un jour oublier le solide courage qui a prévalu dans l'édification de notre nation. Notre pays a été édifié par une race de gens qui avaient du cran, du sens pratique, de la hardiesse, de l'honneur et de la foi en Dieu, cinq qualités fondamentales. Notre pays ne peut survivre que par des gens de la même trempe.

Donna Reed, écrivant dans *Guideposts,* trace un portrait émouvant des gens dont l'enthousiasme et le combat devant chaque difficulté, ont permis de façonner le pays prospère que nous avons aujourd'hui.

«Assis dans le confort de notre belle maison de Beverley Hills, je commençais à raconter comment je fus une enfant d'une famille de quatre et comment nous vécûmes dans une ferme de Denison dans l'Iowa.

«La famille de mon père et celle de ma mère avaient été des pionniers dans cette région avant ma naissance. Quand nous étions enfants, nous avions tous des tâches à accomplir. Je savais et devais traire les vaches, conduire le tracteur, aller chercher l'eau à la pompe et rentrer du charbon et du bois pour le poêle; j'ai toujours cuit mon pain jusqu'à présent. La différence la plus grande entre mon enfance et celle de mes enfants n'est pas que j'aie vécu dans une ferme, mais plutôt que dans l'Iowa, pendant les années terribles de la Crise, nous étions très pauvres.

«Je doute que quelqu'un en Amérique ait souffert plus que certains fermiers du Midwest au début des années 30. Ces gens, nos voisins et amis, furent frappés de toute une série de malheurs rappelant ceux de Job. Les temps étaient durs pour tous bien sûr et il y avait très peu d'argent, mais pour couronner le tout, la sécheresse flétrit les récoltes et brûla la terre. En plus le vent balaya la couche de terre sèche, produisant de grosses tempêtes de poussière noire qui vous étouffaient. L'une après l'autre, les familles entassèrent leurs biens dans des automobiles branlantes et partirent...

«La pauvreté et le besoin sont des choses terribles qui frappent mais je crois que c'est pire de les voir chez les autres. Je me souviens des gémissements de nos bêtes réclamant à manger et à boire. Je me souviens qu'une petite fille d'une ferme voisine vint me dire qu'elle ne jouerait plus avec moi parce que sa famille partait. Elle ne savait pas où elle allait; ils partaient tout simplement, ils abandonnaient.

«Quand je repense à ces temps très difficiles, je pense surtout à mes parents et à l'angoisse que je ressentais quand, jour après jour, je les voyais tôt le matin et tard le soir, peiner pour ne rien obtenir. Nous, les enfants, avions très peu de jouets et je mourais d'envie d'avoir une bicyclette que je n'obtins jamais. Mais je ne me souviens pas que ces choses aient été tellement importantes pour moi, car je savais qu'on ne pouvait échapper à la réalité de notre situation. Nous aurions sans doute quitté la ferme si ce n'avait été de papa.

«Il s'appelle William Mullenger et est très entêté. Il n'abandonnerait pas. Nous avons dû vendre nos bêtes l'une après l'autre. Nous avons vu nos voisins quitter leurs fermes l'un après l'autre. Et chaque fois, mon père nous disait calmement mais avec une ferveur indéniable appuyée par sa foi:

«*Il n'en sera pas toujours ainsi.*»

«Je me demandais comment papa pouvait être si sûr quand tant d'autres ne l'étaient pas. Et puis, chaque dimanche, j'avais une petite partie de la réponse. Ce jour-là, papa nous entassait dans la vieille voiture que nous avions depuis quinze ans et nous roulions dans un bruit de ferraille jusqu'à l'église méthodiste de Denison. Vous vous seriez senti fort, rien qu'en étant assis à côté de papa à l'église. Quand le pasteur faisait la lecture de la Bible, papa se courbait légèrement en avant comme pour écouter plus attentivement. En observant son expression, nous ses enfants, pouvions voir que les paroles éternelles étaient une nourriture pour son esprit et lui donnaient la force de traverser une autre semaine.

«Notre pasteur lisait souvent des extraits de la Bible qui avaient une résonnance d'espoir. Ce n'est que tout récemment que j'ai fouillé dans la Bible pour voir si j'y retrouverais des passages qui m'étaient familiers, et voilà que dans Isaïe, je tombai sur quelques versets qui me rappelèrent toute l'expérience de la pauvreté et des fermes brûlées de soleil aussi nettement que si j'étais encore assise sur le banc à côté de papa. Écoutez ces paroles:

«*Les miséreux et les pauvres cherchent de l'eau, et rien! Leur langue est desséchée par la soif. Moi, Yahvé, je les exaucerai... Je transformerai le désert en étang et la terre aride en fontaines.*» (Isaïe 41:17-18)

«Papa était un homme qui avait le sens de la famille. *S'il y a de la force au sein de la famille,* disait-il, *cette vieille Crise ne nous aura pas.* Et la Crise passa et n'eut pas raison de nous.»

Ce père avait la foi et la volonté qui produisent les événements. Grâce à lui, il arriva de bonnes choses parce qu'il avait un profond enthousiasme pour quelque chose de fondamental et il avait la motivation qui l'incitait à l'action et à la persévérance. Et surtout il avait ces cinq qualités fondamentales: cran, sens pratique, hardiesse, honneur et foi en Dieu. C'est assez difficile de finir perdant si on possède cet ensemble de qualités.

Quel thème extraordinaire que cette vérité qui veut que l'enthousiasme, lorsqu'il est bien enraciné dans l'esprit humain, devienne un facteur puissant qui active et produit les grands événements, qui fait que des choses merveilleuses arrivent. Les croyants, les penseurs positifs, les enthousiastes, voilà les gens qui accomplissent les grandes choses.

Un des plus grands penseurs positifs du monde

Prenons par exemple l'un des plus grands penseurs positifs et adeptes de l'enthousiasme qui existent à l'heure actuelle. Ce n'est pas en Amérique, lieu traditionnel des penseurs positifs et des enthousiastes, que j'ai rencontré cet homme, mais bien dans le désert de Judée où Jean-Baptiste prêcha il y a bien longtemps. Il s'appelait Musa Alami et il fit fleurir le désert - un désert qui, de toute son histoire, n'avait jamais rien produit. Il réussit parce qu'il croyait qu'il le pouvait et il se consacra à cette tâche jusqu'à ce qu'il la mène à bien, ce qui est toujours la façon logique de réussir.

Musa, un jeune Arabe, après avoir fait ses études à Cambridge, revint en Palestine où il devint un homme aisé, selon les critères du Moyen-Orient bien sûr. Puis, avec les troubles politiques, il perdit tout, y compris sa maison.

Il alla au-delà du Jourdain, près de Jéricho. Des deux côtés à perte de vue, s'étendait l'immense désert sec et aride de la vallée du Jourdain, le point le plus bas sur la terre: 395m au-dessous du niveau de la mer. Dans le lointain sur la gauche, apparaissaient les montagnes de Judée et sur la droite, les monts de Moab, miroitant dans la brume chaude.

À l'exception de quelques oasis, rien n'avait jamais été cultivé sur cette terre brûlante et éreintante. Les experts s'accordaient à dire qu'on ne pouvait jamais rien y faire pousser car il était impossible d'y amener de l'eau. Construire des barrages sur le Jourdain coûterait trop cher et d'ailleurs, aucune puissance amie ne désirerait financer un tel projet.

«Avez-vous pensé à l'eau souterraine?» demanda Musa Alami. On s'esclaffa. Avait-on jamais entendu pareille idiotie? Il n'y avait pas d'eau sous la surface de cette croûte brûlante. Cette étendue de sable et de poussière sèche existait depuis la création du monde et, comme l'eau de la mer Morte l'avait recouverte, il y a des milliers d'années, le sable était plein de sel, ce qui ajoutait à son aridité.

Musa réfléchissait tout en regardant la surface miroitante de la mer Morte toute proche et convint que la salinité de la terre était vraiment un problème. Mais les problèmes sont faits pour être résolus, n'est-ce pas? Il fit le raisonnement suivant: Dieu avait fait une belle terre même ici et tout ce qu'il fallait, c'était d'y amener l'eau, source de vie.

Il avait entendu parler de la valorisation du désert de Californie grâce à l'eau souterraine. Il décida qu'il pourrait aussi trouver de l'eau ici. Il en était tellement certain qu'il démarra son projet et traça des routes pour bâtir une ferme où il avait l'intention de créer une école pour des garçons réfugiés. Tous les vieux sheiks Bédouins lui dirent que c'était impossible, ce que confirmèrent les représentants du gouvernement ainsi que des hommes de science réputés de l'étranger. Il n'y avait pas une seule goutte d'eau là.

Mais Musa ne se laissa pas impressionner. Il pensait qu'il y en avait. Quelques réfugiés complètement dépourvus du camp voisin de Jéricho l'aidèrent lorsqu'il commença à creuser. Avec un équipement de forage? Jamais de la vie. Avec de simples pics et pelles. Tout le monde se moquait de cet homme intrépide et de ses amis en guenilles qui creusaient jour après jour, semaine après semaine, mois après mois. Petit à petit, ils creusèrent profondément dans ce sable où jamais personne depuis la création n'avait sondé pour y chercher de l'eau.

Pendant six mois, ils creusèrent, puis un jour, le sable devint humide et l'eau jaillit enfin. On avait trouvé l'eau, source de vie, dans ce désert ancien! Ceux qui avaient connu les sables brûlants pendant des siècles restaient ébahis tellement ils étaient émerveillés et reconnaissants. On ne les vit pas rire ni applaudir. Ils pleurèrent.

Un très vieil homme qui était le sheik d'un village voisin entendit cette stupéfiante nouvelle et voulut constater lui-même. «Musa, demanda-t-il, est-ce que tu as vraiment trouvé de l'eau? Laisse-moi la voir, la toucher, la goûter.»

Le vieil homme mit sa main dans le ruisseau et s'en éclaboussa le visage et la bouche. «Elle est douce et fraîche, dit-il; c'est de la bonne eau.» Puis, posant ses mains de vieillard sur l'épaule de Musa Alami, il dit: «Merci mon Dieu. Maintenant, Musa, tu peux mourir.» C'était le tribut bien simple d'un homme du désert à un penseur positif qui avait réalisé ce que tout le monde croyait impossible.

Maintenant, après plusieurs années, Musa a de nombreux puits qui apportent l'eau à sa ferme de 5km sur 3. Il cultive des légumes, des bananes, des figues, des agrumes et des garçons. Dans son école, il forme des citoyens de l'avenir, des fermiers, des techniciens et des experts en commerce. Ses produits sont expédiés vers le Koweit, les îles Bahrein, Beyrouth et aussi vers la toute proche Jérusalem. D'autres ont imité Musa et ont creusé. Maintenant, des milliers d'acres sont cultivés et la verdure recouvre les anciens sables de ce qui fut un désert.

J'ai demandé à cet homme étonnant ce qui l'avait poussé et encouragé à croire quand tout le monde disait que c'était impossible. «Je n'avais pas le choix. Ça devait être fait», me dit-il. Et il ajouta: «Dieu m'a aidé.»

Comme le crépuscule teintait de rouge et d'or les monts de Moab et les collines de Judée, je regardais cet énorme cours d'eau jaillir du coeur du désert. Alors qu'il giclait en éclaboussures dans un bassin large et profond, il semblait dire: «C'est possible, c'est possible.» Alors, ne vous laissez pas abattre par vos difficultés et n'allez pas croire ces mécontents qui disent que vous ne pouvez pas le faire. Souvenez-vous de Musa Alami, le penseur positif du désert de Judée. Et souvenez-vous que l'enthousiasme est la poussée puissante qui produit les événements. L'enthousiame fait une grande différence dans le désert de Judée, tout comme il peut faire une grande différence dans le désert de la vie de beaucoup de gens.

Le plus formidable, c'est qu'il existe des gens qui ont un enthousiasme profond, solide et irrésistible pour les vraies valeurs et qui décident de se donner corps et âme pour atteindre l'objectif qui les rend enthousiastes.

L'enthousiasme et le premier moteur

Henry Ford avait un enthousiasme délirant pour le véhicule motorisé. Les gens disaient qu'il était *un peu fou.* Il l'était; il avait la folie de l'enthousiasme et l'objet de son enthousiasme prit forme. Edison était enthousiaste pour la lumière électrique, l'appareil pour parler à distance et beaucoup d'autres inventions qui toutes, grâce à sa motivation insatiable, prirent forme. Les frères Wright étaient enthousiastes pour la machine qui volerait et elle vola. Kettering était enthousiaste pour le démarreur automatique et la peinture à pulvériser sur les automobiles ce qui, selon *certains,* était complètement impossible. Ces deux procédés devinrent néanmoins réalités. Vous pouvez continuer la liste jusqu'à aujourd'hui, car le principe reste le même: tout ce qui vous enthousiasme peut se concrétiser.

Il y a invariablement des gens qui vous feront toujours le reproche à peine voilé qu'il n'est pas juste d'encourager les gens à espérer quelque chose qu'ils ne pourront jamais atteindre et que seuls, les doués et les favorisés parviendront à leur but. Mais de toute évidence, ces gens-là se trompent car il est clair que tout être qui développe de l'enthousiasme pour quelque chose et a le courage de poursuivre, même si la situation ne lui est pas favorable, peut accomplir des choses tout à fait invraisemblables.

Personne ne pouvait le faire, mais il le fit

Si vous avez par exemple cette idée fixe et stupide que vous ne pouvez pas accomplir quelque chose parce que ce n'est pas ordinaire et qu'il y a de gros obstacles, lisez soigneusement cette histoire d'un garçon africain, Legson Kayira, parue dans notre magasine *Guideposts.* Son étonnante histoire s'intitule, *Barefoot to America* (Pieds nus vers l'Amérique).

«Ma mère ne savait pas où était l'Amérique. Je lui dis: *Maman, je veux aller en Amérique pour étudier à l'université. Est-ce que tu m'en donnes la permission?*

«*Très bien,* dit-elle. *Quand veux-tu partir?*»

«Je ne voulais pas lui laisser le temps de découvrir en parlant avec d'autres personnes de notre village, la distance qui nous séparait de l'Amérique, de peur qu'elle ne change d'idée.

«*Demain*», lui dis-je.

«Très bien, me dit-elle. *Je vais te préparer du maïs à manger en cours de route.*»

«Le jour suivant, le 14 octobre 1958, je quittais ma maison dans le village de Mpale, dans le Nord du Nyasaland en Afrique de l'Est. Je n'avais sur moi que mes vêtements, une chemise et des shorts kakis. J'emportai les deux trésors que je possédais: une Bible et une copie du *Pilgrim's Progress.* J'avais aussi le maïs que ma mère m'avait donné, enveloppé dans des feuilles de bananier et une petite hache pour me défendre.

«Mon but était au-delà d'un continent et d'un océan, mais je n'avais aucun doute que je l'atteindrais.

«Je n'avais pas la moindre idée de mon âge. Ces choses-là ont très peu de signification sur une terre où le temps ne compte pas. Je pense que j'avais seize ou dix-huit ans.

«Mon père était mort quand j'étais en bas âge. En 1952, ma mère entendit des missionnaires de l'Église d'Écosse (presbytérienne), ce qui amena notre conversion au christianisme. Les missionnaires m'apprirent non seulement à aimer Dieu mais aussi que, si je devais un jour servir mon village, mon peuple et mon pays, il me faudrait absolument avoir fait des études.

«À Wenya, à treize kilomètres de chez moi, la mission avait une école primaire. Un jour, quand je me sentis prêt à étudier, je m'y rendis.

«J'appris bien des choses. J'appris que je n'étais pas comme le pensent beaucoup d'Américains, victime des circonstances, mais maître d'elles. J'appris qu'en tant que chrétien, je me devais d'utiliser les qualités que Dieu m'avaient données pour améliorer la vie de mon prochain.

«Plus tard, au secondaire, je me renseignai sur l'Amérique. Je lis la vie d'Abraham Lincoln et en vins à aimer cet homme qui avait tant souffert pour aider les esclaves africains de son pays. Je lis aussi l'autobiographie de Booker T. Washington, lui-même né esclave en Amérique, qui avait grandi dans la dignité et le sens de l'honneur jusqu'à devenir un bienfaiteur de son peuple et de son pays.

«Je pris conscience que ce ne serait qu'en Amérique que je recevrais la formation et que j'aurais l'occasion de me préparer à imiter ces hommes dans mon propre pays, à être comme eux un leader, peut-être même un président.

«J'avais l'intention d'aller jusqu'au Caire d'où j'espérais trouver un bateau pour l'Amérique. Le Caire était à plus de quatre mille huit cents kilomètres, distance que je ne pouvais pas concevoir et que je pensais parcourir en marchant quatre ou cinq jours. Après quatre ou cinq jours, j'étais à quarante kilomètres de mon village. Je n'avais plus rien à manger, pas d'argent, et je ne savais pas ce que je devais faire, sauf continuer.

«Je me créai une routine de voyage qui devint ma vie pendant plus d'un an. Les villages étaient à environ huit ou dix kilomètres de distance par les sentiers de la forêt. J'arrivais à un village à une heure de l'après-midi et je demandais du travail pour gagner mon repas, de l'eau et un endroit où dormir. Quand c'était possible, je passais la nuit entière à cet endroit, puis je partais le matin pour le village suivant.

«Ce n'était pas toujours possible. Les dialectes changent tous les dix kilomètres en Afrique. Souvent, je me trouvais parmi des gens avec qui je ne pouvais pas communiquer. Cela me faisait passer pour un étranger à leurs yeux et même pour un ennemi. Ils ne me laissaient pas entrer dans le village et je devais dormir dans la forêt et me nourrir d'herbe et de fruits sauvages.

«Je me rendis vite compte que ma hache donnait parfois l'impression que j'étais venu pour me battre ou pour voler. Alors je la troquai contre un couteau qui passait inaperçu. Mais j'étais sans défense contre les animaux de la forêt que je redoutais tant. Cependant, bien que je les entendis la nuit, jamais l'un d'eux ne m'approcha. Par contre, les moustiques porteurs de la malaria étaient mes compagnons de tous les instants et je fus souvent malade.

«Mais il y avait deux choses qui me soutenaient: ma Bible et mon exemplaire du *Pilgrim's Progress*. Je lisais et relisais ma Bible, puisant ma confiance surtout dans cette promesse: *Repose-toi sur Yahvé de tout ton coeur, ne t'appuie pas sur ton sens propre... Tu iras ton chemin en sécurité*. (Proverbes 3:5,23)

«À la fin de 1959, j'avais parcouru 1 600 kilomètres à pied vers l'Ouganda où une famille me prit en charge et où je trouvai un emploi de briquetier pour les bâtiments du gouvernement. Je restai là six mois et envoyai presque tout mon salaire à ma mère.

«Dans mon *Pilgrim's Progress,* je lisais souvent les tribulations des chrétiens errant dans le désert à la recherche de Dieu et je comparais cela avec ma propre errance vers mon but qui, j'en étais sûr, m'avait été donné par Dieu. Je ne pouvais pas abandonner, pas plus que les chrétiens ne l'avaient fait.

«Un après-midi, à la bibliothèque USIS de Kampala, j'eus la chance inespérée de tomber sur l'annuaire des universités américaines. Je l'ouvris au hasard et vis le nom de l'Université Skagit Valley à Mount Vernon dans l'État de Washington. J'avais entendu dire que les universités américaines donnaient parfois des bourses à des Africains méritants. J'écrivis donc au doyen George Hodson et fis une demande. Je savais bien qu'elle pouvait être refusée, mais je ne m'avouais pas battu d'avance. Si cela devait arriver, j'écrirais à toutes les écoles de l'annuaire, l'une après l'autre, jusqu'à ce que j'en trouve une qui m'aide.

«Trois semaines plus tard, le doyen Hodson me répondit qu'on m'accordait une bourse et que l'école m'aiderait à trouver un emploi. Fou de joie, j'allai voir les autorités américaines qui me dirent que ce n'était pas suffisant. Il me fallait encore un passeport et un billet aller-retour pour obtenir un visa.

«J'écrivis au gouvernement du Nyasaland pour obtenir un passeport mais on me le refusa parce que je n'étais pas capable de donner ma date de naissance. J'écrivis alors aux missionnaires qui m'avaient enseigné quand j'étais enfant. Et ce fut grâce à leurs efforts qu'on m'accorda un passeport. Mais je ne pouvais toujours pas avoir le visa à

Kampala parce que je n'avais pas l'argent pour payer mon billet.

«Toujours décidé, je quittai Kampala et repris mon voyage vers le Nord. Ma foi était si forte que je dépensai mes derniers sous pour m'acheter ma première paire de chaussures. Je savais que je ne pouvais pas entrer dans l'Université Skagit Valley pieds nus. Je ne marchais pas avec les chaussures pour ne pas les user.

«Comme j'avais traversé l'Ouganda et que j'entrais au Soudan, les villages devinrent plus espacés. Il me fallait souvent faire trente ou quarante kilomètres à pied dans une journée pour trouver un endroit où dormir et travailler pour gagner un peu de nourriture. J'arrivai enfin à Khartoum où j'appris qu'il y avait un consulat américain. Je m'y rendis pour tenter ma chance.

«Une fois de plus, on me parla des conditions pour entrer aux États-Unis, cette fois-ci de la bouche du vice-consul Emmett M. Coxson. Il écrivit à l'université que j'étais dans de très mauvais draps et il reçut un cablogramme en réponse.

«Les étudiants, ayant appris mon histoire, avaient réuni la somme de $1 700 grâce à des soirées-bénéfices.»

«J'étais ému et profondément reconnaissant; j'étais fou de bonheur d'avoir bien jugé les Américains pour leur sens de l'amitié et de la fraternité. Je remerçiai Dieu de m'avoir guidé et j'engageai mon avenir à son service.

«La nouvelle que j'avais marché 4 000 kilomètres pendant deux ans circulait dans Khartoum. Les communistes vinrent me voir et m'offrirent de m'envoyer à l'école en

Yougoslavie, toutes dépenses payées, y compris le voyage et une allocation durant mes études.

«Je suis un chrétien, leur dis-je et je ne pourrai jamais devenir l'homme que je souhaite dans vos écoles athées.»

«Ils m'avertirent que, en tant qu'Africain, je me heurterais à des difficultés raciales aux États-Unis, mais j'avais lu assez de journaux américains pour savoir que ce facteur était à la baisse. Ma religion m'avait appris que les hommes ne sont pas parfaits mais que, tant qu'ils s'efforcent de l'être, ils seront agréables à Dieu. L'effort américain, pensai-je, était la raison pour laquelle ce pays jouissait de tant de bénédictions.

«En décembre 1960, dans mon premier costume, portant mes deux livres sous le bras, j'arrivais à l'Université Skagit Valley.

«Dans mon discours de remerciement au corps étudiant, j'exprimai mon désir de devenir ministre ou président de mon pays et je remarquai quelques sourires. Je me demandai si j'avais dit là quelque chose de naïf. Je ne le crois pas.

«Quand Dieu vous a mis dans la tête un rêve impossible, cela signifie qu'*il* va vous aider à le réaliser jusqu'au bout. J'ai compris que cela était vrai quand, enfant de la brousse africaine, j'ai senti un appel irrésistible pour devenir diplômé d'une université américaine. Mon rêve devint réalité au moment où j'obtins mon diplôme à l'Université de Washington. Et si Dieu a mis en moi le rêve de devenir président du Nyasaland, ce rêve aussi deviendra une réalité.

«C'est lorsqu'on résiste à Dieu que l'on reste dans la médiocrité. Quand on se soumet à *lui,* peu importe les sacrifices ou les épreuves, on peut aller beaucoup plus loin qu'on ne l'avait pensé.»

Cette histoire remarquable, cette expérience *absolument impossible* démontre que l'enthousiasme agit comme une motivation puissante qui produit des choses fantastiques. Je me demande pourquoi chacun ne réalise pas et n'affirme pas le fait que c'est l'enthousiasme qui actionne les réalisations les plus extraordinaires. Tant de gens pourraient éviter la monotonie de la médiocrité, la frustration de l'échec, la perte de l'espoir si seulement ils pouvaient cultiver l'étonnant pouvoir de l'enthousiasme.

Quelques personnes dans l'ignorance considèrent le travail de pasteur comme manquant de couleur, de romanesque et de réalisations passionnantes; mais croyez-moi, le principe de l'enthousiasme comme facteur motivant qui produit les événements, fonctionne dans ce domaine comme ailleurs.

Prenez par exemple le cas du docteur Robert H. Schuller, qui fut envoyé pour bâtir une église dans le comté d'Orange en Californie, par l'Église réformée d'Amérique, la secte protestante la plus ancienne des États-Unis et à laquelle j'appartiens. Dans ce comté reconnu comme ayant la croissance la plus rapide de la nation, notre secte n'avait pas un seul membre. Schuller reçut un salaire modeste et $500 pour la publicité, puis on le somma de bâtir une église. Or le docteur Schuller était aussi débordant d'enthousiasme qu'il était à court d'argent et il avait une motivation puissante. Il voulait construire une grande église moderne au coeur de l'explosion démographique.

Alors, il loua un cinéma plein air pour le service du dimanche matin et grâce à une publicité alléchante, commença à s'établir une assistance parmi les gens qui arrivaient en foule dans le Sud de la Californie. Il leur donnait de l'amitié et des inspirations bibliques. Un an après être parti à zéro, il m'invita à parler devant des milliers de gens assis dans leurs voitures. Il parla avec beaucoup de conviction de la *grande* église qu'il y aurait à cet endroit. Je savais bien qu'elle existerait un jour car elle existait déjà dans son esprit et il avait l'énergie, l'habileté et la foi pour faire passer son idée.

Dix ans plus tard, le docteur Schuller m'invita de nouveau mais cette fois dans un édifice moderne et scintillant d'acier et de verre, entouré de vingt arpents de gazon et de fleurs, parsemés de jaillissements de fontaines qui retombaient dans des piscines en douce musique. Il avait maintenant environ trois mille paroissiens et une assistance moyenne le dimanche matin de plus de quatre mille personnes qui emplissaient l'église et les jardins avoisinants en plus des centaines d'autres écoutant dans les voitures qui faisaient débordé le vaste stationnement. Je participai à soulever la première pelletée de terre pour la *Tower of Hope* (Tour de l'espoir), un édifice élancé et élégant de dix étages où des conseillers avisés allaient aider les gens en difficulté à retrouver la paix et un mode de vie constructif.

En regardant ce grand rassemblement à l'intérieur et à l'extérieur de l'église somptueuse et de ses magnifiques jardins, je réalisai une fois de plus ce fait extraordinaire que l'enthousiasme est effectivement la motivation puissante qui provoque les événements.

CHAPITRE NEUF

L'enthousiasme crée une puissance sous vos difficultés

Supposons que vous ayez à faire face à des problèmes de taille et à de graves difficultés, s'attend-on à ce que vous pratiquiez l'enthousiasme? Si tel est le cas, comment le pouvez-vous? Eh bien, c'est justement dans ce genre de situations que l'enthousiasme se concrétise quand il se met à fonctionner à plein régime et donne de grands résultats. Car l'enthousiasme crée une force puissante sous les difficultés, sous toutes les difficultés.

Venons-en à des faits précis. Laissez-moi vous parler d'un ami qui avait assez d'enthousiasme, de foi et de courage pour vaincre deux problèmes de taille: l'alcoolisme et le cancer.

Il s'appelle J. Arch Avary junior, et il est l'un des citoyens les mieux connus et les plus respectés d'une grande ville du Sud. Son histoire, faite de courage authentique, de foi en Dieu et d'enthousiasme peut difficilement être égalée. Il surmonta ses difficultés grâce au pouvoir de l'enthousiasme, un enthousiasme pour une chose bien précise, c'est-à-dire sa foi en Jésus-Christ et en Dieu. Il est un exemple de la force renversante qui peut être créée sous chaque difficulté.

Incidemment, j'ai écrit un jour à un de ces professeurs qui enseignent que *Dieu est mort* et lui demandai comment il expliquait la réhabilitation d'Arch Avary en tenant compte du fait que Dieu soit mort. Il répondit à l'effet que Dieu n'avait rien à voir là-dedans, en se servant d'une phrase toute faite qui me surprit: Avary a été réhabilité par cé que ce naïf théologien appelait *la communauté bienfaisante*. C'était de l'humour macabre, car la communauté s'en foutait au plus haut point. En fait, *la communauté bienfaisante* rejeta complètement le pauvre type.

Monsieur Avary m'a donné la permission de me servir de sa tragique histoire personnelle en me disant: «Vos livres m'ont aidé et je souhaite sincèrement que mon expérience soit utile à d'autres personnes.»

À vingt ans, Arch Avary avait été élu secrétaire de l'*Institute of Banking* du centre de la Floride et à vingt et un ans, il en était devenu le président, ce qui je crois est encore à l'heure actuelle un record dans les milieux bancaires américains. À partir de là, le rythme de son ascension dans la banque a été celui d'un météorite. À vingt-sept ans, il était devenu administrateur de la *First National Bank* de sa ville. Durant la seconde guerre mondiale, il s'éleva très vite au rang de colonel dans l'armée de l'Air. De retour dans la *First National*, en dépit de la connaissance qu'il avait de tout le système bancaire et en dépit de ses nombreuses relations dans l'industrie, il avait été renvoyé en 1956 parce qu'il buvait trop.

Il toucha le fond avec fracas

Son déclin fut aussi rapide que son ascension. Il toucha vraiment le fond de l'abîme. Sa femme demanda le divorce. Il était sans le sou. Chaque emploi, plus minable que le dernier, avait toujours le même résultat: il était renvoyé pour ivrognerie.

Arch décrit ainsi sa glissade au fond de l'abîme. «Les blancs de mémoire occasionnèrent ma plus grande peur. Je passais beaucoup de mon temps dans deux clubs sociaux et à leur bar, je voyais chaque jour beaucoup de gens influents. Quand ils me voyaient à la banque le lendemain d'une grosse soirée et qu'ils mentionnaient un sujet dont on avait discuté et dont je ne me rappelais absolument rien, j'étais parcouru d'un frisson glacial et d'une vague de terreur. Je ne savais pas ce que j'avais dit et ce qui pouvait en résulter.

«Comme cette expérience se renouvelait souvent et que je commençais à être à bout de nerfs, j'eus besoin de plus d'alcool pour me calmer et cela amena un résultat désastreux. Ce fut ainsi pendant les dix ans que j'occupais la fonction de cadre supérieur, très proche personnellement et officiellement du président de la banque qui était alors la plus importante du Sud-Est. Le président fut mis à *la retraite* très tôt et environ un an après, il se tira une balle dans la bouche, pour achever sa vie. Cela aurait dû me réveiller mais ce ne fut pas le cas. Deux ans après environ, je fus *mis à la retraite* pour la même raison.»

Ceux qui connaissent l'histoire m'ont dit qu'Avary, si ce n'avait été cette faiblesse, serait devenu président d'une des plus grandes banques du pays. Au lieu de cela, il fut obligé de parcourir les rues en quête d'amis et d'anciens associés, de quiconque voulait bien lui donner un peu d'argent.

Sachant qu'il devait se prendre en main, il entra de lui-même dans une institution du gouvernement pour alcooliques et se retrouva bientôt habillé en pensionnaire. Il fut affecté à la vaisselle mais, apparemment, échoua là aussi. Quand il eut fini sa première corvée, la femme qui s'occupait de la vaisselle lui dit que son père était chemineau sur le même chemin de fer dont il avait été le directeur. Elle lui dit: «Arch Avary, vous avez été un gros banquier et un directeur de chemin de fer. Vous avez voyagé à West Point à l'avant d'une locomotive qui tirait un train spécial. Les sirènes d'incendie hurlaient et les drapeaux claquaient au vent pour célébrer le centenaire de la ligne Atlanta-Westpoint. Mais aujourd'hui, vous n'êtes plus qu'un simple pensionnaire dans cette maison, un ivrogne comme les autres. Alors replongez-vous les mains dans l'eau et relavez ces assiettes dégoûtantes.»

Un vagabond qui connaissait son boulot

Arch fut ébranlé par cette expérience qui eut sur lui un effet thérapeutique. Quelques jours plus tard, alors que l'ex-banquier et ex-directeur ratelait les feuilles dans les jardins de l'hôpital (un autre travail qui le fit réfléchir encore plus), il commença à parler avec un pensionnaire de la maison, un vagabond qui lui avoua avoir souvent été un «passager clandestin» sur le chemin de fer d'Avary. Le vagabond, un rêveur, fit une remarque à propos de l'appartenance d'Arch au conseil d'administration de la Première Église méthodiste. «Avary, dit-il, je vous aime bien mais je me pose des questions. Je n'ai pas de religion, je n'en veux pas et n'en connais pas grand-chose mais je voudrais savoir quelle religion est la vôtre pour qu'elle vous ait laissé finir comme moi dans un endroit comme celui-ci.»

Avary déclare: «Je ne pus pas dormir cette nuit-là et j'eus soudain la révélation que, si un vagabond professionnel dans un hôpital d'État pour alcooliques pensait que ma religion avait besoin d'être reconsidérée, il était grand temps que j'en fasse autant. Je vis que ma soi-disant religion n'était qu'une partie d'un mode de vie - comme appartenir au club automobile de Piedmont, au Capital City and Breakfast Club, comme porter le costume de flanelle grise, la marque d'un banquier qui a réussi. Ma religion n'en était pas une. C'était une façade et elle s'écroula, alors j'atterris dans cet hôpital pour alcooliques.»

Avary prit la résolution de trouver une vraie religion et il se mit immédiatement à la chercher. «En passant le portail de fer forgé à Briarcliff, j'emportais avec moi quelque chose de plus fort que l'homme car depuis, je n'ai jamais eu la moindre envie de toucher une goutte d'alcool. Pour un homme qui avait eu l'habitude de consommer un flasque et plus chaque jour pendant plus de dix ans, j'admets que je possède vraiment une croyance qui est devenue réelle et rémunératrice.

«Après être passé sous cette arche de fer forgé au-dessus de ces portes massives, continue Arch, je m'arrêtai et regardai en arrière; je demandai au bon Dieu de me donner la force et le courage de revenir sur le droit chemin. S'il faisait cela, je ferais aussi ma part pour y arriver et commencerais à rembourser ma dette en me mettant à *son* service dans les vignes du Seigneur. C'est ce que j'ai fait depuis. Je demandai à Dieu de me donner l'occasion de corriger ma vie chaotique. Je devais prendre en charge la direction de ma vie comme je savais qu'elle devait être dirigée.

«Quand je quittai Briarcliff, continue-t-il, je retournai dans ma ville natale. J'étais sans le sou, j'avais très peu d'amis et je n'en méritais aucun. Ma femme m'avait intenté un procès pour divorcer. Durant les six mois qui suivirent, je demeurai chez mon père et ma mère. Je n'allais nulle part, sauf à l'église voisine de chez moi. Tous les jours, je faisais une promenade de plus de vingt kilomètres. Je m'arrêtais au pied de la montagne Pine et je m'asseyais dans la cabane de la source où je m'abreuvais étant enfant. J'amenuisais du bois de cèdre et de pin blanc. Assis près de la source, occupé à sculpter le bois, j'entendais les coups de sifflet du train et repensais à ce vieux vagabond de Briarcliff qui m'avait demandé: *Quelle sorte de religion est la vôtre?*»

Il arrêta de se sauver de lui-même

«Durant les vingt-cinq dernières années, j'avais cherché à m'évader de presque tout, surtout de moi-même. On ne peut s'enfuir de rien, surtout pas de soi-même. Assis là, les deux ou trois premiers jours, j'étais nerveux et agité quand soudain ce verset de la Bible me revint à l'esprit: *Soyez calmes et sachez que je suis Dieu.* Ma nervosité me quitta et je n'en ai plus eu depuis. Durant ces jours où je sculptais le bois à la montagne Pine, je fis la plus grande découverte de ma vie. Je découvris un homme nommé Arch Avary, à qui j'avais cherché à échapper pendant de nombreuses années. Quand je parvins enfin à le connaître, il m'apparût comme quelqu'un d'assez bien qui était resté longtemps sur la mauvaise voie.

«Pendant ces six mois, je fis beaucoup de réflexion et de marche. Tous les jours, à la montagne Pine, je causais avec moi-même pendant au moins une heure. Tout en examinant mes chances de revenir en arrière et de me réhabiliter, je me livrais à une exploration profonde de mon âme. Je n'avais pas beaucoup de courage mais un jour ce verset de la Bible me revint à l'esprit: *Si Dieu est avec vous, qui sera contre vous?* Cela m'encouragea beaucoup. Plus j'y pensais, plus je croyais qu'avec l'aide de Dieu, je pourrais faire tout ce que je déciderais de faire. Un autre verset me revint en mémoire et m'encouragea tout autant: *Confie ton chemin au Seigneur; place aussi ta confiance en lui* et ces choses arriveront grâce à *lui.*

«Environ dix ans auparavant, ma mère m'avait donné deux des livres du docteur Norman Vincent Peale, pensant qu'ils me feraient réfléchir. Je ne les avais pas ouverts, mais maintenant, je me mis à lire *Faith Is The Answer (La foi est la réponse)** et *The Power of Positive Thinking* (Le pouvoir de la pensée positive). Un jour, l'idée me vint que si je croyais sincèrement que la foi était la réponse, je pouvais adopter cette philosophie en la mêlant au pouvoir de la pensée positive, et en faire une *bonne affaire.* J'essayai et ce fut efficace.»

En tout cas, une chose est sûre; Arch Avary découvrit la foi, pas une foi vague mais une foi en Jésus si forte qu'elle changea sa vie. Comme il l'exprime si bien lui-même: «D'abord et avant tout, mon âme a été sauvée. Je suis bienheureusement heureux.» J'ai connu beaucoup de chrétiens enthousiastes dans ma vie mais aucun plus que cet homme.

Mais cette foi toute nouvelle, ce bonheur et ce changement de vie arrivèrent à monsieur Avary pour le préparer à une épreuve redoutable. Il gravit à nouveau tous les échelons dans les affaires et, à un moment donné, fut une fois de plus l'un des grands banquiers de sa ville. C'était tout un exploit, après s'être entendu dire que ses chances de revenir dans les affaires de la communauté étaient

* Publié aux éditions Un monde différent ltée

d'une sur dix mille, tant sa carrière avait été brisée. Mais maintenant, il ne buvait plus, il était attentif et compétent et son influence dans les affaires et l'église se faisait à nouveau sentir. On lui demandait de parler devant toutes sortes de groupes et de raconter comment Dieu peut changer les vies et affranchir les hommes de tout échec. Son enthousiasme était sans bornes.

D'abord l'alcoolisme puis le cancer

Puis vint le coup terrible. Il avait un cancer du côlon. Des années auparavant, un de ses amis avait eu une colostomie. Arch avait été tellement marqué qu'il s'était juré, si cela lui arrivait, de mettre fin à ses jours en se tirant une balle. Cette tragique nouvelle pouvait donc lui enlever toute volonté; allait-il se remettre à boire? C'était une supposition fausse car maintenant il avait la foi et la force spirituelle de rester dans le droit chemin. Il avait un nouvel enthousiasme qui faisait une grosse différence. En fait, après qu'on lui eut annoncé qu'il avait un cancer, il alla à Sea Island parler à un groupe d'un millier de femmes banquiers. Lors du congrès, il alla à plusieurs cocktails. Des gens irréfléchis l'encouragèrent à prendre un verre pour *amortir le choc* mais il n'avait besoin de rien d'autre que de la force qui l'habitait.

«Le fait que je n'aie pas eu du tout envie de boire dans ces circonstances me convainc que j'étais guéri», observat-il. En effet, le plus étonnant, c'est qu'il avait si bien réglé son problème - le problème étant lui-même - que non seulement il n'avait plus de crainte mais il avait aussi un contrôle ferme sur sa nouvelle tragédie. De fait, il transforma sa colostomie qu'il définit comme *un trou dans le ventre* en un avantage précieux. Il occupe le temps d'irrigation quotidienne d'une heure et demie à la lecture, à l'étude, à la prière et à la méditation.

«Quand on enleva le pansement de mon ventre pour y mettre le récipient de plastique, je ne pus pas regarder, dit-il. Mon docteur me conseilla de changer le récipient moi-même plutôt que de laisser les infirmières le faire, pour la raison que, plus tôt je saurais le faire, plus ce serait facile. Pendant quatre ou cinq jours, je me dérobai mais je décidai qu'en fin de compte, je devais vivre avec ça.

«Quand je pris la décision de faire face à mon problème et regardai ce trou sur mon côté sans en avoir peur, je remportai l'une des plus grandes victoires de ma vie. Après avoir changé le récipient une seule fois, j'avais moi aussi changé. J'avais une confiance qui fit apparaître un rayon de soleil à mon horizon plutôt sombre et le courage de faire face à des choses désagréables.

«Je décidai que j'allais vivre avec ce trou dans le ventre et le considérer comme une bénédiction plutôt qu'une malédiction. Je me souvins de prêcheurs parlant de Paul et de ses infirmités. Je me dis que si l'un des hommes les plus grands de la chrétienté après Jésus-Christ avait pu se servir de ses infirmités et faire ce qu'il avait fait, je pouvais aussi utiliser les miennes et essayer d'en tirer le plus de profit possible. Je ne me suis pas imaginé que j'étais Paul mais j'étais tout à fait d'accord avec ce qu'il avait écrit aux Philippiens: *Je peux faire toutes ces choses grâce au Christ qui m'en donne la force.*

J'avais lu plusieurs fois le livre de Norman Vincent Peale *The Power of Positive Thinking* (La puissance de la pensée positive). Ça m'avait été d'un grand secours lorsque j'étais aux prises avec mon problème d'alcoolisme. Je le relus et renouvelai mon inspiration et ma détermination de faire de nouveau face à mon problème difficile et de le maîtriser.»

Eh bien, depuis plusieurs années maintenant, Arch Avary, ex-alcoolique, ex-mendiant, ex-victime du cancer, maintenant vainqueur du cancer, est président de la société du cancer de son État. C'est un conférencier enthousiaste qui attire les foules et il a sauvé des centaines de vies en poussant les gens à se faire examiner.

Les pires difficultés arrivent aux meilleurs hommes

Eugène Patterson, directeur de l'*Atlanta Constitution,* dit au sujet de monsieur Avary: «Un homme comme lui peut tout affronter. Peut-être que les pires difficultés arrivent aux meilleurs hommes parce qu'ils peuvent y faire face.»

Quel est votre problème ou votre difficulté? Quels qu'ils soient, vous pouvez y faire face. Faites comme Avary et pénétrez-vous d'une foi authentique. Allez au-delà d'une simple croyance en Dieu; entrez dans la foi en profondeur. Vous en retirerez un enthousiasme dynamique, vous aurez une force équivalente et vous gagnerez la même victoire prodigieuse. N'acceptez jamais un échec. Affrontez votre difficulté courageusement avec une bonne dose de foi et laissez l'enthousiasme créer la force sous votre difficulté. Avec l'aide de Dieu, vous pouvez vaincre vos difficultés et vos problèmes.

Gardez ce fait très important à l'esprit: Dieu lui-même est du côté du croyant enthousiaste. De ce fait, comment pouvez-vous perdre?

Prenez par exemple le cas d'un homme nommé Ed Furgol qui devint l'un des plus grands joueurs de golf dans l'histoire de ce sport populaire. Quand Ed avait dix ans, il tomba d'une balançoire sur un trottoir de béton, atterrissant durement sur son coude gauche qui perça la peau et sortit du bras. On le conduisit d'urgence à l'hôpital où l'on fit tout ce qui était possible pour le pauvre petit. Mais il se retrouva avec un bras gauche plus court que le droit d'environ vingt-cinq centimètres. Le traumatisme d'un tel accident sur un garçon de dix ans normal et turbulent aurait pu être très grave. Mais il le surmonta grâce à une force vitale qui s'était emparée de lui: l'enthousiasme. Son enthousiasme allait au golf. Il était dévoré par l'ambition de devenir champion du *U.S. Open*. Comme c'est touchant de voir à quel point on peut être irréaliste! On devait, avec beaucoup de ménagements, faire sortir cette idée de la tête de ce pauvre enfant au bras raccourci et atrophié à jamais. Des gens lui ont sûrement parlé de cette façon et bien sûr un être ordinaire et négatif aurait courbé l'échine devant un tel handicap.

Mais Ed Furgol était d'une autre race. Il avait de bons atouts de son côté. Quand il les rassembla, ils contrebalancèrent dans sa tête son bras atrophié. Et quels étaient ces atouts? L'un était un but, pas un but vague et flou qui en fait n'est pas du tout un but, mais l'objectif bien particulier et clairement défini de devenir champion au golf. Bras estropié ou non, c'était ce qu'il voulait, ce à quoi il s'attendait le plus. Il croyait en lui. Il était convaincu qu'avec l'aide de Dieu et son propre effort, aussi pénible qu'il soit, il pourrait envoyer la balle de golf là où elle devait aller. Et il savait que celui qui arrivait à faire cela pouvait devenir champion. Qu'il ait ou non des difficultés, il avait l'intention d'être champion.

Ne pensez pas en termes de «SI» —
Pensez en termes de «COMMENT»

Ed avait un autre avantage pour lui, un atout très important. Il ne pensait pas en termes de *si,* il pensait en termes de *comment.* Celui qui pense en termes de *si* dit constamment: «Si je n'avais pas fait ci... Si ça ne m'était pas arrivé... Si seulement j'avais eu une meilleure percée», des *si* qui ne servent à rien du tout. Eh bien, ce garçon soi-disant handicapé évitait tous les *si* et insistait sur les *comment.* Il se demandait: «Comment compenser pour ce bras court? Comment utiliser tout mon corps dans le coup? Oui, comment devenir champion?» Tout ceci souligne le fait qu'Ed Furgol avait la qualité de l'enthousiasme qui crée la force pour renverser les difficultés. Les difficultés étaient son lot mais son enthousiasme les balaya.

Il devait compenser pour son bras court en faisant participer tout son corps lorsqu'il frappait la balle de golf. Il avait une sorte de mouvement saccadé quand il s'approchait de la balle. Mais son corps tout entier participait à la rotation, de telle façon que tout son poids frappait la balle. Les observateurs disent que, jusqu'à ce qu'on s'y habitue, Ed faisait triste figure à côté des joueurs qui comptaient parmi les hommes physiquement les mieux nantis des États-Unis. À côté d'eux, Ed était ce garçon au bras plus court de vingt-cinq centimètres qui essayait de jouer un golf professionnel.

Avant le grand tournoi, il fut réveillé dans la nuit, dit-il, par une voix qui semblait lui murmurer à l'oreille: «Ed, demain tu seras le champion de golf du Open.» Et le lendemain, celui qui pensait en termes de *comment,* le petit gars handicapé avec l'enthousiasme qui fait toute la différence, devint le champion.

Les journalistes demandèrent à Ed de nommer les futurs champions en lui suggérant quelques noms. «Non, il n'y arrivera jamais», dit Ed de la première personne qu'on lui proposa.

«Pourquoi n'y arrivera-t-il jamais?»

«Parce qu'il n'a pas assez souffert.»

On lui suggéra un autre nom et, de nouveau, il secoua la tête. «Non, il n'y arrivera pas non plus.»

«Pourquoi pas?» lui demanda-t-on.

«Parce qu'il n'a jamais eu assez faim.»

Du troisième, il dit: «Il ne sera jamais champion car il n'a pas assez connu l'échec.»

Il semblait qu'aucun de ces golfeurs n'ait eu assez de problèmes, ou d'expérience, ou de cet enthousiasme qui fait toute la différence. Il faut se battre, avoir un but et de l'enthousiasme pour devenir champion.

«Eh bien, quel est donc votre bras trop court? Ce n'est peut-être pas un handicap physique mais une faiblesse dans votre attitude mentale ou un défaut dans le bras de votre foi. La plupart des gens n'apprécient pas le pouvoir de la foi pour les aider à être ce que Dieu a voulu qu'ils soient et ce qu'ils veulent être. Grâce à la puissance de Dieu, chacun peut être affranchi de n'importe quelle faiblesse, chacun peut être dirigé vers une vie créative, quel que soit l'obstacle qu'il rencontre. Croire cela est une des conditions essentielles pour qui désire avancer dans la vie. Il est évident que les difficultés permettent aux gens d'être forts et heureux, parce que, à la longue, personne ne peut être fort et heureux ou efficace s'il n'a pas subi de coups durs lancés par le processus purificateur de la vie.

L'enthousiasme et le tonneau rotatif

Avez-vous déjà entendu parler d'un tonneau rotatif? Eh bien, moi non plus, jusqu'à ce qu'Andrew Van Der Lyn, un de mes amis qui est dans l'industrie de fabrication, m'en ait parlé. Certaines idées, inspirées par le tonneau rotatif, l'aidèrent si bien à surmonter ses difficultés que je m'intéressai à sa philosophie de rattacher la difficulté à l'enthousiasme. Un tonneau rotatif est un appareil industriel pour adoucir les pièces de métal nouvellement fabriquées. C'est un baril ou tambour conçu pour tourner à une vitesse prédéterminée. À l'intérieur, on met des moulages d'acier ou des pièces manufacturées. On ajoute un abrasif comme de la poudre d'alumine ou du carborundum, ou même du sable, des billes de caoutchouc ou d'acier, dépendant de la nature et de la dureté des morceaux de métal. Dans certains cas, on ajoute de l'eau.

Puis on met le tonneau rotatif en marche. À chaque tour, les morceaux de métal sont entraînés vers le haut sur la paroi du tonneau, puis elles s'en détachent et retombent en bas. En culbutant et en retombant les unes sur les autres et en étant soumises à l'abrasif, les bavures disparaissent et les angles rugueux sont adoucis. À ce moment-là, les pièces ont la forme exacte qui permettra un bon fonctionnement.

Ce procédé ingénieux me suggère fortement la façon dont les hommes sont bousculés dans la vie. Nous venons au monde avec les bavures et les angles caractéristiques de ce qui est neuf et brut. Mais, au cours de la vie, nous culbutons les uns sur les autres et nous nous frottons aussi aux épreuves et aux difficultés. Cela agit sur nous comme les abrasifs dans les tonneaux rotatifs agissent sur les pièces de métal neuves. Cette friction et cette usure émoussent les angles trop vifs de notre personnalité et nous donnent la maturité.

Il y a des gens bien intentionnés qui croient que la vie est trop dure. Ce sont ceux qui aimeraient ordonner et arranger le monde pour que personne n'ait besoin de souffrir. Mais, sans lutte, comment la personnalité deviendrait-elle un produit fini? Comment quelqu'un pourrait-il s'aplanir et acquérir de la maturité et de la force? Quand vous vous rendez compte que les ennuis et les souffrances non seulement sont inévitables mais ont aussi un but créatif bien défini, vous rehaussez votre philosophie de l'existence humaine. Vous ne perdez plus de temps à vous plaindre et à vous prendre en pitié, à éprouver de la colère ou à tomber dans le découragement. Vous apprenez graduellement à considérer les difficultés comme faisant partie du processus de maturation. Ainsi, quand les événements se font plus durs, pensez que ce qui est brut en vous se polit, que vous êtes en train d'être modelé pour le but réel de votre vie.

Ce processus de modelage fabrique les hommes. Aussi terribles et désagréables que soient les difficultés, elles sont la source d'un développement en puissance. Autour de chaque difficulté, élevez un mur de prière, de foi et de pensée positive, puis laissez l'enthousiasme créer la force pour renverser la difficulté. En agissant ainsi, vous pouvez faire face à n'importe quelle situation qui se présente.

Une hôtesse de l'air fait
face à la mort - mais -

Laissez-moi vous parler d'une jeune femme qui est sûrement passée dans le cylindre culbuteur. Mais une longue fréquentation avec Dieu a développé en elle un tel sens de la victoire intérieure qu'elle ne se laisse pas renverser même par une expérience terrifiante.

Alors qu'elle se dirigeait par cette belle matinée vers l'énorme jet sur la piste, Jackie Myers, hôtesse de l'air, n'avait pas prévu que dans quelques instants, elle vivrait le moment crucial de sa vie. Peu après le décollage, Jackie se trouva d'un coup face à la mort. Au moment où elle était certaine que sa dernière heure était arrivée, elle se rendit compte d'une chose formidable: elle avait une telle foi et un tel enthousiasme pour Dieu, qu'elle pouvait rencontrer la mort sans avoir peur.

«Onze minutes après le décollage, dit mademoiselle Myers, notre énorme jet luisant plongea en piqué. Nous étions une masse de 125 tonnes filant comme un bolide à travers l'espace. Nous plongeâmes à 6 300m et ce ne fut que quarante secondes après que le pilote nous tira de là, à 1 600m d'altitude - huit secondes seulement avant l'écrasement!

«Comme nous sortions du piqué, le moteur numéro trois se détacha de l'aile et tomba vers la terre. Le numéro quatre n'était plus retenu que par quelques boulons. Nous perdîmes presque tout notre liquide hydraulique et notre puissance motrice. Plusieurs autres problèmes mécaniques se développèrent.

«Mais notre pilote posa ce gigantesque avion dans un champ de l'armée de l'Air aussi doucement que s'il avait posé un nouveau-né. S'il y avait eu des oeufs sur la piste, ils n'auraient pas été écrasés. Je ne pense pas revivre un aussi grand miracle.»

Jackie Myers décrit ses sentiments et ses pensées durant ces quarante secondes angoissantes pendant lesquelles l'avion descendait en piqué. On dit qu'on peut revivre de grands bouts de sa vie en quelques secondes. En voici un exemple.

«Quand nous avons commencé à rencontrer de la turbulence, j'ai couru vers mon siège dans la queue de l'avion. J'ai perdu l'équilibre et me suis agrippée à une étagère quand nous avons piqué. Tout d'abord, je n'y ai pas cru. Je savais que les pilotes étaient des as. J'étais sûre qu'ils allaient nous tirer de là.

«Mais les faits étaient indubitables. Nous étions en train de plonger silencieusement et sans à-coup dans l'espace. Je me suis approchée de Dieu quand j'ai accepté cela. Je n'ai ressenti aucune peur. Je me suis souvenue d'une tante que j'aimais beaucoup et qui dit une petite prière pour moi tous les soirs. J'ai pensé au bonheur d'avoir été une petite partie de notre église. J'ai pensé à la détermination avec laquelle j'avais adopté le pouvoir de la pensée positive et la *Golden Rule* (La règle par excellence). À aucun moment je n'ai eu peur. J'étais si heureuse de ma vie, y compris de ma religion. J'ai dit à Dieu qu'il y avait encore tant de choses que je voulais faire. Je voulais rester juste un peu plus longtemps. Je lui ai dit: *Mon Dieu, je n'ai pas encore eu le bonheur de me marier et d'avoir des enfants.*

«Mais nous descendions toujours en trombe et je terminai ma conversation avec Dieu à contre-coeur. J'acceptai le fait que nous allions exploser et être déchiquetés lors de l'impact. J'ajoutai un post-scriptum pour Dieu: *Si c'est Ta volonté, mon Dieu, je crois qu'il en sera ainsi.* Soudain l'avion redressa sa trajectoire. Je n'en revenais pas, mais c'était vrai. Nous volions gaiement à l'horizontale.»

Plus tard, elle dit: «J'ai découvert dans cette terrible expérience qu'en adoptant une pensée positive et un jugement sain jour après jour, on peut créer en soi un état qui nous aide lors des épreuves les plus déchirantes et dans les moments les plus durs de la vie.»

Et cet état dont chacun a besoin est une foi dynamique et spirituelle avec un enthousiasme qui crée une force capable de renverser les difficultés. Ils changent tellement les gens que ceux qui sont touchés changent les situations.

Un homme d'affaires qui passait par une très mauvaise période et qui était complètement à bout, déclara à un ami qu'il pensait se faire sauter la cervelle.

«Pourquoi ne pas la remplir un peu, plutôt que de la faire sauter?»

Tout surpris, l'homme déprimé demanda: «Qu'est-ce que tu veux dire?»

«Remplis-la d'enthousiasme jusqu'à ce qu'elle en déborde», lui répondit l'autre.

Il décida le gars découragé à venir à l'église Marble Collegiate où il vécut une réanimation spirituelle. Résultat: cet homme a maintenant la force, celle qui naît de l'enthousiasme spirituel. Quand il commença *à se remplir la cervelle*, il fit la découverte surprenante qu'il y avait beaucoup de potentiel dans sa tête. Avec tant d'idées constructives, il en est arrivé à un poste de cadre dans sa compagnie. Dans son cas, quand l'enthousiasme spirituel a pris le dessus, il l'a purgé de la dépression qui l'avait presque tué. Mais au lieu de perdre sa vie, il l'a trouvée. Les difficultés ne l'ont plus embêté car il avait l'enthousiasme pour créer une force qui les renversait.

Le secret pour faire face aux difficultés est un bon état d'esprit. On peut tous faire marcher son esprit comme on veut en le soumettant à des pensées orientées vers la foi, le courage, l'enthousiasme et la joie. Je ne minimise pas les dures et cruelles expériences, parfois même extrêmement pénibles, que peuvent avoir les gens. Si, tout en comptant sur l'aide de Dieu, on s'évertue à créer une force dynamique et victorieuse pour lutter contre ces problèmes, on gagne un nouveau pouvoir sur eux. Laissez-moi vous parler de deux personnes dont la vie prouve cette vérité.

Une femme, une personne très intelligente, eut un jour une soudaine attaque cardiaque. Elle récupéra à peu près cinquante pour cent de l'usage de ses membres. Elle était profondément déprimée. Mais par la suite, elle reprit son emploi de directrice d'école. Pendant sa maladie, elle demanda: «Donnez-moi quelques mots à dire qui m'aideraient à avoir du courage.» Je lui parlai du docteur Paul DuBois, le grand psychothérapeute de Vienne qui enseignait la thérapie des mots. Il avait lui-même l'habitude de répéter le mot *indomptable*. Je lui parlai aussi du célèbre docteur qui se servait du mot *acquiescement*. Je lui dis que le mot que je préférais était *imperturbable* et que je me le répétais souvent. Elle m'écrivit: « J'ai un mot encore meilleur que tous ceux que vous m'avez donnés: *robuste*.» Elle me déclara: «Je me le dis et me le redis, robuste, robuste. Rien ne peut m'abattre.»

Mais les mots les plus beaux dont vous pouvez vous pénétrer l'esprit sont ceux des Saintes Écritures comme (1) *Qui pourra jamais nous séparer de l'amour du Christ?* (2) *Je peux faire toutes ces choses grâce au Christ qui m'en donne la force.* (3) *Si Dieu est avec nous, qui peut être contre nous?* (4) *Dans toutes ces choses, nous sommes bien plus que des vainqueurs grâce à Lui qui nous aime.*

La prochaine fois que vous serez confronté à une difficulté, ouvrez le Grand Livre, choisissez quelques phrases de ce genre et mémorisez-les; répétez-les jusqu'à ce qu'elles soient bien ancrées dans votre esprit. Il vous resservira exactement ce que vous lui avez appris. Si, pendant une période assez longue, vous vous êtes imprégné de l'idée de la défaite, votre esprit vous resservira de la défaite. Si, par contre, pendant une période assez longue, vous vous êtes imprégné des paroles concernant la foi, il vous les resservira.

J'avais un ami à l'hôpital. Il avait été amputé d'une jambe il y a quelques années et récemment, il dut être amputé de l'autre. Cet homme me déclara qu'il avait le pied fantôme. Bien que son pied ait été coupé, il pouvait encore le sentir et avoir envie de bouger ses orteils. Cela aurait pu amener une réaction de nervosité et de tension, mais cet homme était tellement heureux et tellement enthousiaste que rien ne l'abattait. Il créait de la vie à l'hôpital.

Je lui dis: «Tout le monde raconte que tu es l'individu le plus heureux de cet hôpital. Ce n'est pas une façade, j'espère?»

«Non, non, je suis aussi heureux qu'on peut l'être.»

«Donne-moi ton secret», lui demandai-je.

«Tu vois ce petit livre qui traîne sur la table?»

C'était la Bible. Il me dit: «C'est de là que je tire mon remède. Quand je me sens un peu déprimé, je prends simplement ce livre, j'en lis quelques beaux passages et puis, je suis heureux à nouveau.»

Un homme ivre vint un jour pour voir un ami dans un hôpital. Il titubait en marchant dans les couloirs avec son bouquet de fleurs. Enfin, il dit: «Je ne trouve pas mon ami, mais si je trouve un homme heureux dans cet hôpital, je lui donne mes fleurs.»

Les infirmières avaient hâte de se débarrasser de ce visiteur importun, mais elles avaient peur de lui. Elles lui permirent de jeter un coup d'oeil dans chaque chambre. Il alla regarder les malades un par un en les scrutant de près. Il dit: «Je n'ai jamais vu autant de faces de carême.» Puis il arriva à la chambre de cet homme amputé des deux jambes, approcha son visage du sien et le regarda pendant un moment. Puis dans un éclair de lucidité, il s'écria: «Vous avez sûrement quelque chose, mon ami. Vous avez ce que je cherche. Vous êtes un homme heureux et c'est à vous que je donne mes fleurs.»

CHAPITRE DIX

L'enthousiasme contagieux

Emory Ward dit que l'enthousiasme, tout comme la rougeole, les oreillons et le rhume ordinaire, est très contagieux.

Mais, contrairement à la rougeole, aux oreillons et aux rhumes, l'enthousiasme est bon pour vous. J'espère que vous l'attraperez, et pour de bon.

Il n'y a pas longtemps, alors que j'étais en train d'écrire ce livre, je suis tombé par hasard sur Henry S., un vieil ami. Il trouva mon titre formidable. «Bon sang, qu'il est bien choisi!» s'exclama-t-il avec son exubérance coutumière. «Vous savez pourquoi?» Bien sûr que je savais pourquoi car d'une certaine manière, j'avais joué un rôle dans le changement qui avait sauvé Henry. «N'atténuez pas ce qu'il faut vraiment dire», me conseilla-t-il. «Ce n'est pas seulement l'enthousiasme en général qui est important, mais l'enthousiasme en particulier, l'enthousiasme pour Dieu, pour la vie, pour les autres. Alors dites à vos lecteurs de ma part que vous ne blaguez pas quand vous dites que l'enthousiasme fait la différence. Je crois qu'il y a une contagion formidable dans l'enthousiasme.»

L'insistance positive de Henry avait une raison car il avait failli être une victime du mal américain de la surtension, maladie qu'on peut décrire comme de la tension-angoisse poussée au énième degré. Le premier résultat de son problème avait été une baisse de son rendement. Car les gens ne travaillent bien que si leurs forces mentales, spirituelles et physiques sont en harmonie.

Pour illustrer ceci, prenons le cas d'un lanceur de baseball célèbre qui subit une période creuse assez longue. Il était habituellement un lanceur avec un bon contrôle mais il se mit à accorder des buts sur balle à tous et chacun et il se fit battre à plate couture. Il avait été filmé au ralenti en pleine gloire et maintenant il était filmé en pleine dégringolade. Les films révélèrent que lorsqu'il lançait, son pied droit dépassait de sept centimètres et son lancer était moins décontracté, voire même saccadé et nerveux. Une thérapie psychiatrique et religieuse révéla que des problèmes familiaux assez graves lui donnaient du souci.

L'un était d'accroître son revenu, de gagner plus d'argent. Dans la tête de ce lanceur, l'angoisse de réussir avait pris tant de place qu'il ne pouvait plus jouer de façon efficace. Il était bloqué par trop d'efforts pour bien faire et justifier une augmentation de son salaire dont il avait tellement besoin. Les résultats ne se firent pas attendre. Il mettait trop de pression et il s'effondra. Le traitement religieux et psychiatrique fit beaucoup pour diminuer son problème et permit de trouver une solution satisfaisante. La tension due à son angoisse se relâcha. Son pied reprit sa place et l'exécution d'un lancer efficace redevint tout à fait normale.

Pareillement, Henry S. avait forcé trop longtemps. Il était devenu tendu et malheureux. Son enthousiasme naturellement exubérant avait cédé la place à un train de vie sévère, impitoyable et épuisant, bien qu'il employât toujours le même langage désinvolte du bon temps de la réussite où il était un leader dans le domaine de l'immobilier.

Puis, quelque chose arriva dont le résultat justifia son insistance à vouloir que je *mette l'enthousiasme de la partie.*

Henry S. était l'un des meilleurs agents immobiliers de son secteur à croissance rapide. Il *se tuait à la tâche,* qui incidemment faillit le tuer. En fait, il eut une légère attaque cardiaque, un *avertissement* comme on lui dit. Cela l'ébranla mais il pensa qu'il était *un gars costaud à qui ces choses-là n'arrivaient pas.* Alors, il considéra que c'était sans importance et continua au même rythme fou: la vente acharnée dans la journée et les sorties tardives avec les clients le soir.

Résultat: une autre attaque cardiaque. Celle-là le laissa sur le dos dans la noirceur d'une chambre d'hôpital durant plusieurs semaines. Là, il eut la chance de réfléchir: «Je suis complètement cinglé», fut le résultat direct de ses délibérations. «Je dois commencer à vivre à la lumière du bon sens sinon le seul domaine qui me concernera sera deux mètres dans un cimetière local.»

Mais il n'était pas aussi fou qu'il le disait. Il connaissait la question et avait en outre une foi solide même s'il ne pratiquait pas. Cela me rappelle incidemment un écriteau que mon frère Léonard Peale a vu un jour dans une gare: «Dieu n'est pas mort mais seulement en chômage.» Alors Henry vint me voir lorsqu'une tournée de conférences me conduisit dans la ville où il habitait. «Qu'est-ce que je vais faire? me demanda-t-il. Je ne veux pas mourir ou m'arrêter de travailler. Je veux vivre, je dis bien *vivre,* c'est-à-dire que je ne veux pas être un impotent. Comment vais-je faire pour vivre comme je le veux. Dites-le moi franchement; je ne vous en aimerai que plus.»

J'aimais sa façon directe de s'exprimer. Je savais que Dieu l'aimait aussi. Dieu aime toujours les vrais hommes comme lui car *il* est un vrai Dieu, un Dieu de taille, pas un bon Dieu tout sucre et miel comme on *le* représente parfois.

«D'accord, dis-je, je vais vous le dire franchement. Vous feriez mieux de vous mettre en règle avec Dieu. Faites la coupure avec tout ce qui est grossier dans votre vie. Faites un nettoyage. Vous valez plus que ce que votre façon de vivre laisse croire. Remettez votre vie au Christ, ou est-ce vous demander trop de piété?»

«J'ai dit que je voulais que vous me parliez franchement et si vous ne l'aviez pas fait, bon sang, que vous m'auriez déçu! Alors ne mâchez pas vos mots. J'ai demandé un traitement chrétien et je compte bien que vous me le donniez», déclara-t-il avec fermeté.

Alors il s'ouvrit et expurgea toutes ses saletés, puis demanda au Seigneur de lui pardonner et de lui redonner pûreté et droiture. «Je suis plein de peur, de tension et de souillure», fut sa confession directe à Dieu, en une prière simple et honnête.

Traitement spirituel pour le coeur

«Mais qu'est-ce que je vais faire pour mon vieux coeur?» me demanda-t-il d'un ton plaintif.

«Écoutez, Henry, lui dis-je. Souvenez-vous de ces paroles de Jésus: *Ne laissez point votre coeur se troubler. Si vous croyez en Dieu, croyez aussi en moi.»* Il inclina la tête. «Bon, continuai-je, voici ce que je vous suggère. Tous les matins et tous les soirs, et peut-être à d'autres moments de la journée, mettez-vous la main sur le coeur et imaginez que c'est la main au pouvoir guérisseur de Jésus et dites en adaptant les Écritures à votre cas personnel: *Que* **mon** *coeur ne soit pas troublé et que* **mon** *coeur ne craigne point.* Faites cela et vivez votre foi ouvertement dans la joie. Je vous garantis que vous vivrez centenaire.»

Il me regarda en silence et se moucha. Il ne m'a pas trompé car j'ai vu ses larmes. Quoiqu'il en soit, il suivit le traitement que je lui suggérai. Ses tensions diminuèrent avec ses peurs. Sa prière fut entendue et la paix l'envahit, apportant la guérison. Le traitement a dû être bon pour lui car il y a sept ans de cela et Henry va très bien. Il semble être en bonne santé et très actif. Il est passé maître dans l'art de la relaxation. Il ne se presse plus outre mesure. Il possède au fond de lui cette harmonie du corps, de l'esprit et de l'âme qui nous fut donnée à la naissance mais que nous perdons trop souvent. Pensez-vous qu'il est enthousiaste? Pourquoi ne le serait-il pas?

La contagion de son enthousiasme agit comme un tonique sur tous ceux qui l'approchent. Peu de gens en connaissent la cause mais tous se rendent compte qu'elle vient des profondeurs de son âme. Cette chose remarquable qui est la contagion de l'enthousiasme, ce débordement continu de joie, transparaissent chez ceux qui sont passés par un changement radical comme Henry.

L'enthousiasme contagieux fait de grands vendeurs

Il y a par exemple Charles Kennard dont j'ai raconté la victoire sur l'alcoolisme il y a bien des années dans un de

251

mes livres, sans cependant donner son nom. Charles Kennard est un des représentants qui ont le mieux réussi de ceux que je connaisse; et j'ai parlé à des centaines de réunions de représentants et je connais un tas de gens dans la vente. L'enthousiasme a fait une énorme différence dans son travail et dans sa vie.

Charles a lancé un magazine dont le titre est *Guideposts,* destiné à stimuler la foi entre croyants de différentes religions. Il l'a vendu à un nombre d'entreprises industrielles si imposant qu'il pourrait faire l'envie des représentants de n'importe quel produit ou service. Il a persuadé des centaines d'hommes d'affaires têtus mais qui avaient le sens des responsabilités et de la considération pour leur prochain, de s'abonner en très grande quantité à cette publication à tendance religieuse, pour leurs employés. Charles Kennard croit que les histoires personnelles et d'intérêt humain si émouvantes que *Guideposts* fait parvenir chaque mois dans près de deux millions de foyers américains rendront les gens meilleurs et ainsi, ils fabriqueront de meilleurs produits; les affaires et le pays fonctionneront mieux et, par-dessus tout, permettront une vie meilleure pour tous.

Vu qu'il s'est donné à cette cause et qu'il est profondément convaincu, son enthousiasme contagieux se voit non seulement dans les ventes mais aussi dans la naissance d'une motivation semblable chez des centaines de gens. Comme résultat de son enthousiasme, il a joué un rôle important dans l'un des succès les plus marquants de l'histoire de l'édition en Amérique: le développement de *Guideposts* qui, après des débuts modestes, est devenu aujourd'hui l'un des périodiques les plus lus et ayant le plus d'influence aux États-Unis. L'histoire de Charles Kennard est un exemple de ce que l'enthousiasme contagieux peut faire.

Un des hommes les plus enthousiastes que j'aie connus est Elmer G. Leterman, auteur de deux très beaux livres: *The Sale Begins When the Customer Says no* (La vente commence quand le client dit non), et *How Showmanship Sells* (La vente boule de neige). Elmer est un des grands représentants de l'Amérique et en plus, il a une personnalité très intéressante. Il est toujours plein d'entrain et de confiance en lui et a beaucoup de bon sens. Cet extrait de son livre *How Showmanship Sells* exprime bien sa bonne humeur contagieuse

Je ne peux pas comprendre les gens qui marchent à la montre, les gens qui considèrent leur travail seulement comme une façon de gagner de l'argent pour se procurer ce qu'ils veulent. Chaque jour doit être pour eux un supplice chinois, une goutte d'eau qui tombe ploc, ploc, ploc, monotone et qui, avec les années, doit les déshumaniser.

Quel dommage que ces gens ne réalisent pas le plaisir qu'il y a dans les affaires, que les affaires rassemblent les ingrédients des meilleurs jeux et des meilleurs sports et que les règles de base changent trop souvent pour qu'on s'y ennuie...

Quand je regarde en arrière, je vois ma carrière comme une éternelle partie de plaisir. Je vais encore travailler tous les jours avec un plaisir inouï. Je m'amuse à battre de nouveaux records de vente, plus en une journée, plus en un mois, plus en une année. J'accueille le défi que me posent les hommes nouveaux qui entrent sur la scène et menacent de battre mes propres records et qui m'empêchent de devenir trop sûr de moi. Pour moi, réussir matériellement sans y prendre plaisir n'est pas du tout réussir.

Récemment, les journaux ont publié le programme continuellement très chargé de service public d'Averell Harriman qui a été gouverneur de l'État de New York. Il a maintenant soixante-quinze ans et parcourt le monde à la demande du Président et il semble toujours plein de zèle et d'énergie. Répondant à la question d'un journaliste, le gouverneur Harriman dit que le secret d'une vie active et enthousiaste à son âge est de «choisir vos ancêtres avec soin puis, conserver votre enthousiasme». Eh bien, en ce qui concerne les ancêtres, il y a peu de choses à faire; par contre, on peut faire beaucoup pour cultiver l'enthousiasme contagieux. Il n'y a aucun doute qu'il vous aidera à rester fort car, d'après mon expérience, les gens comme monsieur Harriman qui continuent d'être actifs malgré leur âge avancé sont ceux qui ont gardé leur enthousiasme bien vivant.

L'enthousiasme de Branch Rickey conduit au Temple de la Renommée du baseball

Quand je me mets à penser à de telles personnes, un nom me revient toujours à l'esprit, celui de Branch Rickey, décédé à l'âge de quatre-vingt-trois ans et qui a été récemment élu au Temple de la Renommée. Il possédait un enthousiasme courageux comme je n'en ai jamais vu. Branch Rickey, qui fut à la tête des Cardinaux de St. Louis, des vieux Dodgers de Brooklyn et des Pirates de Pittsburgh, était un gros homme robuste et attachant. Il prononça ses dernières paroles devant une foule venue lui rendre honneur et écouter un de ses discours uniques et merveilleux. «Maintenant je vais vous raconter une histoire sur le courage spirituel...» dit-il. Puis il tomba dans l'inconscience et ne revint plus à lui.

Ces derniers mots sont typiques de Branch Rickey. Il avait au fond de lui une intense conviction spirituelle. Il avait pour sa religion autant d'enthousiasme que pour le baseball, ce qui n'est pas peu dire. Il avait aussi une bonne dose de courage. Une fois, par exemple, alors qu'il dirigeait les Dodgers de Brooklyn, il participait à une réunion pour négocier un contrat pour les joueurs de football à Ebbetts Field. Il y avait plusieurs milliers de dollars engagés dans cette affaire. Brusquement, Rickey jeta son stylo sur la table, repoussa sa chaise en grommelant: «Ça ne marche plus.»

Tout surpris, les autres demandèrent: «Pourquoi? Les négociations vont bon train. On peut tous faire de l'argent là-dedans. Pourquoi cette rupture soudaine?»

«Parce que, dit Branch Rickey, regardant sévèrement sous ses sourcils broussailleux un des hommes du football, vous avez parlé d'un de mes amis et je n'aime pas ça.»

«Mais de quel ami parlez-vous? Je n'ai parlé de personne, surtout pas d'un de vos amis.»

«Oh oui, vous l'avez fait, dit Rickey; vous avez prononcé son nom dans presque chacune de vos phrases.» Il faisait allusion au nom de Jésus-Christ qui était souvent revenu sous forme de juron.

«Je comprends, dit l'autre lentement. Je vous suis; je ne le referai plus, vous pouvez compter sur moi.» Rompre ces négociations aurait coûté beaucoup d'argent à Rickey. Son enthousiasme contagieux n'allait pas à l'argent mais à la conviction.

Plus tard, quand Branch Rickey tomba malade, je lui rendis visite et le même homme se trouvait là par hasard. Je dis une prière, puis Branch demanda à sa femme, à cet homme et à moi de joindre les mains et dit: «Maintenant, laissez-moi prier.» Jamais je n'oublierai cette prière du vieux maître du baseball. Elle nous amena très près de Dieu. Le dirigeant du football auquel Rickey avait adressé les reproches ne put cacher ses larmes. «C'est l'être humain le plus formidable que j'ai jamais connu», m'avoua-t-il par la suite. Il savait reconnaître un homme, il en avait le don, lorsqu'il en croisait un. C'est ce courage spirituel de Rickey qui fit de lui un meneur d'hommes si attachant. Peut-être plus que le courage, la contagion de l'enthousiasme spirituel laissait une impression indélébile.

Je me suis souvent assis avec lui au vieil Ebbetts Field à Brooklyn. C'était toute une expérience d'être invité à un match par Branch Rickey. Sa connaissance de tous les joueurs était encyclopédique. Il connaissait leur caractère, leur famille, leur histoire, en fait, tout ce qui les concernait. Sa conversation était un mélange passionnant de baseball, de psychologie, de philosophie et de religion. Et Rickey était un homme profondément religieux, un chrétien convaincu et sincèrement engagé. Il mérite bien de figurer parmi les immortels au Temple de la Renommée du baseball.

Un joueur de baseball
acquiert du savoir-faire spirituel

Rickey me raconta souvent que son but principal dans les sports n'était pas de remporter les matchs, bien qu'il fut un compétiteur acharné, mais de former des hommes. Il portait un intérêt sans bornes à ses jeunes hommes et il était toujours inquiet à leur sujet. Il eut une fois un joueur qui, après chaque manche, se précipitait au téléphone pour appeler sa femme et vérifier si elle était bien à la maison. Rickey me dit: «Il devrait peut-être voir un des psychiatres de votre clinique.»

Je lui demandai quel était le genre de sa femme. «On ne peut trouver mieux, répondit Branch. Jolie, propre et bonne, dans tous les sens du mot; tout à fait digne de confiance et fidèle.» Si ce n'avait pas été le cas, vous pouvez être sûr que Branch l'aurait su car il connaissait son monde.

Je suggérai que peut-être ce joueur courait deux lièvres à la fois et trompait sa femme et qu'il projetait son infidélité sur elle. Je proposai donc de faire venir le joueur et de le sonder avec délicatesse. Rickey le fit bien venir mais ne fit pas preuve de beaucoup de délicatesse. Il lui dit brutalement: «Allez, mon gars, vide ton sac. Après qui cours-tu?»

Le joueur était acculé au mur et le savait. «Eh bien, monsieur Rickey, vous savez, c'est comme ça. Vous savez ce que c'est, sur la route avec les gars. On se sent pousser à faire des choses...»

«Bien sûr, dit Rickey. Mais que fais-tu de la force d'âme. Si tu en avais un peu, tu serais un homme au lieu d'être un trompeur pour cette gentille femme que tu as épousée. Bon, je vais te dire une chose: je n'accepte pas de gars comme ça dans mon équipe; arrange-toi pour que ça n'arrive plus, ou alors...»

Mais Branch Rickey avait aussi une réponse créative pour le pauvre gars. Il lui dit: «Écoute, mon gars, si tu veux vraiment te corriger, voici quelqu'un qui peut t'aider. Et tu sais qui il est puisque tu as été élevé en bon chrétien par des parents qui aimaient Dieu.» Et Branch pria pour ce joueur.

J'avais entendu monsieur Rickey prier dans ses moments de crises personnelles et je n'ai jamais connu quelqu'un d'autre que lui capable de communiquer aussi bien avec le Seigneur. C'était un homme ferme et son enthousiasme spirituel était contagieux. Il fit entrer une vérité dans la vie de ce joueur et sauva un mariage et aussi un joueur. Tout rentra dans l'ordre par la suite et le jeune se débrouilla bien au jeu.

Je me servais souvent de Branch comme exemple dans mes sermons. Il le savait car il venait souvent à mon église. Une fois, lors d'un match à Brooklyn, un joueur fut retiré au premier coup de bâton, Rickey explosa: «Le gars aurait pu y arriver s'il avait vraiment essayé! Mais, ajouta-t-il, il y a là matière à illustrer un de vos sermons.»

«Quelle en est l'illustration?» demandai-je.

«Quoi? Mais c'est évident, dit Branch. Ce coureur n'a pas essayé assez fort. Il n'a pas couru au premier but aussi rapidement qu'il l'aurait pu; et je peux vous citer un passage de la Bible qui colle bien à ça: *Je ne fais qu'une chose à la fois.* Voyez-vous, ce joueur chiquait du tabac et en courant vers le premier but, il l'a recraché.»

«Oui, mais quelle est l'illustration?» insistai-je.

«*Je ne fais qu'une chose à la fois:* je cours au premier but, ensuite je crache!» s'esclaffa Branch.

Tel était cet homme inoubliable et peu commun qui aimait la vie, le baseball, son pays et Dieu. La contagion de son enthousiasme stimula beaucoup de nos grands athlètes et bien d'autres sportifs au cours des années. La flamme qu'il alluma brûle toujours dans le coeur de beaucoup d'hommes, y compris l'auteur de ce livre.

L'attitude d'une personne envers elle-même, c'est-à-dire l'image qu'elle se fait d'elle-même, est extrêmement importante pour la qualité de son rendement et pour l'issue de sa vie tout entière. C'est un fait, c'est du moins ce que j'ai observé, que beaucoup de gens se rabaissent sans raison à leurs propres yeux. Ils ont tendance à se sous-estimer et à minimiser leur potentiel. Il y a bien sûr des gens qui se portent eux-mêmes aux nues pour un rien, mais ils sont une minorité et dans bien des cas, j'ai pu vérifier que ce qui semblait être un égoïsme inexplicable était en fait une bravade pour cacher un profond complexe d'infériorité.

Dans tous ces cas, l'enthousiasme en dose appropriée peut faire une grande différence. Acquérir de l'enthousiasme pour son travail et une connaissance épanouie et valorisante de soi a souvent amené un changement profond chez une personne qui se sentait défaite d'avance et qui ne s'appréciait guère. Si quelqu'un de ce genre apprend à bien se connaître et à se valoriser, la contagion de l'enthousiasme aura vite emprise sur lui.

L'importance de l'enthousiasme
dans l'image de soi

Dans son livre *The Secrets of Successful Selling* (Les secrets de la vente réussie), John Murphy raconte une histoire qui est un exemple assez classique de l'importance d'avoir de soi-même une image positive.

«Elmer Wheeler avait été engagé comme conseiller des ventes par une certaine compagnie. Un certain représentant s'arrangeait toujours pour faire presque exactement $5 000 par an, indépendamment du secteur qu'on lui donnait ou de la commission qu'il recevait.

«Parce que ce vendeur avait bien réussi dans un secteur assez petit, on lui en avait donné un autre plus grand et meilleur, mais l'année suivante, sa commission atteignit presque le même montant qu'il avait fait dans le secteur précédent qui était plus petit: $5 000. L'année suivante, la compagnie augmenta la commission de tous ses représentants mais il s'arrangea pour ne faire encore que $5 000. On lui donna alors un des secteurs les moins bons de la compagnie et il arriva de nouveau avec $5 000.

«Wheeler eut un entretien avec ce représentant et découvrit que le problème venait non pas du territoire mais de l'estimation qu'il avait de lui-même. Il pensait qu'il ne valait pas plus de $5 000 par an et aussi longtemps qu'il aurait cette idée en tête, la situation extérieure n'importait pas.

«Quand on lui donnait un territoire difficile, il travaillait fort pour faire $5 000. Quand on lui en donnait un facile, il trouvait toutes sortes de raisons pour lâcher l'accérélateur quand les $5 000 étaient en vue. Une fois, quand il eut atteint son but, il tomba malade et ne fut pas capable de travailler le restant de l'année, alors que les docteurs ne lui trouvèrent absolument rien. Comme par miracle, il fut de nouveau sur pied le premier jour de la nouvelle année.»

Quand le représentant fut mis en face du fait que c'était son attitude et non ses qualités de vendeur qui le bloquait, il améliora vite ses ventes et ne mit pas longtemps à doubler son salaire annuel.

Plusieurs d'entre nous sont liés sans s'en rendre compte par les mêmes chaînes qui retenaient cet homme. Bien souvent nous ne sommes pas au bas de l'échelle de la vie parce que nos qualités ne sont pas assez fortes, mais bien parce que l'opinion que nous avons de nous-mêmes n'est pas assez forte. Réévaluez-vous. Peut-être êtes-vous quelqu'un de supérieur qui a décidé une fois pour toutes qu'il avait une personnalité moindre. Si c'est le cas, décidez-vous aujourd'hui, à l'instant même, à *réorienter* votre façon de penser, à *réviser* votre stratégie et *rebondir* de là où vous êtes à l'endroit où vous devriez être. Laissez la contagion de l'enthousiasme envahir votre esprit. Elle peut faire toute la différence.

Suggestion pour un onzième commandement

Cela me rappelle une observation encourageante que fit Amos Parrish, l'un des chefs de file américains dans le domaine de la mise en marché et qui est aussi un philosophe. Il dit qu'il devrait peut-être y avoir onze commandements au lieu de dix et il propose celui-ci: «Tu utiliseras tous tes talents au maximum.» Cela correspond très bien à l'enseignement de Jésus-Christ qui dit qu'*il est venu annoncer leur libération aux captifs.* Quels captifs? Ceux qui sont derrière les barreaux? C'est possible, mais il veut surtout libérer ceux qui sont emprisonnés dans leur propre peur, leurs sentiments d'infériorité et le doute d'eux-mêmes, qui sont prisonniers de leur propre état d'esprit dévalorisant.

Et quand la foi enthousiaste et contagieuse en Dieu et en vous-même vous libère de la prison que votre esprit avait édifiée, c'est alors que vous commencez à changer et, en même temps que vous changez, toute votre vie change. Bouddha a dit: «L'esprit est toute chose. On devient ce qu'on pense.»

Harold Robles, un homme d'affaires qui a réussi, trouvait que c'était bien vrai. «Il y a environ dix ans, dit-il, je construisais des obstacles aussi importants que des gratte-ciel dans ma tête. J'étais perturbé par ma tension nerveuse. Puis les événements ont pris une tournure heureuse qui a changé ma vie. Jamais je n'oublierai le jour où je suis venu à l'église Marble Collegiate. Cela a réveillé et stimulé mon esprit négatif et endormi. Je suis retourné chez moi tout exalté et libéré de mes pensées déprimantes et malsaines. Mon esprit est devenu vif, bien disposé et fortement dirigé. Avec le temps, un concept positif s'est développé en moi.» Harold Robles est devenu un homme dynamique, débordant d'énergie spirituelle et d'enthousiasme.

Une autre des raisons pour lesquelles l'enthousiasme fait toute la différence, est le pouvoir de la conviction contagieuse pour modeler les hommes ou remodeler ceux qui n'ont pas réussi à atteindre leurs buts. On doit tous subir un échec à un moment ou à un autre. La question n'est donc pas de savoir si on connaîtra ou non l'échec mais bien comment on y fera face.

Qu'allez-vous faire avec la défaite? Allez-vous la laisser vous détruire ou allez-vous en faire une expérience positive et créatrice dont vous sortirez grandi et plus sage et par laquelle vous acquerrez la force pour échafauder une revanche? Celui qui a, au centre de ses pensées, la certitude qu'il peut faire toutes les choses grâce au Christ, peut se relever de n'importe quel échec et trouver une solution honorable à n'importe quelle situation.

Lors d'un congrès à St. Louis, j'entrai en conversation avec un homme qui avait obtenu un certificat honorifique cette année-là en tant que meilleur producteur de son industrie. Cet homme était un grand extraverti. Il me dit: «Je vais vous faire part de quelque chose. J'ai la partie belle si je puis m'exprimer ainsi. J'ai lu tous vos livres où vous dites comment avancer et croyez-moi, j'ai avancé. Qu'est-ce que vous en dites? Je suis maintenant le plus gros producteur dans mon domaine et en bonne voie de réaliser mon désir le plus cher.»

«Quel est votre désir le plus cher?» demandai-je.

«Faire dix millions. Oui monsieur, c'est ce vers quoi tend toute ma vie; un bon dix millions.»

«Fred, me hasardai-je à remarquer, il n'y a pas de mal à gagner de l'argent, même beaucoup, mais ne le placez pas en tête de vos ambitions personnelles.»

«Bon, vous n'allez pas me rebattre les oreilles avec ces histoires de religion, rétorqua-t-il. Je réussis et je suis pour l'argent.»

Il ne me sembla pas qu'il tirait partie au maximum de l'idée d'Amos Parrish.

Mais il y avait quelque chose d'engageant dans cet homme, même si ses idées et ses valeurs étaient toutes embrouillées. Après cette journée, nous sommes devenus bons amis et j'eus de ses nouvelles de temps en temps. Dans un style un peu grandiloquent, il m'écrivait: «J'ai fait ceci ou cela. J'ai vendu ceci, j'ai réalisé cela.» Puis je remarquai que ses lettres manquaient d'effervescence. Finalement il m'écrivit: «Je ne sais pas ce qui m'arrive. J'ai tout gâché.

263

J'ai fait erreurs sur erreurs. J'ai perdu beaucoup d'argent. Je suis loin de mes dix millions.» Et, comme pour se prendre en pitié et s'infliger tout le blâme, il continua: «Je ne vaux rien, absolument rien. Je suis un imbécile, un idiot.»

Je décidai qu'il fallait que je lui parle comme il faut et je l'appelai au téléphone. «Fred, quand vous laissez les déceptions et les revers de fortune vous abattre, vous aggravez votre situation. Commençons un programme de remise sur pied créatif. Qu'en dites-vous?» Je lui suggérai une série d'étapes à suivre.

Une remise sur pied en sept étapes

1. Cessez de vous déprécier. Il y a beaucoup de bon en vous. Vous avez les mêmes possibilités qu'auparavant. Videz votre esprit de tous vos échecs et erreurs et commencez par vous respecter.

2. Ne vous apitoyez pas sur vous-même. Commencez par penser à ce qui vous reste plutôt que de vous fixer sur ce que vous avez perdu. Écrivez tout cela sur une feuille.

3. Arrêtez de penser à vous. Pensez à aider les autres. Allez même jusqu'à trouver quelqu'un qui a besoin de l'aide que vous pouvez donner et donnez-la-lui. Vous ne connaîtrez jamais l'abondance continue si vos pensées sont tournées vers vous.

4. Rappelez-vous Goethe: «Celui qui a une volonté ferme façonne le monde à son image.» Le Dieu Tout-puissant a mis quelque chose de solide à l'intérieur de chaque être humain qui s'appelle la volonté; servez-vous-en.

5. Ayez un but et donnez-vous une échéance.

6. Ne gaspillez plus votre énergie mentale en vous mettant dans tous vos états pour ce qui est passé. Commencez à penser à ce que vous faites maintenant. Pensez, pensez, pensez, comme le dit si bien mon ami W. Clement Stone: «Pensez, pensez, pensez; des choses surprenantes se produiront quand vous penserez de manière contructive.»

7. Le dernier point et non le moindre: tous les matins et tous les soirs de votre vie, prononcez ces mots à haute voix: «Je peux faire toutes les choses grâce au Christ qui m'en donne la force.»

Bien plus tard, Fred me téléphona. «Je dois vous dire qu'il m'est arrivé quelque chose de bien particulier, me dit-il. Je me rends compte maintenant que je n'avais jamais vraiment vécu jusqu'à ce que je mette en pratique ces idées que vous m'avez suggérées. Cette nouvelle perspective intérieure m'a appris à changer mes défaites en victoires. J'ai changé de direction.»

Eh bien, Fred avait capté le message. Après cela, la contagion de l'enthousiasme commença à avoir de l'emprise sur lui. Avoir dix millions de dollars rapidement n'était plus son but principal. Il voulait toujours réussir financièrement mais il avait un but plus noble: valoriser sa vie dans un style créatif, ce qui signifiait qu'il allait s'impliquer dans son église et dans sa communauté et aider les gens qui trouvaient très difficile de simplement aller au fil de la vie. Il développa un enthousiasme surprenant et évident pour Jésus-Christ. En fait, le programme du Seigneur pour ce monde devint son intérêt dévorant. «Je suis dans *son* équipe et j'y mets tout ce que j'ai, y compris mon argent, mais principalement moi-même.»

Vous pouvez en penser ce que vous voudrez, mais Fred a avancé dans la vie et il continue, poussé par l'enthousiasme. Cela lui ouvre un horizon de vie qu'il n'aurait jamais cru possible.

Terminons ce chaptire par une autre illustration de la qualité contagieuse de l'enthousiasme. C'est encore une de ces histoires à succès qui vous font vibrer d'émotion et qui ont fait du rêve américain la merveille du monde.

Guidé par sa foi enthousiaste

Un dimanche, madame Peale et moi-même fûmes invités par nos amis et membres de l'église, monsieur et madame Frank L. Small, à un déjeuner dans un grand hôtel de New York. Les vendeurs de leur compagnie de produits de beauté étaient là, au nombre d'un millier environ, représentant l'une des entreprises les plus prospères du pays dirigées par des Noirs.

Un bon nombre des membres de notre église sont parmi les individus dynamiques qui composent cette importante société de ventes. J'eus l'honneur de prononcer le mot de bienvenue et j'eus ensuite le privilège d'écouter l'un des plus grands orateurs que j'aie entendus depuis que j'avais été emballé par l'incomparable William Jennings Bryan quand j'étais enfant. En fait, cet orateur merveilleux, S.B. Fuller, avait beaucoup des qualités de Bryan: l'éloquence, l'humour, la sagesse corsée terre à terre, une force et une inspiration religieuses considérables. Le discours de monsieur Fuller et sa façon de le présenter furent une expérience mémorable. J'étais terriblement ému par cet homme remarquable, un grand leader dans les affaires et un chrétien énergique.

Son histoire est racontée en partie dans un livre fascinant dont le titre est *Success Through A Positive Mental Attitude*

(Le succès par une attitude mentale positive) de W. Clement Stone et Napoleon Hill. La contagion de l'enthousiasme transmise par monsieur Fuller au déjeuner de New York et la façon dont il s'en servit pour bâtir une entreprise très prospère, sont expliquées dans le récit de sa vie.

Les parents de S.B. Fuller étaient fermiers-locataires en Louisiane et sa famille vivait dans la misère noire. Le garçon commença à travailler dès l'âge de cinq ans. À neuf ans, il était devenu muletier. C'est à peu près le plus loin qu'on s'attendait qu'il aille dans sa vie.

Mais S.B. Fuller avait une grande bénédiction, une mère intelligente et merveilleuse. Tout le monde autour d'eux était convaincu que la pauvreté était une manifestation divine; les gens étaient pauvres parce que Dieu voulait qu'ils soient pauvres. Mais la mère du petit Fuller lui disait: «Ne va jamais croire que la pauvreté vient de Dieu. Si c'est vrai, alors pourquoi le Seigneur a-t-il mis autant d'abondance et de joie débordantes en ce monde merveilleux? Dieu a voulu que nous festoyons de cet abondance. Je vais te dire pourquoi nous sommes pauvres; parce que ton père a toujours cru qu'il était fait pour être pauvre. Ton père est un homme merveilleux et très bon, mais il croit que nous sommes les pauvres de Dieu.» Et elle essayait d'amener son fils à prendre conscience des grandes possibilités qu'il avait en lui.

Imaginez donc ce petit garçon intelligent, écoutant tout yeux tout oreilles et le coeur grand ouvert. Il en vint à croire en ses possibilités en tant qu'enfant de Dieu. Il décida d'obtenir un meilleur emploi et commença à vendre du savon à Chicago. Il vendit du savon pendant douze ans, gagnant bien sa vie et économisant. Puis, il apprit que la compagnie qui lui fournissait ses produits allait être vendue à l'encan et qu'on en demandait cent cinquante mille dollars. Il avait économisé vingt-cinq mille dollars sur son salaire et les mit en gage pour l'achat de la compagnie. Il lui restait quand même cent vingt-cinq mille dollars à payer et on lui donna dix jours pour les trouver. Le contrat précisait aussi que s'il ne pouvait le faire, il perdrait les vingt-cinq mille dollars qu'il avait versés, soit toutes ses économies.

Il s'était toujours fait une bonne opinion de lui-même au point qu'il possédait cette qualité recherchée qui est le courage et qui naît de la foi. Il s'était aussi fait beaucoup d'amis et alla les voir les uns après les autres. La veille de l'échéance, il avait réuni cent quinze mille dollars, mais après avoir épuisé toutes ses ressources, il lui manquait toujours dix mille dollars. À genoux, il se mit à prier: «Seigneur, *tu* es venu vers moi quand j'étais enfant et par la bouche de ma mère, *tu* m'as dit que je pourrais faire quelque chose dans le monde. Maintenant, Seigneur, je suis en difficulté. Je peux tout perdre en cette occasion unique. Conseille-moi maintenant.»

Croyez-vous aux conseils? Moi oui. Et peut-être que si vous y croyiez plus intensément, il se produirait des miracles dans votre vie.

Car c'est ainsi que cela arrive à S.B. Fuller. Au plus profond de son être, il entendit les conseils et il est persuadé qu'ils venaient directement du Seigneur. «Tu vas descendre la soixante et unième rue à Chicago, jusqu'à ce que tu vois une lumière dans un édifice.»

Il était environ minuit. «Tu y rentreras et tu parleras à un homme.»

Il faut préciser que S.B. Fuller avait une foi simple et naïve. Il sortit donc, monta dans sa voiture et commença à descendre la soixante et unième rue. Après quelques croisés, il vit une fenêtre éclairée dans un immeuble. Il entra et reconnut un entrepreneur qu'il avait rencontré à quelques reprises. Il lui dit: «Voulez-vous gagner mille dollars?»

L'entrepreneur qui était à bout à force d'essayer de résoudre les problèmes de sa propre entreprise, lui dit: «Bien sûr.»

S.B. Fuller lui dit: «Si vous me prêtez dix mille dollars, je vous en rendrai onze mille.» Et il expliqua toute l'affaire. L'entrepreneur le regarda et vit quelque chose en lui et lui prêta les dix mille dollars. Le lendemain, S.B. Fuller acheta la compagnie. Il en est actuellement le propriétaire, ainsi que de six autres. Mais il aurait tout aussi bien pu continuer à être muletier si ce n'avait été ce soulèvement en lui, placé là par Dieu et libéré par Dieu. Il devint un enfant de Dieu victorieux.

Quel est votre souci, quel est votre problème, quelle est votre faiblesse, quelle est votre difficulté? Dites-vous que contre ces obstacles, il y a le fait merveilleux que le royaume de Dieu est en vous. Soumettez-vous au pouvoir supérieur car le seul vrai pouvoir vient de Dieu. Dieu peut vous libérer pour que vous alliez aussi loin dans la vie que vous pensez en être capable. Écoutez toujours *ses* conseils humblement et obéissez à *sa* volonté et vous pouvez exprimer la puissance de Dieu en vous. Vous le pouvez vraiment. Embarquez-vous avec l'enthousiasme contagieux et vous ferez de votre vie ce que vous espérez, ce dont vous rêvez et ce vers quoi vous travaillez.

CHAPITRE ONZE

L'enthousiasme
et notre avenir

Il y a des jeunes qui semblent ne pas être vraiment heureux de vivre aujourd'hui. À leurs yeux, l'enthousiasme est quelque chose d'enfantin et de dépassé. Dans leur quête de nouvelles valeurs, ils expérimentent la drogue, l'alcool, le sexe. Mais de tels excès ne leur apportent pas de nouvelles valeurs saines; au contraire, ils les précipitent plus avant dans le vide de l'abîme. «Vivons-le à fond!» crient-ils. Mais cela ressemble au cri de l'horloge de la mort et il n'y a rien de plus tragique que la mort spirituelle chez les jeunes.

Certaines personnes qui sont conscientes des graves problèmes chez les jeunes sont scandalisées et très inquiètes. D'autres les condamnent; mais trop peu cherchent une solution créative. C'est étrange si l'on considère qu'il y a une solution à la fois créative et de grande envergure. Cette solution est tout simplement l'application de l'enthousiasme spirituel qui fait renaître une véritable soif de Dieu. J'emploie le nom de Dieu à dessein, car, comme on l'a vu plus haut, *entheos,* Dieu en nous, est une source d'enthousiasme non seulement en sémantique mais aussi dans les faits.

Je crois donc important de parler du problème de la jeunesse, de la jeunesse par rapport à la génération précédente et sûrement par rapport aux nouveaux problèmes troublants qui assaillent notre pays.

Le syndrome du playboy est-il en perte de vitesse

Les gens ont commencé à ne plus croire en l'avenir de leur pays quand ils ont appris par la télévision ou les journaux les émeutes sur le campus de Berkeley et qu'ils ont vu la vulgarité et l'arrogance des jeunes révoltés, ainsi que l'exploitation cynique du sexe dans la vente des livres et des films.

Mais, il semblerait que ces jours sombres et décourageants sont en train de disparaître. Les jeunes Américains sont finalement désillusionnés car ils ont commencé à se tourner en très grand nombre vers Dieu, vers leur pays, vers un idéal.

Il se pourrait fort bien que l'image du playboy et le prétendu cynisme soient sur le point de disparaître car la jeune génération intelligente trouve difficile d'avaler ces idioties infantiles. Tout ceci prouve que les jeunes Américains ne sont pas si bêtes que la Nouvelle Gauche le présume. C'est sûr que les Américains aiment bien les manies et ils peuvent s'y laisser prendre un bout de temps. Mais actuellement, ils deviennent sages et laissent tomber les cultes et les individus douteux. Conservez donc votre enthousiasme et votre foi en la jeunesse de notre pays.

L'Amérique a un urgent besoin de renouvellement. Le processus est même déjà amorcé. Ceux qui se sont tus longtemps parce qu'ils étaient intimidés par ces cyniques bizarres, commencent leur propre contre-révolution. Elle prend de l'importance rapidement. La tendance fait marche-arrière et peut-être qu'avant longtemps, les marginaux excentriques auront été rayés de la liste. Ils ne sont tout simplement pas arrivés avec ce que désiraient vraiment les jeunes Américains. Déjà, beaucoup des jeunes prennent le tournant et découvrent que l'enthousiasme spirituel accroît considérablement la joie de vivre.

Une autre raison importante pour le nouvel emballement qui balaie notre nation est que nous entrons dans une vraie révolution; une qui va forcément apporter de grands bienfaits de liberté, d'espoir et de bien-être aux millions de gens convaincus qu'ils ne connaîtront jamais rien de mieux que ce monde décevant auquel ils sont habitués depuis si longtemps. Cette révolution sera sans doute le plus gros revers de l'histoire de la Nouvelle Gauche, de la nouvelle immoralité, des exploiteurs de sexe et d'un communisme minable et à bout de souffle.

Manifestation d'un
nouveau leadership dynamique

Le monde souhaite ardemment un nouveau leadership fondé sur l'idéologie du plus grand révolutionnaire de tous les temps. Ses principes révolutionnaires d'amour, d'intégrité, d'honnêteté et de fraternité sont mûrs pour prendre la relève. Une des raisons pour lesquelles le moment est bien choisi est peut-être que le leadership communiste dans le monde semble essoufflé et vieilli et possiblement tout à fait périmé. Regardez son principal interprète aujourd'hui: Ho Chi Minh, ce vieux bonhomme desséché qui s'accroche à ses rêves fatigués de vieillard.

Est-ce que le communisme ne peut pas offrir quelque chose de mieux, un leader plus éveillé et plus moderne, issu de la jeunesse? Ou bien le mouvement lui-même en est-il à ce point fatigué et malade qu'il ne puisse faire naître un chef jeune et plein de vitalité? On peut dire la même chose de ce vieux bonhomme grincheux, Mao Tsé-Toung, qui de toute évidence est dans une impasse et essaie de réorganiser son communisme en décomposition. Il est possible que le communisme ait connu son apogée et soit sur le déclin. La vague du futur n'a pas eu un roulis suffisant. Le message ne passait plus et il se pourrait bien que cette vague soit sur la route de l'oubli, jalonnée de tant d'autres idéologies qui cherchent des adeptes.

Alors présentement, nous avons réellement un vide dans le leadership. La Nouvelle Gauche avec sa moralité impudente ne semble pas y parvenir; ce qui se comprend très bien quand on sait qu'elle repose uniquement sur la contestation et le cynisme. Sans un programme constructif, elle est vouée à disparaître. En cette période de crise, le leadership exige une action saine et énergique. C'est pourquoi le mouvement de liberté spirituelle est peut-être la bonne réponse. Il est tout jeune et plein de vie.

L'un des chefs spirituels créatifs de notre époque a été un Anglais, Peter Howard. C'était un écrivain brillant, cynique, qui maniait sa plume mordante d'une main exercée pour les presses Beaverbrook en Angleterre. Le Ré-armement moral devenait populaire. Ce mouvement était basé sur le fait qu'on doit bâtir un homme moderne selon les temps modernes. On ne doit pas seulement avoir des géants de la science mais aussi des géants de la morale. Le mouvement commençant à attirer beaucoup l'attention, Beaverbrook demanda à Howard de voir ce qu'il en était et d'en exposer les faits.

Howard y alla pour rire mais il resta pour prier. Pour la première fois de sa vie, il découvrit que le vrai Jésus-Christ n'était pas le Jésus qu'il croyait. Il vit que Jésus est le plus grand *esprit* de toute l'Histoire de l'humanité et le meilleur modèle pour les êtres humains.

Howard devint de plusieurs façons le plus grand leader spirituel de son temps. Il était l'ami d'Aldous Huxley et il dit: «À mon époque, l'apôtre de nouvelle moralité était Aldous Huxley. Plus tard dans sa vie, Huxley devint honnête.»

Dans son grand livre *Ends and Means* (La fin et les moyens), Huxley dit: «J'avais mes raisons de ne pas vouloir que le monde ait une signification et, en conséquence, je supposais qu'il n'en avait pas; j'étais capable sans difficulté aucune de trouver des raisons satisfaisantes à cette supposition car, pour moi-même et la plupart de mes contemporains, il ne faisait pas de doute que la philosophie de la non-signification était essentiellement un instrument de libération. La libération que nous désirions était à la fois la libération d'un certain système politique et économique et la libération d'un certain système de moralité. Nous nous opposions à la moralité parce qu'elle entravait notre liberté sexuelle.»

Qu'en dites-vous? Pour satisfaire leur propre luxure, sans se sentir coupable, ces hommes conduisirent des milliers de jeunes, confus et désorientés, sur le sentier de la destruction émotive et morale. Et comme c'est un fait qu'une nation se détériore dans sa pensée avant de se détériorer dans ses institutions, ce leadership négatif a porté un coup terrible à l'arbre de la civilisation occidentale mais il semble bien qu'il s'en relèvera.

Dans son livre *Sex and Culture*, un ouvrage d'une très grande importance selon Huxley, le professeur J.D. Unwin de l'Université de Cambridge dit en parlant des tendances de la société et des courants de la civilisation depuis les premiers siècles: «On a déjà entendu un homme déclarer qu'il souhaitait à la fois profiter des bienfaits d'une haute culture et abolir la continence. Toute société humaine est libre de choisir de faire preuve de beaucoup d'énergie ou bien de jouir de la liberté sexuelle; les faits ont montré qu'aucune nation n'est capable de faire les deux à la fois que pour une génération.»

La grande question est donc de savoir si notre pays va se détériorer par un affaiblissement de l'intérieur, par la liberté sexuelle telle que préconisée par la Nouvelle Gauche, la nouvelle moralité; ou bien va-t-il être fortifié de nouveau par des hommes forts et sages assumant la relève?

Nous avons besoin d'un nouveau leadership renouvelé et dynamique et notre leader est là attendant le signal pour se manifester si nous sommes assez sages pour *le* suivre. Mais ce sont les jeunes qui doivent prendre la décision car la moitié de la population mondiale a moins de vingt-cinq ans. Au Japon, elle a moins de vingt ans. En Russie, cinquante pour cent des gens ont moins de vingt-six ans. En Chine Rouge, il y a plus d'enfants de moins de douze ans que la population entière des États-Unis, c'est-à-dire qu'il y a en Chine cent quatre-vingt-dix millions d'êtres humains de moins de douze ans. Le leadership doit venir de la jeunesse car le monde est composé de jeunes. C'est là le problème. Est-ce qu'ils vont suivre Jésus? Un grand nombre de faits le laissent croire.

Je sais que vous allez dire dans la confusion que nous avons les plus grandes universités, les facultés les mieux payées dans l'Histoire et les laboratoires les plus complets jamais installés. Nous avons la plus grande réserve de connaissances et de savoir-faire dans l'Histoire du monde. Alors, comment se fait-il que ces universités produisent des excentriques qui se plaignent que la vie n'a pas de sens, qui grognent que la civilisation est un échec complet, qui flattent bassement sans la critiquer la minorité braillarde dont la plupart ne sont même pas des étudiants mais des exploiteurs professionnels sur les campus universitaires?

Vermont Royster, qui écrit dans le *Wall Street Journal*, dit: «Une façon de ranimer votre foi en l'avenir de l'espèce humaine est de passer quelques jours avec des jeunes qui ne se conforment pas au stéréotype. Même à Berkeley, il y a des milliers d'étudiants qui ne croient pas avoir perdu leur âme parce qu'ils ont pris un bain et qui se préparent tranquillement à améliorer le monde au lieu de rester à pleurer sur lui.»

Les jeunes ont besoin d'une réalité qui les attire

Mon intention n'est certes pas de déprécier les jeunes en tant que groupe. Je crois qu'ils sont très bien en général. Récemment, je suis allé à Boston prononcer un discours et je voulais revenir en avion mais une tempête de neige a cloué au sol tous les appareils et je suis revenu en train: cinq heures dans un compartiment bondé au maximum, les voyageurs se tenaient debout dans le couloir. Certains étaient même assis dans le couloir. La plupart étaient des jeunes étudiants qui sortaient pour les vacances de Pâques. Bien sûr, beaucoup portaient l'insigne de la Nouvelle Gauche, la nouvelle moralité, manteaux déchirés, pantalons froissés, chaussures sales. Mais je vais vous dire quelque chose: mes cinq heures passées avec eux m'ont éclairé. Certains des garçons avaient un visage basané, d'autres un teint clair. Ils avaient les yeux brillants et un visage merveilleux. Tout ce qu'il restait à faire était de mettre un rêve dans ces yeux, une lumière sur ces visages, de les amener à suivre un vrai leader.

Ne soyez pas découragés - La récompense est en vue

Est-ce qu'ils dépasseront le stade du cynisme orienté vers le sexe pour autre chose qui dépasse la satisfaction d'un besoin biologique? Eh bien, nous allons voir. Prenons le Vietnam par exemple. On m'a raconté qu'une douzaine d'étudiants rencontrèrent le premier ministre Ky pour lui dire: «Confiez-nous une province et laissez-nous la diriger.» Il fut très surpris de leur audace mais il trouva qu'ils avaient des rêves et des plans d'action pour les réaliser. Qu'ils en aient été conscients ou non, ils parlaient le langage du vrai leader, Jésus-Christ. «D'accord, jeunes hommes, leur dit-il. Je vais vous donner une province.»

C'est ainsi que Ky leur donna une province. En Extrême-Orient, les étudiants de l'université ne doivent pas se salir les mains; ils appartiennent à une classe supérieure. Ky les vit retourner la terre boueuse et conduire les *bulldozers*. Il vit un étudiant en droit aider un fermier à s'occuper du bétail. Il vit un étudiant en médecine dont les sandales étaient couvertes de boue rouge. Ils drainèrent les marécages, ils nettoyèrent des systèmes d'égout inadéquats, ils construisirent six cents habitations, ils édifièrent un hôpital et dix-sept centres de santé. C'était dans une région pervertie de trente mille habitants, une serre chaude où s'infiltrait l'information communiste de et vers Saïgon. En moins d'une année, ils avaient fermé complètement tout ce réseau. Ils avaient nettoyé les environs et en avait fait un endroit salubre à un tel point que Ky leur dit: «Je souhaiterais faire dans tout le pays ce que vous, jeunes hommes, avez fait dans une province.»

Songez à ce que des jeunes possédant intelligence et motivation et connaissant l'enjeu peuvent faire dans ce monde en suivant le leader le plus pragmatique de tous les temps, celui qui a toutes les qualités nécessaires. Jésus-Christ n'est pas une silhouette mystique dans un vitrail. Il est vivant, pleinement vivant, un homme solide mentalement et spirituellement. Et il a les réponses qui répondent vraiment. Est-ce que les jeunes vont le suivre? Je le crois sincèrement. En fait, ils vont à sa recherche en nombre toujours croissant, comme on le verra plus loin dans ce chapitre.

Et ceux qui cherchent ne sont pas des déséquilibrés mais la crème de la société. À l'intérieur de ce mouvement qui veut redonner au monde sa vigueur et sa vitalité, on trouve des jeunes forts, intelligents et beaux, produits supérieurs d'une nation perpétuellement jeune et dynamique.

La race dévouée et solide du véritable Américain n'a pas disparu. Son enthousiasme pour un pays renouvelé, recréé fera la différence entre une civilisation fatiguée et croulante et une civilisation pleine de santé qui offre à tous de l'espoir et des opportunités.

Des centaines de gens qui vivent maintenant n'ont jamais connu de sensations vives

Il y a des centaines de milliers de jeunes qui vivent aujourd'hui sans avoir jamais connu de sensations vives. Cela leur manque et ils se rabattent sur les substituts synthétiques: les narcotiques et la violence.

Mais ils ont le droit de savoir à leur époque ce que les générations précédentes ont su: ce que c'est que de participer à quelque chose de vraiment grand, à quelque chose qui enrichit la vie de charme et d'émotions. Ils ne comprennent tout simplement pas comment l'engagement spirituel peut apporter cette qualité mais quand ils la découvrent, ils la recherchent intensément.

Nous en arrivons maintenant à cette nouvelle de première importance pour notre époque, qui nous promet de l'espoir véritable pour l'avenir. C'est l'incroyable histoire du christianisme sur les plages, la force indomptable du mouvement de la jeunesse qui chante de concert avec tous les humains. C'est le message moderne et rythmé lancé aux jeunes du monde entier, en fait à tous les hommes.

L'histoire qui suit, écrite par Van Varner pour *Guideposts*, est la preuve que la foi dans l'enthousiasme spirituel peut faire mordre la poussière au cynisme de la prétendue *Beat Generation*. Elle démontre qu'une conviction nouvelle se développe, quelque chose dont des milliers de gens n'ont jamais entendu parler. C'est un nouvel enthousiasme qui va faire une différence notable dans le mode de vie de notre pays, tout ça pour le mieux.

«Chaque printemps, durant les vacances, il se produit un phénomène moderne, écrit Van Varner. Les étudiants sortent en foule des résidences universitaires et en avion, en train, en voiture ou en auto-stop, ils se dirigent vers les stations balnéaires de Floride et de Californie.

«Ce sont les endroits *où y'a du monde* et *où l'action* et chaque année, des dizaines de milliers d'étudiants sont rassemblés pour vivre une semaine de communion frénétique avec la nature et entre eux.

«Ils apportent avec eux le strict nécessaire: la planche de surfing, la guitare et l'inévitable *caisse de six*. Ils se pavanent au soleil, ils crient pour se frayer un chemin dans les rues encombrées et bruyantes et se contorsionnent tard dans la nuit à un rythme déchaîné. Ils ne se préoccupent guère de dormir mais plutôt de *trouver* un endroit où dormir. Mais rien n'est important en autant qu'ils ont du plaisir, plaisir, PLAISIR.

«Cependant, cette recherche du plaisir aboutit souvent à l'ennui ou à des ennuis.

«Durant les dernières années, une nouvelle tendance s'est développée. Dans ces mêmes stations balnéaires, on trouve des milliers d'étudiants venus là dans un but bien différent. Imaginez par exemple une rencontre de ce genre:

«Un étudiant de deuxième année aux cheveux blonds du collège Pomona est assis seul sur la plage. Il s'ennuie. Arrive un grand gaillard joueur de football de l'Université de Redlands et les deux engagent la conversation.

«*On s'amuse?*» demande le gars de Redlands.

«*Non, pas vraiment. On dirait même que j'ai le cafard.*»

«*Qu'est-ce que tu cherches?*»

Le gars de Pomona se met à rire.

«*Tu rigoles? Qu'est-ce que tout le monde cherche?*»

«*Pas la même chose, j'en suis certain.*»

«*Que veux-tu dire?*»

Le gars de Redlands sasse le sable entre ses orteils et dit: *Il y a deux ans, je suis venu ici à la recherche de sensations fortes et finalement j'ai trouvé quelque chose de bien différent et de formidable.*

«*Comme quoi?*»

«*Jésus-Christ.*»

«En temps normal, le garçon de Pomona aurait eu peur et se serait enfui. Mais il y a quelque chose de tellement naturel dans la façon de parler de l'étranger qu'il n'est pas rebuté. Il est même intrigué qu'il y ait quelque chose de commun entre le Christ et des sensations fortes sur une plage.

«Alors le joueur de football de Redlands raconte comment il y a deux ans, il a rencontré des jeunes d'une organisation qui s'appelle Croisade du campus pour le Christ. Ils s'amusaient beaucoup et étaient très gais mais de toute évidence, ce n'était pas parce qu'ils avaient bu de l'alcool. Les questions qu'ils lui posaient étaient bien dirigées: *Où pouvait-on trouver le bonheur véritable et la plénitude? Qu'est-ce qui était essentiel dans la vie?* Et il dut bientôt reconnaître que les réponses sont en Jésus-Christ.

«L'étudiant de Redlands et celui de Pomona ont une longue conversation. Avant la fin des vacances, le gars de Pomona engage sa vie sur une nouvelle voie.

«Une convention batifoleuse des jeunes vacanciers en chasse sur la plage semble difficilement être l'endroit pour faire une approche sérieuse à la religion. Cependant, il y a deux ans, sur les plages de Balboa, un millier d'étudiants universitaires prirent la décision personnelle de suivre le Christ. L'an dernier, deux mille firent le même choix.

«Ces conversions de plage ne naissent pas de l'air du temps. Elles font partie d'une campagne bien organisée comptant des centaines de Croisés du campus bien entraînés. Ce qu'il y a de remarquable chez ces Croisés, c'est qu'ils sont tous jeunes et tellement bronzés, beaux, athlétiques et joyeux que n'importe qui, à n'importe quel moment s'arrêterait pour écouter ce qu'ils ont à dire. Ils sont non seulement comme vous et moi mais en plus, ils sont leaders de leur campus, présidents du conseil des étudiants et capitaines de l'équipe de football.

«L'idée même d'aller sur les plages commença avec Dick Day qui, un jour de 1962, sauta dans sa *MG* et fit route vers la plage de Newport. Newport est un centre de yachting sur la Côte Ouest et l'île de Balboa ou *Bal* en fait partie. En temps ordinaire, sa population est de trente-cinq mille habitants mais dans la folle saison, cent cinquante mille personnes y fourmillent.

«Dick n'avait pas de raison particulière de s'y rendre ce jour-là, mais il en a rapidement trouver une. *Savez-vous ce que j'ai découvert?* me dit-il récemment. *Ces jeunes pensaient qu'ils s'amusaient mais la plupart s'ennuyaient. J'ai compris tout de suite qu'ils accueilleraient favorablement l'occasion d'entendre ce que nous avions à leur dire.*

«Il y avait quarante Croisés qui priaient. Le sujet de leur prière. était inscrit sur une bannière tendue à l'extérieur d'une fenêtre. Elle portait l'inscription: *Jésus est la réponse.* Ils ne l'avaient pas sitôt levée que quinze gars dans un appartement de l'autre côté de la rue levaient une autre bannière qui disait: *L'ALCOOL est la réponse.*

«Les Croisés acceptèrent la plaisanterie mais étaient prêts à se battre pour qui rirait le dernier. Pendant des jours, ils prièrent pour ces quinze gars. Enfin, il y eut une percée. Un jeune du nom de Steve traversa la rue, frappa à la porte et dit: *Dites-moi, quelqu'un de vous veut-il se ragaillardir un peu?*

La stratégie spirituelle
et enthousiaste les atteint

«Ils invitèrent Steve à entrer, ce qui eut pour résultat que sept des quinze ivrognes virèrent de bord pour en apprendre plus sur le Christ. Aujourd'hui, Steve se dit un *Chrétien coopérant.*

«Chaque année, l'armée de la plage des Croisés du campus s'est accrue. L'an dernier, plus de quatre cent Croisés s'étaient inscrits pour la *semaine à Bal.* Des semaines à l'avance, ils organisaient des kiosques d'inscription, un système de communications et un réseau de lieux de rencontre. Ils avaient la collaboration des résidents qui offraient leurs demeures et la bénédiction du service policier et de plusieurs clubs locaux comme le Kiwanis et le Rotary.

«Durant la semaine à Bal, les Croisés allèrent sur les plages et tinrent des séminaires; ils occupèrent une boîte de nuit et tous les soirs présentèrent un grand spectacle haut en couleurs appelé *Classique de la vie à l'université,* avec de la musique, les leaders du campus et un jeune magicien éblouissant nommé André Kole. Le thème de ces soirées de divertissement était: Dieu et la Jeunesse.

«L'opération plage n'est qu'un aspect de l'action globale de la Croisade du campus. Mouvement né il y a seulement quinze ans, il a progressé à pas de géant et atteint maintenant les campus du monde entier. Les croisés croient que la raison pour laquelle tant d'étudiants protestent de nos jours est qu'ils n'ont rien à proclamer. Les Croisés sont fatigués des salles de classe où l'on jette ouvertement à bas le christianisme et où l'on ne laisse personne en faire la promotion; où l'on a la liberté de s'évader de la religion mais pas d'y adhérer. C'est pourquoi ils poussent les étudiants à dire ce qu'ils pensent.»

Et ils le font de plus en plus avec intelligence, enthousiasme et efficacité.

Grande nouvelle - l'émotion spirituelle existe

D'après ce phénomène et bien d'autres, il est clair que la marée montante de la conviction spirituelle commence à se faire sentir, ce qui promet l'avènement d'un temps nouveau. Toute chose dans la vie a son cycle puis s'effrite et disparaît. Les gens s'en fatiguent. Un étudiant en dernière année d'université me dit: «Où veulent-ils en venir avec leur enfantillage *Beat*? Comme un nigaud, j'y ai succombé et j'ai failli y laisser ma peau; mais j'en ai eu assez et que ça leur plaise ou non, je crois en Dieu et je veux vraiment m'adapter à *sa* façon de vivre. J'en ai déjà appris assez pour savoir qu'*il* me propose quelque chose dont ces gars n'ont jamais entendu parler.»

C'est une façon de parler bien simple mais que Jésus-Christ apprécie, j'en suis sûr et certain. Il est lui-même un homme assez direct et prend la vie comme elle vient, la saleté comme le reste. Et par-dessus tout, *il* sait quoi faire et *il* le fait. La nouvelle encourageante de notre époque est le nombre incalculable de jeunes qui *le* cherchent et *le* suivent. Alors, il est peut-être temps de cesser de critiquer le comportement de certains jeunes et de commencer à comprendre qu'ils se révoltent contre la génération précédente qui s'est égarée. C'est une tentative éclatante pour trouver cette signification que leurs parents, leurs professeurs et même l'église ne leur ont jamais donnée. Certains s'attaquent au problème avec des vêtements excentriques et des cheveux longs. Ils pensent que ne pas se laver est un signe de rébellion. Mais ils accepteront un genre de rébellion plus créative contre la non-signification quand ils entendront ceux qui ont déjà trouvé un sens et sont encore tout enflammés par leur découverte. Leur motivation est l'enthousiasme spirituel parvenu à maturité.

Par exemple, il n'y a pas longtemps, à Dodge City au Kansas, on se préparait à vivre une nouvelle journée comme on s'y était préparé depuis des années, quand un train spécial entra dans la gare de Santa Fe, portant une grande pancarte: *Sing-Out '65 Express!* (L'express 65 de la Chanson de la Foi!) Les portières du train s'ouvrirent et deux cent soixante-quinze jeunes garçons et filles charmants et terriblement dynamiques descendirent sur le quai. Peu de temps auparavant, ils traînaient nonchalamment dans les rues de Harlem, sur les pentes des Appalaches ou paressaient sur les plages de Californie. Mais ils s'étaient regroupés et avaient trouvé *une nouvelle direction.*

Tout en descendant du train, certains portaient des hauts-parleurs qu'ils installaient, d'autres couraient avec des longs fils vers les prises de courant; un orchestre fut bientôt en place et tout le groupe se mit à jouer et à chanter. Plusieurs milliers d'habitants de Dodge City prirent le chemin de la gare.

Ils étaient complètement abasourdis en entendant chanter ces jeunes. Et quelles chansons! Pleines de force et de vie, des chansons sur la liberté en Amérique, sur l'avenir de l'Amérique et sur l'Amérique sous la gouverne de Dieu. Ils annonçaient joyeusement qu'une nouvelle race de jeunes américains était en train de remplacer les abrutis qui avaient eu tant de publicité gratuite. Puis le sifflet de la locomotive retentit et tout le groupe heureux remonta dans le long train luisant qui quitta la gare, laissant sur le quai les habitants de Dodge City bouche bée avec un nouvel éclat dans les yeux. Ils avaient entendu quelque chose qu'ils ne croyaient plus réentendre: des chants exaltant la foi dans la plus pure tradition américaine chantés comme autrefois par la jeune nation.

Ces jeunes traversèrent l'Ouest à bord de l'*Express 65 de la Chanson de la Foi*. Certains prirent l'avion vers le Japon où ils furent reçus par sept mille étudiants japonais qui avaient haï les États-Unis. Mais peu après, ils déclarèrent que si ces jeunes étaient les Américains de l'avenir, alors ils étaient tout pour l'Amérique. Ils ont beaucoup de conviction et respectent leur engagement. Prendront-ils la relève? Qu'en pensez-vous? Ils donnent un sens à leur vie.

L'avenir appartient toujours à ceux qui croient, qui sont *pour* quelque chose, jamais à ceux qui sont seulement *contre* quelque chose.

Quelle est cette race nouvelle de jeunes qui sont *pour* quelque chose et comment en sont-ils arrivés là?

Les chanteurs de la foi délogent
ceux qui n'ont pas la foi

Clarence W. Hall répond à cette question. Il a fait des recherches sur ce phénomène qui atteint la jeunesse américaine et en a écrit l'histoire passionnante dans le *Reader's Digest,* sous le titre *Sing-out, America!* (Amérique, chante ta foi!)

«Un jour du début de l'été 1965, écrit monsieur Hall, les débats de la conférence sur la jeunesse, à l'île Mackinac, dans le Michigan, se déroulaient comme prévu. Parrainée par le mouvement du Ré-armement moral, le but de la conférence, donner aux jeunes un objectif et une raison à leur vie, était justement le sujet de la discussion.

«Soudain, il y eut une intervention. Un jeune étudiant universitaire se leva et dit: *Il me semble qu'il faudrait un leadership pour les jeunes immédiatement. Personnellement, j'en ai assez de l'image de la jeunesse américaine créée par les beatniks, les opposants au Vietnam, les brûleurs de papiers militaires, les émeutiers des campus et les marcheurs contestataires.*

«Les personnes présentes réagirent très vite et de tous les coins de l'auditorium, on entendit des *Bravo! Bravo!*

«Le jeune délégué continua: *Vous et moi savons fort bien que ces individus mal fichus ne représentent pas la majorité mais est-ce que le public le sait? Et les gens des autres pays? Nous devons faire quelque chose de spectaculaire pour changer cette image.*

«La réponse vint comme un éclair. John Emerson, champion de course de l'Université de l'État de l'Iowa, déclara: *La minorité des pacifistes à la voix forte crie pour dire contre quoi elle est. Pourquoi n'organisons-nous pas une manifestation pour dire pour quoi nous sommes?*»

Monsieur Hall cite Richard (Rusty) Wailes, récipiendaire d'une médaille d'or aux jeux olympiques et l'un des directeurs de la conférence qui déclara: «Si nous devons détruire le mythe d'une Amérique molle, trop complaisante et arrogante et montrer au monde entier que nous pensons à demain, nous devons chanter notre foi et nos convictions haut et fort.

«Et voilà ce que signifie *chanter sa foi!* C'est un spectacle musical qui allait se déplacer dans tout le pays, d'Est en Ouest et se tiendrait sur les campus des universités et dans les bases militaires, partout où on le demanderait, pour exprimer par la chanson un engagement envers Dieu et le pays.

«Pour créer la mise en scène, on fit venir de Londres Henry Cass, célèbre metteur en scène du *Old Vic*; on engagea les Colwell Brothers, un trio qui avait élevé la chanson folklorique à un art véritable et écrit plus de trois cents chansons originales qu'il avait chantées dans quarante-huit langues et dialectes à travers le monde. Ayant accepté de créer *Amérique, chante ta foi,* ils vinrent signer un contrat fabuleux à Hollywood et déclarèrent: *Nous ne sommes pas intéressés à mettre en musique les plaintes et gémissements d'une société malade, mais si nous pouvons aider à faire bouger une génération pour construire un monde meilleur, vous pouvez compter sur nous.*

«Sur les milliers de jeunes désireux de faire partie de *Chante ta foi,* on sélectionna cent trente chanteurs et instrumentistes. Ils venaient de soixante-huit universités et écoles secondaires, de quarante et un États et comprenaient des Blancs, des Noirs et des Indiens. Eux, ainsi qu'une équipe de jeunes techniciens doués pour la mise en scène, le son et l'éclairage, renoncèrent à des bourses, refusèrent des offres d'emploi alléchantes, vendirent leur voiture et vidèrent leur compte d'épargne pour aider à financer cette aventure risquée.

«Durant des semaines, Cass et les Colwells dirigèrent le bateau et l'équipage, raffinant la performance dans une production rapide. Feu Walt Disney dit de cette production qu'elle était la façon la plus heureuse et la plus efficace de faire connaître ce côté de l'Amérique qu'il ait jamais vue ou entendue.

«En quatorze mois, *Amérique, chante ta foi* (présenté dans certains endroits sous le nom *Debout tous ensemble*, le titre d'une de ses chansons-succès) avait déployé son patriotisme ardent sur trois cent campus d'université, dans les quatre académies militaires des États-Unis et les quatre-vingt-une bases des États-Unis et du Canada; à la demande des gouvernements et des chefs de nation, il avait voyagé à travers le Japon, la Corée, l'Allemagne, l'Autriche, l'Espagne, Porto Rico, Panama, la Jamaïque et le Vénézuela; il avait monté un spectacle d'une heure à la télévision regardé par cent millions d'Américains, et un autre vu par vingt-cinq millions d'Allemands de l'Ouest et de l'Est. De plus, deux autres troupes s'étaient formées et les trois voyageaient sans interruption aux États-Unis avec chacune cent-cinquante jeunes exubérants; elles avaient fait naître plus de cent trente groupes locaux de *Chante ta foi* et avaient formé les dix mille étudiants du secondaire et de l'université qui les composaient; elles avaient lancé un magazine international, *Pace (Allure)*, qui avait un tirage mensuel de quatre cent mille exemplaires; elles avaient aussi inspiré la fondation d'un collège en arts libéraux, le collège Mackinac, durant quatre ans, des jeunes gens et jeunes filles suivaient un cours pour devenir dirigeants nationaux en politique, en affaires et dans les professions.

«Dès l'instant où *Chante ta foi 65* prit la route, il eut un succès formidable. À Watts, le groupe chanta devant des milliers d'adolescents noirs.

«On peut mesurer la profondeur du changement effectué à Watts quand un jeune Noir qui avait pris part aux émeutes déclara: *J'ai comparé ma vie à ce que ces jeunes représentaient et j'ai eu honte. Je suis retourné dans les magasins où j'avais pillé et j'ai proposé de rembourser ce que j'avais pris durant les émeutes. Maintenant, je veux aider à montrer au monde une autre image de ma communauté.* Il se groupa avec d'autres étudiants pour former le groupe *Los Angeles, chante ta foi* qui fonctionne encore très bien.

«Des observateurs ont essayé d'analyser pourquoi *Chante ta foi* attirait tant les foules et ils imputent ce fait à deux facteurs: le genre et le contenu des chansons et l'entrain considérable de ces jeunes gens.

«Dans un répertoire de *Chante ta foi*, toutes les chansons ont des airs entraînants, bien rythmés, faciles à chanter avec des refrains qui invitent l'assemblée à participer. Celles que le public aime tout particulièrement sont les deux suivantes: *Up with people* (Debout tous ensemble), une chanson qui célèbre la fraternité et qui glorifie la force des citoyens ordinaires et le sensationnel *Freedom isn't free* (La liberté n'est pas gratuite) avec son refrain mémorable pour taper du pied: *Vous devez payer le prix, vous devez vous sacrifier pour gagner votre liberté.*

«Chaque chanson veut valoriser en musique une vie meilleure et des objectifs nationaux plus élevés. Il y a des chansons qui dénoncent les préjugés raciaux *What Color Is God's Skin* (De quelle couleur est la peau de Dieu?); des

291

chansons chargées qui sont une satire des aspects bizarres de la jeunesse moderne; un appel hilarant à des critères moraux élevés *You Can't Live Crooked and Think Straight* (On ne peut vivre de travers et penser droit!)

«Au moment du spectacle, le groupe *Chante ta foi* n'entre pas sur la scène, il explose sur la scène; les chanteurs courent à leur place, rapides comme une équipe de football qui se met en position. Ils sont prêts en moins de dix secondes. Le programme éblouissant, tout comme les jeunes qui le donnent, se déroule sans interruption. Au moins trente numéros s'enchaînent si bien que le public n'aperçoit aucune coupure. Les lumières diminuent d'intensité, les micros sont déplacés, un nouveau groupe de chanteurs ou de musiciens vient au centre de la scène, les projecteurs s'allument et le décor est changé en quelques secondes. Durant les deux heures complètes que dure le spectacle, la scène est un lieu de mouvement incessant, à l'exemple d'une des chansons *Dont Stand Still!* (Ne reste pas immobile!) dont le refrain dit: *Nous bougeons et ne restons pas immobiles; nous avons un travail formidable à accomplir; le monde attend d'être refait de la main de chaque garçon et fille...*»

Incidemment, il y a eu une preuve indubitable de l'impact puissant que possèdent ces jeunes dans le monde; à Harvard, ils furent méchamment attaqués, mais avant que leur spectacle sensationnel ne soit terminé, même les contestataires s'étaient joints à eux. Il semble que lorsqu'on leur montre la vérité, les jeunes suivent l'esprit et le but du groupe *Chante ta foi debout avec nous tous,* même si les cyniques professionnels de la Nouvelle Gauche - nouvelle moralité les ont entraînés en sens inverse. Ce récit de l'attaque de Harvard le prouve.

«Harvard fut la scène de la représentation la plus extraordinaire qu'ait donnée le groupe Debout nous tous.

«Avant le spectacle, une foule de contestataires se tenait debout à l'entrée, dans le froid glacial, portant des pancartes et chantant des chansons s'élevant contre le spectacle. Ceux qui voulaient entrer dans la salle devaient se frayer un chemin en se bagarrant avec ces étudiants chahuteurs et hostiles.

«Pleine d'enthousiasme, la troupe se précipita sur la scène comme si c'était le seul spectacle qu'elle donnerait jamais. Toute l'équipe de production éclatait de dynamisme, d'enthousiasme et de détermination. Les applaudissements de la majorité du public recouvrirent les saletés et les sifflements proférés par les cinquante adversaires. Toute référence à Dieu, à la foi, au sacrifice, au travail et à l'armée était huée par la minorité. Dans bien des cas, le groupe majoritaire applaudissait orageusement pour prouver qu'il soutenait la troupe. Plus les contestataires devenaient bruyants, plus la troupe était déterminée à aller jusqu'au bout. Sur la scène, les sourires s'épanouissaient, les gestes se voulaient plus significatifs et les yeux pétillaient.

«Le récipiendaire d'une médaille d'or aux jeux olympique, John Sayre, et William Storey de Indio en Californie, parlèrent en faveur de la troupe, soulignant le défi que présentait aux étudiants la modernisation de l'homme.

Nous avons beaucoup de respect pour les grandes universités d'aujourd'hui, y compris celle de Harvard, pour ce qu'elles ont apporté à l'humanité, dirent-ils. *Mais si la seule force de l'intelligence pouvait résoudre les problèmes du monde, il y a bien longtemps qu'ils auraient été réglés. Nous avons besoin de programmes économiques et sociaux mais, à moins que l'Amérique universitaire n'apprenne à vivre cette qualité de vie qui empoigne et captive la volonté et le coeur des humains, nous aurons échoué lamentablement. L'Amérique collégiale en équipe avec le Ré-armement moral formerait les hommes et les femmes les plus révolutionnaires de la terre capables de vaincre le monde communiste comme le monde non-communiste.*

«Après la représentation, les étudiants se ruèrent vers les membres de la troupe, les bombardèrent de questions sur les événements brûlants de l'actualité, sur le pourquoi et le comment de Debout nous tous. Plusieurs d'entre eux restèrent plusieurs heures, cherchant à savoir si la troupe vivait bien comme elle le montrait sur la scène. Un grand nombre d'étudiants de Harvard et de Radcliffe demandèrent des formules d'inscription pour se joindre tout de suite à la troupe.

«Plusieurs jeunes qui, avant le spectacle, avaient manifesté contre la troupe dirent après avoir vu la représentation et rencontré les membres: *Nous voulons travailler avec vous.*»

Clarence W. Hall continue ainsi: «Nulle part, *Chante ta foi* n'a été accueilli avec autant de ferveur que dans les forces armées américaines. Il était un remontant moral évident et débordant pour les troupes. Le lieutenant général Bruce Palmer junior, commandant général à Fort Bragg, dit: *En ces temps de désertion et d'opposition au Vietnam, de manifestations contestaires de tous genres, ça fait énormément de bien de s'apercevoir que la flamme du patriotisme est toujours bien vivante aux États-Unis!*

«À West Point, deux mille deux cents cadets restèrent vingt-sept minutes debout à applaudir la troupe. À l'académie navale des États-Unis, à Annapolis, tous les aspirants de marine firent un salut *béret en l'air* et acclamèrent *Chante ta foi* durant trente et une minutes par une salve d'applaudissements. L'un d'eux dit: *Dans les quatre années que j'ai passées ici, je n'ai jamais vu une telle réaction. Vous montrez vraiment quelque chose en Amérique qu'il vaut la peine de défendre.*

«Mais si *Chante ta foi* '65 souleva les applaudissements de l'Amérique, il fit sensation à l'étranger. Pour montrer aux Asiatiques ce pour quoi vivent les jeunes Américains, ils prouvèrent qu'une grande partie de la jeunesse mondiale a la même soif de buts positifs que celle des États-Unis.

«Au Japon, *Chante ta foi* joua devant des foules de jeunes Japonais si denses qu'elles devaient rester debout, dans les universités, au célèbre théâtre Kabuki, au gymnase olympique de Tokyo (en présence du premier ministre Eisaku Sato et des ambassadeurs des États-Unis et de l'Union Soviétique) et dans les postes de l'armée japonaise et américaine.

«En Corée, leur estrade, un wagon de chemin de fer surmonté d'un drapeau, n'était qu'à quelques kilomètres des lignes communistes. *Dieu soit loué, vous êtes venus!* leur dit un colonel de l'armée américaine. *Vous avez complètement effacé une très mauvaise impression que nous avions ici de la jeunesse américaine.*

«En Allemagne de l'Est, l'accueil fut encore plus chaleureux. *Bild Zeitung*, le quotidien le plus vendu, écrivait: *Un ouragan de musique a traversé Hambourg, avec des voix d'or et de dynamite. Leur chant est comme une explosion et l'idée qui le fait naître vous ébranle.* À Munster, le *Westphalischer Nachrichten* rapportait ceci: *Les habitants* de cette ville, reconnus pour leur réserve et leur froideur, se sont levés de leurs sièges lors d'une représentation publique et ont chanté et dansé. Selon l'opinion de Die Welt, le quotidien national d'Allemagne de l'Ouest, La liberté n'est pas gratuite pourrait bien devenir la chanson-thème du monde occidental.

«La portée de l'explosion de Chante ta foi chez nous et à l'étranger, ne fut rien de moins que phénoménale. Dans presque tous les endroits où les troupes itinérantes ont donné leurs spectacles, des groupes Chante ta foi se sont formés à l'échelle locale et régionale. Des troupes ont pris naissance à l'échelle nationale au Japon, en Corée, en Allemagne, en Afrique de l'Est, en Australie et en Amérique latine. Calquées sur le modèle américain, des versions nationales parcourent sans relâche leur pays, faisant naître en étincelles, tout comme aux États-Unis, une prolifération d'innombrables Chante ta foi locaux. Par exemple, après la visite du groupe à Caracas, des troupes comprenant quatre cents personnes se formèrent au Vénézuela; à Porto Rico, San Juan Chante ta foi recruta plus de mille personnes.

«Au Japon en particulier, il y a un groupe Chante ta foi qui connaît un développement prodigieux. Il s'appelle Let's Go '67 (Allons-y 67). Ayant recruté plus de cinq cents membres, Allons-y 67 a fait voyager une troupe au début de cette année vers les Philippines et l'Indonésie et a suscité la création de groupes similaires à Taïpéi et Séoul; il a aussi fait part de son projet de faire connaître son programme dans tous les coins du Sud-Est de l'Asie.

«Un autre observateur a presque touché le secret de Chante ta foi lorsqu'il a déclaré: C'est beaucoup plus qu'un spectacle. Il produit sur scène une philosophie et un mode de vie auparavant familiers aux pionniers de cette nation mais qui, de quelque façon se sont perdus dans notre société d'abondance. Appelez-le une révolte contre le cynisme et le relativisme moral qui ont édulcoré les traditions du pays, une révolte en faveur de nouveaux critères et objectifs audacieux pour nous tous.

«Les Chanteurs de la foi parlent avec une franchise désarmante de leur acceptation de ces nouveaux critères et objectifs. Un bon exemple en est Esther Diaz Lanz, une jeune et jolie réfugiée de Cuba sous Castro qui, lorsque Chante ta foi vint en Floride, venait de terminer son secondaire à Miami. Se sentant appelée à joindre le groupe, elle alla d'abord voir le directeur de son école pour lui dire: Je ne mérite pas mon diplôme. J'ai triché au dernier examen. Et elle insista pour passer un nouvel examen qu'elle réussit avec de meilleures notes que le premier. Un autre exemple est William Storey, un jeune Noir élégant qui, avant d'entrer dans Chante ta foi, était chef d'une des bandes les plus dures de l'Ouest de Chicago. Storey dit: Les gamins de Chante ta foi semblaient avoir une réponse à la haine et à la violence dans le monde. Maintenant, je trouve qu'il faut plus de cran pour se battre pour ce qui est juste qu'il n'en fallait pour se battre dans la bande.

«Un père déclare: Je ne reconnais plus mon fils depuis qu'il est entré dans Chante ta foi. Avant, il était sauvage et paresseux, sans initiative et sans but. Maintenant, il en a plus que je ne peux en comprendre!

«Les Chanteurs de la foi eux-mêmes reconnaissent que leurs buts sont tout à fait compréhensibles. Comme l'écrivait récemment l'un deux dans leur journal Pace: Notre génération cherche des idées auxquelles elle peut croire, pour lesquelles elle peut se battre et qu'elle peut mettre en pratique. Nous voulons la paix, mais pas au prix de la *liberté. Nous préférons relever le défi du travail acharné et du sacrifice plutôt que d'être couvés par la société. La nôtre est une génération en mouvement et prête à accepter la discipline et le risque. Elle veut guérir la pauvreté, l'immoralité et la désunion et elle veut le faire en révolutionnant les êtres, ce qui est plus efficace que la violence née de la haine.*

«Regardez par exemple ce que les jeunes Indonésiens ont fait il n'y a pas longtemps pour sauver leur pays et ce que les Gardes rouges ont fait en Chine pour détruire le leur. Ne négligez pas ce que ces enfants font avec leur *Chante ta foi* et surtout ne le sous-estimez pas!» C'est ainsi que Clarence W. Hall conclut son discours d'appréciation de la jeunesse américaine, la nouvelle génération très différente qui sait où elle va.

Nous sommes encore un pays jeune. Notre force fondamentale à l'origine venait des principes auxquels nous croyions, pas seulement la liberté religieuse et politique, mais aussi un sentiment de compassion les uns envers les autres, sentiment qui n'existait pas dans les vieux pays. Nous voulions traiter notre voisin comme on aurait aimé qu'il nous traite. Avec notre foi et notre conviction et ce merveilleux enthousiasme qui est l'apanage de la jeunesse, nous avons bâti une nation unique dans l'Histoire de notre civilisation. Cela fait chaud au coeur de voir ressurgir les principes de ces forces fondamentales chez un grand nombre de nos jeunes. Leur action extraordinaire nous rappelle que l'enthousiasme est un trait caractéristique de la *jeunesse*. Il appartient à ceux qui sont jeunes de coeur et d'esprit et ne se laissent pas limiter par l'âge chronologique.

J'ai connu des gens de quatre-vingts ans qui étaient jeunes, parmi eux figure mon cher ami feu le docteur

Smiley Blanton et j'ai connu des garçons de dix-huit ans qui étaient vieux. Si la jeunesse est un état d'esprit, alors l'enthousiasme en fait partie. Et si vous avez de l'enthousiasme, vous n'aurez pas besoin d'hormones, ni de ridectomie (face-lift) ni de teinture à cheveux ni d'autres procédés de rajeunissement artificiels. L'enthousiasme fait briller les yeux, colore les joues et met dans le coeur la joie de vivre.

Faites donc de l'enthousiasme votre contribution non seulement à votre bien-être personnel, mais aussi à cette contre-révolution excitante en faveur de l'Amérique qui naît dans notre pays. S'il y a une qualité que les jeunes accepteront de leurs aînés, c'est bien l'enthousiasme. Ils ont soif d'action dynamique. Ils veulent un pont positif. Nous pouvons le rendre possible grâce à notre sagesse mûrie et à notre aide positive pour soutenir ces nouveaux croisés. Remplissez votre coeur de foi, votre esprit d'enthousiasme et joignez-vous aux jeunes, aux gens d'âge moyen et aux personnes âgées dans une croisade spirituelle rémunératrice et enrichissante. Dieu sera avec vous.

CHAPITRE DOUZE

L'enthousiasme fait la différence

S.S. Kresge, fondateur de l'immense empire qui compte environ un millier de magasins de détail portant son nom, possédait cet enthousiasme calme et tranquille qui défonce les barrières et donne des résultats spectaculaires. Cet homme remarquable vécut quatre-vingt-dix-neuf ans et demi et fit profiter des milliers de gens de sa philantropie.

L'histoire de Kresge s'inscrit dans la tradition de la saga américaine; il s'éleva de la pauvreté vers la réussite, élevé dans les vertus hollandaises de sa fière Pennsylvanie: l'acharnement au travail, le sens de l'économie, l'honnêteté scrupuleuse, la foi et l'enthousiasme. S.S. Kresge était un chrétien sincère, une personne réaliste et un fin penseur. Il avait un sens de l'humour mordant. Quand Harvard lui conféra un certificat honorifique et qu'il dut répondre par un discours, il se leva et dit: «Je n'ai jamais été un grand orateur» et il se rassit. Ce fut probablement le discours le plus court jamais prononcé dans cette université et peut-être le plus sensé de tous. Kresge gagna deux cent millions de dollars dans sa vie mais donna presque tout. Il ne perdit jamais de vue Dieu ou la dignité humaine. Pour reprendre ses propres mots: «J'ai essayé de laisser le monde meilleur que je l'avais trouvé.»

Je lui ai demandé un jour le secret de sa vie extraordinaire. «J'ai une philosophie bien simple, me dit-il: couché tôt, levé tôt; je mange raisonnablement; je travaille fort; j'aide mon prochain; je ne laisse rien me taper sur les nerfs; je m'occupe de mes affaires; je suis enthousiaste et je garde toujours Dieu à l'esprit.» Avec cette philosophie bien simple, il vécut sans jamais s'arrêter de bâtir avec foi et enthousiasme.

«Quand on commence en bas et qu'on apprend à gratter, tout devient facile», déclare monsieur Kresge. C'est sûrement vrai si vous avez la volonté et le courage, la foi et l'enthousiasme pour continuer à gratter. Une telle aptitude se développe très bien avec la complicité d'un enthousiasme inné qui défonce les barrières. Quelles barrières? Eh bien, tout ce qui entrave le mieux-vivre, le véritable succès et la movitation donnée par Dieu pour exploiter au maximum les capacités que vous possédez.

Une femme vint me voir récemment, après que j'aie eu prononcé un discours. Il se trouva que c'était une ancienne camarade de classe que je n'avais pas revue depuis la remise des diplômes. «Norman, me dit-elle, je t'ai bien observé en t'écoutant. Tu as vraiment fait beaucoup avec le peu que tu avais.» D'abord, je me suis senti humilié, puis je me suis rendu compte que sa remarque était en fait un compliment. Si vous avez peu pour commencer mais si vous faites au mieux avec ce peu là, vous serez surpris de tout ce qu'il deviendra.

Ayez un esprit résolu et montez

L'enthousiasme crée et maintient la qualité de détermination qui est d'une importance vitale pour surmonter les obstacles à un mieux-vivre. J'ai été extrêmement ému par l'histoire de Mahalia Jackson, l'une des plus grandes chanteuses de chants religieux que notre pays ait connues. Des obstacles, elle en eut sa part; mais elle avait aussi un *esprit résolu,* de l'enthousiasme et la foi en Dieu. Elle avait donc tout ce qu'il fallait pour *monter.*

Mahalia Jackson, partie de rien, a chanté devant des foules enthousiastes, au Sportspalast de Berlin, au Albert Hall de Londres et dans beaucoup d'autres grandes salles de concerts du monde. Elle passa son enfance à la Nouvelle-Orléans où son père travaillait sur les quais du fleuve pendant la semaine et prêchait le dimanche. Sa famille était très pauvre. Elle n'alla pas longtemps à l'école et ne reçut pas de formation musicale en règle. Mais elle entendait la musique des bateaux-spectacles voguant sur le bas Mississippi. Elle écoutait fascinée les grands orchestres de jazz. Elle sentit quelque chose grandir en elle et en vint à prendre conscience de sa très belle voix. Elle connut ses premières émotions en chantant dans la chorale de la petite église de son père où elle élevait sa voix magnifique dans des chants religieux émouvants comme *How Wonderful That Jesus Lifted Me* (Il est merveilleux que Jésus m'ait soulevée) et elle s'achemina pas à pas vers le triomphe. Un de ses disques, *Move On Up a Little Higher* (Monte un peu plus haut) se vendit à huit millions d'exemplaires.

«Que voulez-vous devenir? demanda-t-elle. Où voulez-vous aller? Dieu vous y soulèvera.» Mais à une condition: «Vous devez être résolu.»

Elle dit que si Dieu a pu l'enlever de cette région pauvre de la Louisiane, s'*il* a empêché qu'elle ne s'use les genoux à frotter les planchers, s'*il* a pu lui épargner les souffrances de sa race alors, dit Mahalia Jackson, «*il* peut vous élever aussi». Et c'est un fait. Il n'y a personne que Dieu ne puisse élever bien au-delà du but qu'il s'est fixé ou qu'il a envisagé. Mais il faut avoir un *esprit résolu.* Vous devez le vouloir et laisser Jésus-Christ vous soulever. C'est alors que vous connaîtrez la victoire sur la faiblesse, sur les ennuis et sur vous-même. Soyez donc sage; soyez de ceux qui s'emparent de leur vie, ce qui est vivre, en fait. L'histoire de Mahalia Jackson est une autre preuve d'une action inspirante. Vous pouvez avoir ce que vous voulez dans la vie en autant que vous avez l'enthousiasme qui ouvre les barrières. Vous pouvez vraiment *monter* dans la foi.

Un couple fatigué découvre un enthousiasme régénérateur

J'ai vu un couple d'âge moyen épuisé, découvrir de l'enthousiasme face à la vie, un enthousiasme d'une vitalité si intense qu'ils firent littéralement voler en éclats les barrières de la maladie et de l'ennui qui leur avaient bloqué leur chemin vers une vie heureuse et créatrice.

Cette expérience humaine passionnante s'est produite un inoubliable matin de mai à notre ferme du comté de Dutchess dans l'État de New York. Dans un pré de notre propriété, il y a une vieille maison inhabitée, battue des vents, que nous utilisons comme entrepôt. Tout près de cette maison, il y a un énorme bosquet de lilas. L'herbe était haute et dans la brume du matin cette vieille maison battue par les vents était entourée de mystère et de beauté. Les lilas eux-mêmes étaient lourds des grosses gouttes de rosée. Lorsqu'on y plongeait le visage, on sentait la fraîcheur et la pureté de l'eau, un parfum délicieux s'en dégageait; on avait une sensation de propreté. Deux bouvillons Black Angus s'approchèrent et me regardèrent à travers la clôture. Je les regardai aussi. On aurait dit qu'il y avait une expression amicale intéressante sur leurs grosses faces tranquilles. Je les aimais bien et je dis: «Salut les gars! Comment ça va?» Mais la seule réponse que j'obtins fut un long jet de vapeur sortant de leurs narines.

Puis la brume matinale commença à se dissiper. De longs rayons de soleil vinrent frapper la lavande des lilas. Le matin devint éblouissant. Il me vint à l'esprit une chose que mon père avait coutume de dire d'une personne heureuse et enthousiaste: «Il est aussi radieux qu'un matin de mai». Je restai dans l'herbe haute, pensant à combien de matins de mai j'avais vécus et j'étais heureux car je sentais en moi la même fièvre que lorsque j'étais petit. Je fis une prière là, à côté du bosquet de lilas, pour que mon esprit exalté ne se dégrade jamais, que toujours à chaque seconde, ma vie soit remplie d'émerveillement, de mystère, de splendeur, débordante d'émotions et d'enthousiasme formidable.

La Bible nous donne un conseil très intéressant: «Emparez-vous de la vie, c'est vraiment la vie.» On nous dit que Jésus est venu pour que nous ayons la vie *en plus grande abondance,* car ce n'est pas le monde qui nous entoure, aussi charmant soit-il, qui procure les plus grandes passions, les plus grandes joies ou qui donne à la vie son sens le plus profond ou qui apporte le plus de satisfaction; mais c'est plutôt l'expérience d'un esprit revalorisé, d'une sensibilité revitalisée et d'un enthousiasme sans bornes qui donne son plein sens à la vie.

Tant de gens deviennent éreintés, vieillis et fatigués avant leur temps. Ils deviennent cyniques, adoptent un état d'esprit qu'ils appellent sophistication. Mais en réalité ce n'est pas du tout de la sophistication, parce que la signification réelle de ce mot est *d'être sage et futé dans les manières mondaines.* Et ce n'est pas tellement futé que de devenir ennuyeux et de bannir les émotions. Mais c'est une part de sagesse que de devenir vivant pour éliminer le vide et la stagnation.

Eh bien, en ce fameux matin de mai, un couple vint me voir à la ferme en voiture. Je savais qu'ils étaient de typiques citadins sophistiqués et blasés. Ils étaient sympathiques mais désabusés. La vie les avait dégoûtés. L'homme me dit: «Hélène n'est pas bien et je me fais énormément de souci à son sujet. Et, ajouta-t-il, je ne suis pas très bien non plus.»

«Vous me semblez bien costaud», remarquai-je.

«C'est bien possible; mais je ne me sens pas bien dans mes pensées et j'ai perdu l'habileté créative que j'avais.» Cet homme est un compositeur de musique et un éditeur de classe. «Quelque chose m'a quitté. J'ai perdu l'enthousiasme et cette capacité de me passionner pour quelque chose que j'avais toujours eus. Je voudrais savoir comment je pourrais les retrouver. La vie ne vaut rien sans cela.»

«Écoutez-moi bien, Bill. Vous ne vous adressez pas à la bonne personne, dis-je. Je suis un ministre du culte et vous êtes un de nos sophistiqués ultra-modernes. Comment se fait-il que vous me demandiez à moi comment retrouver la passion de la vie? Vous vous êtes trompé en venant vers moi pour ce problème, parce que je vais vous donner une réponse très simple d'un point de vue spirituel. Je n'ai pas beaucoup d'espoir car vous n'êtes probablement pas assez simple pour accepter une réponse simple. Vous êtes trop compliqué ou, saurions-nous dire trop avancé pour ça, c'est du moins ce que vous laissez paraître. Mais si vous arrivez à descendre de votre piédestal compliqué et sophistiqué et que vous fassiez preuve de quelque humilité, je peux vous donner une vraie réponse qui vous répondra vraiment.»

«Bon sang, dit-il, vous ne m'épargnez rien, n'est-ce pas?»

«Peut-être que ça va vous faire du bien», répondis-je avec un sourire. Mais nous nous sommes compris.

«Parlez! Je vous écoute!» dit-il. Et j'eus le sentiment très net qu'il cherchait vraiment quelque chose cette fois-ci.

«Bon, entrez.» Je conduisis Bill et Hélène à l'intérieur et nous entrâmes dans la bibliothèque. «Maintenant, dis-je, vous voyez ce tapis? C'est un beau tapis de Chine que ma femme n'a pas encore fini de payer. Il est moëlleux et sera doux sous vos genoux qui, j'en suis certain, n'ont pas été dans une position de prière depuis longtemps. Alors agenouillez-vous près de cette chaise.»

Tous deux se sont agenouillés et nous avons prié. Je réalisai que j'avais mal jugé ces personnes. Il mit son coeur à nu et elle fit de même. Ils ne mâchèrent pas leurs mots, s'exprimèrent franchement et demandèrent à Jésus de les faire renaître. Croyez-le ou non, ici même, dans ma bibliothèque, ce matin de mai, j'ai été témoin du phénomène extraordinaire de deux nouvelles naissances. Ils sortirent peu après le pas léger, les yeux brillant d'un nouvel éclat.

Un an plus tard, Bill m'écrivit une lettre et apparemment, l'enthousiasme était toujours là. C'était exprimé très poétiquement car Bill est du genre poétique; il disait: «Le ciel n'a jamais été plus bleu; l'herbe n'a jamais été plus verte; le parfum des fleurs n'a jamais égalé celui de cette année; le chant des oiseaux nous a mis en extase. Nous ne savions pas que la vie pouvait être à ce point merveilleuse. Hélène va mieux et j'ai été libéré.» Ils ont conservé ce nouvel enthousiasme vivifiant qu'ils ont trouvé sur cette carte postale illustrée d'un matin de mai. Il n'a jamais failli. Ils ont découvert l'enthousiasme qui fait éclater les barrières vers une vie pleine et heureuse.

L'enthousiasme ouvre les barrières sur une vie meilleure

Il y a des obstacles nombreux et différents qui empêchent une vie meilleure. Il y a bien sûr la peur qui est un très gros obstacle. Et, avec la peur, il y a la prudence. Il est sage de faire attention et d'être prudent au bon moment. Mais il ne faut pas être trop prudent. Celui qui a peur, qui est craintif et trop prudent ne surmonte jamais les obstacles au-delà desquels se trouvent les valeurs véritables et merveilleuses de ce monde. Trop de précautions est en fait une mauvaise chose.

Un jour, un camion arriva chez nous, à notre ferme, pour livrer de l'huile à chauffage. Je remarquai tout de suite que le conducteur ne descendait pas de sa cabine. J'allai vers le camion et demandai: «Qu'est-ce qui se passe?»

L'homme me répondit tout apeuré: «Regardez ce chien!» Il faut dire que nous avons un énorme chien bâtard qui aboie fort et a l'air très méchant. Mais c'est un air qu'il se donne. L'air méchant et les aboiements sont tout ce qu'il a. «Voyons, dis-je, ce chien ne ferait pas de mal à une mouche.»

«Je ne suis pas intéressé aux mouches, rétorqua cet homme. La seule chose qui m'intéresse, c'est de ne pas être mordu.»

«Voyons, lui dis-je, si vous descendez tout simplement de la cabine et marchez vers le chien, il s'enfuira à toute allure.»

Mais il ne voulait pas prendre de risques. «Regardez ses yeux! me dit-il. Non merci.» Et il se rassit à la même place.

Je me tournai vers le chien. «Va-t-en, Petey! Va-t-en!» À ma grande surprise et à mon désarroi, il se dirigea vers moi en continuant à aboyer, à tel point que je faillis bien grimper dans le camion.

Petey savait qu'il terrorisait ce livreur et il essayait de voir s'il pouvait me faire peur à moi aussi. «Tant que vous avez peur de ce chien, dis-je à l'homme, il le sent et il est décidé à vous faire rester assis dans la cabine.»

En fin de compte, mes paroles le rassurèrent. Le gars si prudent sortit et ensemble, nous marchâmes vers le chien. Quand Petey vit qu'il n'effrayait plus personne, il battit vite en retraite. Après cela, il resta à grogner dans les alentours tandis que le livreur faisait son travail.

Je ne vous apprends pas grand-chose en vous disant qu'un animal, détectant votre peur, fera tout ce qu'il peut pour vous effrayer encore plus. Plus vous vous laissez intimider par quelque chose, plus vous en avez peur.

Quelqu'un qui a été impliqué dans un accident d'automobile tremblera sûrement quand il remontera dans une voiture. Mais, plus tôt il le fera, mieux ce sera pour lui. S'il le remet à plus tard, il peut amplifier sa peur des voitures qui peut devenir une phobie de tous les moyens de transport. La peur augmente parfois avec le temps et subit aussi une *généralisation,* c'est-à-dire qu'elle s'étend de son objet initial à d'autres domaines.

Il est donc clair que trop de précautions peut nuire. En évitant les choses que vous craignez, vous pouvez vous engager sur la voie de conséquences malheureuses. Il est souvent plus sage d'affronter une expérience effrayante la tête haute et de risquer de se faire mal. Vous trouverez sûrement que ce n'est pas aussi dur que vous ne l'aviez craint ou bien, vous découvrirez que c'était en fait très dur mais que vous aviez les capacités pour y faire face et vous deviendrez ainsi quelqu'un de fort.

John Ruskin, dans sa vingtaine, devint péniblement conscient qu'il était extrêmement peureux. Durant un séjour à Chamonix dans les Alpes françaises, cette disposition le mit au désespoir. Après avoir observé de jeunes hommes escalader les montagnes, il essaya lui-même quelques sommets moins importants. Mais la peur le rendit physiquement si malade qu'il faillit renoncer à l'escalade.

Poussé par cette difficulté, il écrivit: «La question de l'effet du danger sur le moral en est une très curieuse. Si vous faites face à un danger et que vous vous en détournez, même s'il vous semble tout à fait correct et sage d'agir ainsi, votre volonté en aura cependant subi une légère détérioration. Vous êtes, jusqu'à ce point, plus faible et moins vivant... par contre si vous traversez le danger, même s'il semblait contre-indiqué et insensé de l'affronter, vous en sortirez plus fort et meilleur, plus apte à tout travail et toute épreuve.»

Henry J. Taylor, célèbre journaliste, reçut de son père, il y a des années, un conseil qui résume l'essentiel du sujet: «Ne te fais pas trop de souci pour toi et n'aie pas peur de te faire mal. Les gens qui traversent la vie en étant prudents passent à côté de beaucoup de choses. Prends des risques chaque fois que tu en as l'occasion. Tu auras plus de chances, tu verras plus de choses et tu vivras probablement aussi longtemps.»

Un autre obstacle qu'il faut vaincre, c'est le ressentiment. Avez-vous jamais réalisé que le terme ressentiment est dérivé d'un mot qui signifie re-faire mal? Ceci peut expliquer le sentiment de blessure et de douleur mentales quand vous éprouvez du ressentiment, car en fait, vous vous re-blessé vous-même, gardant ainsi la vieille plaie ouverte. L'expression *faire la tête* exprime bien la douleur mentale causée par le ressentiment parce que la douleur mentale est sans cesse activée. Le ressentiment est un très gros obstacle à la vraie vie mais l'enthousiasme peut aussi vous faire traverser cette barrière.

Un autre obstacle est celui de l'isolement, qui nous évite de nous intéresser aux autres. La tristesse et le manque d'enthousiasme d'aujourd'hui pourraient bien être attribués à un intérêt excessif envers soi qui nous empêche de nous ouvrir aux besoins des autres. On a évalué à environ trente-neuf le nombre de personnes qui entendirent les cris d'une femme poignardée à mort à New York et, aussi incroyable que cela paraisse, ces personnes haussèrent les épaules comme si ça ne les regardait pas.

«Pourquoi est-ce que je me mêlerais à ça?» essayèrent-ils de raisonner. «Ce n'est pas mon enterrement.» Mais c'était bien leur enterrement. La malheureuse victime perdit sa vie physique. Ils perdirent la vie de leur âme. Comment peuvent-ils jamais oublier ces cris agonisants auxquels leur triste égoïsme les empêcha de répondre. Leur non-implication les hantera à jamais. Ce désir de ne pas s'impliquer dans la peine, la souffrance et la tragédie des autres est un très gros obstacle à une vie de qualité supérieure. Mais l'enthousiasme pour les êtres humains élimine cette indifférence et apporte une qualité de bonheur qu'on ne peut guère trouver autrement. Comme le dit Arthur Gordon: «L'enthousiasme, c'est le souci - le souci sincère des autres.»

Drame dans le métro

Prenez par exemple la façon dont Sal Lazzarotti, directeur de la mise en page du magazine *Guideposts,* réagit au défi d'une tragédie possible dans laquelle il s'est laissé impliquer. Ça se passa dans le métro de New York un matin, alors qu'il se rendait à son travail. À un mètre de l'endroit où il était assis, se tenait un garçon d'environ dix-huit ans, à l'allure correcte et sympathique, qui se tenait d'une main à l'un des piliers du milieu du train branlant. En face de Sal était assise une jeune femme bien mise qui pouvait avoir vingt-cinq ans et qui lisait un livre de poche. Quand le train s'arrêta à la station, elle se leva et passa près du garçon pour se diriger vers la sortie. Puis soudain, elle hurla: «Espèce de salaud! Ne prends pas cet air innocent! Je sais bien que tu m'as touchée!» Et elle se rua sur lui et le griffa comme une tigresse. Le garçon ahuri porta brusquement les mains à son visage pour se protéger et ce faisant, toucha apparemment celui de la fille, car une goutte de sang apparut sur ses lèvres. Puis, s'étant libéré, il sauta du wagon sur le quai - elle s'élançant après lui, martelant le sol de ses talons hauts et criant: «Police! Police!» Les portières du train se refermèrent; les passagers alarmés haussèrent les épaules et se replongèrent dans leur journal. Pour eux, ce n'était qu'un incident banal.

Maintenant, de l'endroit où il était assis, Sal avait pu voir très nettement qu'il n'y avait eu aucun contact entre le garçon et la fille avant qu'elle ne crie. Le garçon était totalement innocent. Sal se demanda ce qui allait lui arriver et si un témoin quelconque, comme lui, ne devrait pas entrer en contact avec la police. Il essaya de se persuader que ce n'était pas de ses affaires, que de toute façon, le garçon avait probablement réussi à s'enfuir et qu'il ferait mieux de ne pas s'en mêler. Il était trop occupé pour s'impliquer dans les problèmes des autres. Mais il ne pouvait s'empêcher de penser à ce garçon.

Ce qu'il fit ensuite gâcha complètement sa journée de travail. Pour commencer, il lui fallut quatre appels téléphoniques pour arriver à localiser le poste de police où le garçon aurait été conduit s'il avait été pris. Le brigadier du poste lui dit qu'effectivement, ce garçon avait été amené là et envoyé à la cour juvénile. Sal appela la cour juvénile et obtint le nom du garçon, Steve Larsen, et le nom et l'adresse de ses parents; il parla au téléphone avec sa mère et apprit que sa famille n'avait pas les moyens pour recourir à une aide légale; il se chargea lui-même de trouver un avocat pour Steve, et avec l'avocat et la mère du garçon, Sal alla à la cour pour témoigner.

Quand le juge la questionna, la fille fit un récit dramatique de l'attaque qu'elle avait subie. Sal écoutait avec stupéfaction, sachant très bien que rien de ce qu'elle disait ne s'était produit. À un certain point, le juge interrompit son récit pour dire: «Il y a ici un témoin de l'incident, alors soyez sûre de ce que vous dites.» La fille regarda dans la salle, vit Sal et le reconnut; elle écarquilla les yeux comme si elle ne pouvait y croire et se sentit fondre. Elle mâchouilla ses mots, se contredit et se donna en spectacle. Le juge appela l'avocat de la fille et celui de Steve dans un coin et décida qu'elle avait besoin d'une aide psychiatrique et il classa l'affaire.

Si Sal Lazzarotti avait décidé que l'incident ne le concernait pas et avait évité d'être impliqué, ce garçon aurait sûrement été reconnu coupable; il serait allé en prison, aurait eu une tache à son dossier judiciaire et serait peut-être devenu un criminel par la suite. Il fut sauvé de la catastrophe par la présence dans ce wagon de métro d'un homme qui s'était senti une responsabilité à l'égard d'un être humain qu'il ne connaissait même pas.

Mais Sal avait un enthousiasme délirant pour les autres, il se souciait vraiment d'eux et son enthousiasme fit sauter la barrière de la non-implication qui barre la route du bonheur dans la vie.

Surprise renversante
pour une bande de voyous

Un autre enthousiaste qui est parvenu à détruire la barrière de l'attitude paralysante du non-engagement est James R. George, vingt-trois ans, habitant la Georgie. Pilote de la Naval Reserve, il était en permission à Philadelphie pour y visiter les monuments historiques. Dans la station de métro au coin de Race et Vine, il se trouva face à un spectacle qu'il ne s'attendait pas à voir à Philadelphie, berceau de la liberté humaine. Quinze ou vingt jeunes voyous avaient coincé une jeune fille et s'apprêtaient à la violer. Six hommes les regardaient sans faire un geste pour intervenir. George les interpela: «Allons! Vous n'allez tout de même pas les laisser faire!»

Mais ils haussèrent les épaules, ce qui voulait dire: «Ça ne nous regarde pas. On ne veut pas s'en mêler. C'est pas notre affaire.»

Mais ce gars était d'une étoffe plus vigoureuse. Ça le regardait. Il jeta sa veste en vitesse et fonça tout seul dans cette bande de voyous vicieux. Il les envoya rouler à terre, à gauche et à droite et les étendit sur le quai. Ils revinrent à la charge, le martelant de coups, mais il parvint finalement à les faire fuir et sauva la jeune fille. Pendant tout ce temps-là, les six hommes restèrent les bras croisés.

Le maire de Philadelphie présida une cérémonie publique en l'honneur de George et le félicita pour son courage et son sens de la responsabilité; il lui accorda le titre de citoyen honoraire de la ville. Quand vint le moment pour George de dire quelques mots dans le micro, ses premières paroles furent: «J'ai beaucoup aimé mon séjour à Philadelphie...» Bien sûr qu'il l'avait beaucoup aimé, mis à part son visage tuméfié et les autres marques de violence. Et pourquoi l'avait-il beaucoup aimé? Parce qu'il avait la conscience nette. Parce que quand la décence l'avait exigé, il s'était porté au secours d'une enfant de Dieu sans défense. Il avait ce qu'il fallait pour s'impliquer. Il avait de l'enthousiasme pour les autres, surtout pour ceux qui sont faibles et sans défense.

Un autre obstacle au bonheur surmonté victorieusement par l'enthousiasme spirituel est la peur de la maladie, la crainte de perdre un être cher. C'est une question extrêmement douloureuse, mais la personne qui a trouvé des réponses spirituelles fait grandir en elle une foi positive puissante et enthousiaste qui la place bien au-dessus de ce problème qui est un des grands problèmes de l'humanité.

Un garçon sauvé par l'abandon en Dieu

Un midi, alors que je parlais au cours d'un déjeuner-causerie dans un hôtel de Chicago, je remarquai qu'il y avait à l'arrière de la salle un certain nombre de serveuses debout qui écoutaient. À la fin de la causerie, comme je traversai précipitamment le hall d'entrée pour ne pas manquer mon avion, j'entendis appeler mon nom. C'était une jeune femme qui avait peut-être trente ans, en uniforme de serveuse, le visage radieux. Elle se précipita vers moi et, prenant mes deux mains dans les siennes, me déclara à ma grande surprise: «Docteur Peale, je vous aime beaucoup!»

«Bon, mais ne le dites pas si fort!»

«Oh! Je vous aime beaucoup», répéta-t-elle.

Ému par sa candeur et la joie qui émanait d'elle, je lui dis: «Savez-vous? Je vous aime beaucoup aussi. Mais éclairez-moi un peu, s'il vous plaît. Pourquoi donc nous aimons-nous?»

«Je vais vous le dire, me répondit-elle. J'ai un petit garçon. Son père nous a quittés, mais j'en ai été d'autant plus reconnaissante à Dieu de m'avoir donné cet enfant merveilleux. Quand mon fils a eu cinq ans, il est tombé malade. Le docteur m'a déclaré que c'était très sérieux et un jour, il m'a dit: *Mary, il vous faut être forte. Je ne sais pas si on pourra sauver votre fils.* Il me préparait au pire. J'étais complètement perdue. Je sentais que le monde allait s'écrouler autour de moi si je perdais mon fils. Je l'aimais tant. Il était toute ma vie.

«Puis une voisine m'a donné un de vos sermons dans lequel vous dites: *S'il y a un être qui vous est cher qui tombe malade ou pour qui vous vous inquiétez beaucoup, ne vous accrochez pas à cet être cher. Donnez-le à Dieu. Dieu vous l'a donné. Il n'est pas vraiment à vous; il est à Dieu. Alors donnez-le à Dieu, car Dieu est bon. Il est amour. C'est un très bon père qui s'occupe avec amour de chacun de ses enfants. Remettez-le à Dieu et laissez Dieu s'occuper de lui. Quand il sera entre les mains de Dieu, il ne pourra lui arriver que du bien.*

«Eh bien, continua-t-elle, je n'avais jamais rien entendu de tel auparavant. Ça me paraissait terriblement difficile. Mais quelque chose au fond de moi me disait que c'était bien. Alors j'ai prié comme vous le disiez et j'ai remis mon fils entre les mains de Dieu.» Et, avec ses mains, elle fit le geste d'élever son enfant pour le placer entre les mains de Dieu.

«Oui, et qu'est-il arrivé?» demandai-je doucement.

Souriant à travers ses larmes de joie, elle me dit: «Dieu n'est-il pas bon? Il m'a laissé mon fils et maintenant, *lui* et moi l'élevons ensemble.»

Plusieurs autres serveuses qui étaient des amies de Mary étaient arrivées et écoutaient debout. Nous avions tous les larmes aux yeux, moi aussi. Et je dis: «Mary, je vais vous dire quelque chose: vous êtes une très bonne mère, c'est vrai. Et vous êtes l'un des êtres les plus forts et les plus sages que j'ai rencontrés.»

Les autres serveuses approuvèrent: «Elle est tout ce que vous dites!» Et nous nous séparâmes. Je poursuivis mon chemin, régénéré une fois de plus par l'histoire merveilleuse d'un être humain. Cette jeune femme avait vraiment le pouvoir de la foi enthousiaste et ainsi, elle avait surmonté l'un des grands problèmes des êtres humains.

Un obstacle courant qui nous empêche d'aller de l'avant est la tendance à exagérer l'importance de l'obstacle. Pendant combien d'années ai-je écouté des gens qui essayaient d'expliquer pourquoi ils ne peuvent pas! Si seulement ils utilisaient la moitié du temps qu'ils passent à dire pourquoi *ils ne peuvent pas*, à faire ce qu'ils peuvent, ils découvriraient qu'après tout, ils peuvent!

Mon vieux professeur de cinquième, George Reeves, un homme imposant dont la foi était plus imposante que lui, a laissé un souvenir inaltérable à ses étudiants. Il avait l'habitude d'écrire à brûle-pourpoint au tableau les mots PAS CAPABLE en grosses lettres, puis tenant l'éponge, prêt à effacer, il demandait: «Que peut-on faire avec ces mots?» Et les étudiants, qui connaissaient tous la réponse, disaient en choeur: «Enlevez le PAS devant le CAPABLE!» Alors, d'un geste large, il effaçait le PAS. «Prenez bien soin de vivre en enlevant les PAS devant les CAPABLE», conseillait-il. Et il ajoutait: «Quand on veut, on peut!»

Ne plaidez jamais contre vous-même

J'ai entendu cette expression si pleine de vérité pour la première fois lors d'une conversation avec mon vieil ami Robert Rowbottom à Berkeley, dans Rhode Island, où j'avais ma première église. Elle me frappa *comme une masse* car voyez-vous, c'était exactement ce que j'avais toujours fait: plaider contre moi-même. Mais, à force de repenser à ce concept positif de Robert, je commençai à me rendre compte que j'allais dans la vie avec une attitude complètement fausse qui pouvait seulement amener des résultats négatifs. Par conséquent, je décidai de faire une volte-face mentale. Je demandai à Dieu de me changer et de me donner une attitude plus positive et je le voulais vraiment, de toutes mes forces.

Par bonheur, Dieu entendit ma prière de désespoir. Car, croyez-moi, vivre avec cet état d'esprit malheureux qui s'appelle le complexe d'infériorité est une torture. L'une des meilleures choses qui me soient arrivées a été d'en être délivré. J'ai alors commencé à me servir de cette technique puissante. Avec l'introspection sont nés de nouveaux concepts qui ont fait une différence formidable dans ma vie, le pouvoir de la pensée positive et de l'enthousiasme. Mais on doit apprendre et maîtriser ces deux formidables qualités mentales et spirituelles et cette discipline ne vient pas facilement. Par contre, une fois qu'on a pris le dessus, on peut alors défoncer les barrières qui autrement nous emprisonnent et peuvent compromettre notre avenir de façon désastreuse.

Bien sûr, le résultat ne sera peut-être pas aussi radical pour vous. Mais, pour moi, je savais qu'il le serait. Dans mon cas personnel, c'était une question de vie ou de mort tant mes complexes d'insécurité et d'infériorité étaient ancrés profondément. C'est pourquoi j'ai opté rapidement pour la maîtrise de la pensée positive et de l'enthousiasme et me fiant à l'aide et aux conseils de notre Seigneur Jésus-Christ, j'ai commencé à bâtir ma vie sur ces fondements.

La pensée positive est la façon dont vous envisagez un problème. L'enthousiasme est la façon que vous vous sentez face à un problème. Ce sont ces deux éléments qui décident de ce que vous ferez d'un problème.

Changez les ouragans en zéphyrs

Un jour je me trouvais assis à la place du co-pilote dans un DC-6 en Extrême-Orient, dans la région où terre et mer sont balayées par des ouragans - vents violents avec un nom sinistre. Je demandai au pilote quels étaient les problèmes de voler dans une zone d'ouragans. «Eh bien, me lança-t-il, il ne faut surtout pas essayer de jouer au fou avec eux. Ils peuvent couvrir une étendue de cinq ou huit cents kilomètres et consistent en des vents violents et circulaires qui tournent dans le sens opposé aux aiguilles d'une montre.»

«Et alors, qu'est-ce que vous faites quand vous rencontrez un ouragan?» demandai-je.

«Oh, répondit-il, une chose est sûre, je n'essaye pas de m'entêter contre lui. Je me mets en bordure et je vais où il va. De cette façon, je change les ouragans en zéphyrs.»

La pensée positive et l'enthousiasme font exactement la même chose. Ils transforment les problèmes et les difficultés en zéphyrs, pour que nous puissions les conduire à une issue heureuse.

Bien sûr, il y a toujours le danger, lorsqu'on prône le développement et l'utilisation de l'enthousiasme, qu'ils conduisent à un surmenage. Même les enthousiastes doivent s'appliquer à prendre les choses tranquillement pour ne pas devenir victimes de la tendance au surmenage ou à des émotions exagérées. L'enthousiasme n'est pas forcément un phénomène qui nous met en ébullition et qui saute aux yeux, mais plutôt une motivation forte et contrôlée; il peut être présent chez une personne calme et réservée, tout comme chez un individu actif et extraverti. Le monde appartient à l'enthousiaste qui garde son calme.

Parmi les gens que j'ai observés et qui correspondent bien à cette description, je repense à feu Calvin Coolidge. Il était si tranquille qu'on l'appelait *Cal,* le calme, mais il avait une personnalité où l'enthousiasme agissait sous un contrôle ferme. Il était l'un des rares politiciens à utiliser sobrement les mots. Ses déclarations étaient courtes et concises. Il disait ce qu'il voulait dire, pas plus. Le seul fait qu'il ne parlait pas trop lui gagna l'estime de beaucoup de gens.

Un étudiant universitaire et moi-même furent invités à un déjeuner au bureau du président à la Maison Blanche, pour les membres du Congrès qui voulaient présenter leurs programmes au chef de l'exécutif. Cérémonieusement je lui offris la poignée de main de la fraternité Phi Gamma Delta. Il me la rendit en disant: «J'appartiens au chapitre Amherst.»

«Je sais cela, monsieur le Président», répondis-je. Et ce fut la fin de notre conversation.

Avant de commencer sa carrière dans la fonction publique, Coolidge était avocat à Northampton, au Massachusetts. Il avait son étude au centre-ville et sa maison à l'autre bout de la même rue. Coolidge n'allait jamais à son bureau en voiture, ç'aurait été trop dispendieux. Il croyait à l'économie. Il avait l'habitude de marcher de sa maison à son étude tous les matins à la même heure. Il passait ainsi devant une maison où habitait un de ses amis qui s'appelait Hiram. Tous les matins, quand Coolidge passait, Hiram se penchait par-dessus la clôture et, pendant vingt ans, leur conversation quotidienne fut à peu près ceci:

«Salut, Cal», disait Hiram.

«Salut, Hiram», disait Cal.

«Belle matinée», ajoutait Hiram.

«Belle matinée», approuvait Cal.

Ça se déroula ainsi pendant vingt ans. Puis Coolidge fut élu lieutenant-gouverneur, puis gouverneur, puis vice-président des États-Unis. Ensuite il devint président. Il n'habita plus Northampton pour plusieurs années. Quand son mandat de président prit fin, Coolidge revint à Northampton et à son étude. Il épousseta les meubles, prépara son bureau et un matin, peu de temps après, il marcha de nouveau de sa maison à son étude. Effectivement, son vieil ami Hiram était penché par-dessus la clôture.

«Salut, Cal», dit Hiram.

«Salut, Hiram», dit Cal.

Hiram dit: «Belle matinée.»

Et Cal dit: «Belle matinée.»

Exactement comme auparavant. Puis, quelle surprise! Hiram, cet homme taciturne de la Nouvelle-Angleterre, ajouta: «On ne vous a pas vu dans le coin depuis un bon moment, Cal.»

«En effet, j'ai été absent un certain temps», répondit Cal. Il avait fini son mandat de gouverneur et de président. La vie était ce qu'elle était maintenant. Calvin Coolidge la prenait comme elle venait. Il avait un enthousiasme tranquille mais profond. Il était enthousiaste à propos des États-Unis et pour lui c'était valable. Mais, en ce qui le concernait, il ne prenait pas Cal Coolidge trop au sérieux. C'était un enthousiaste calme et détendu. L'énergie était là mais bien contrôlée.

Mon but, en écrivant ce livre, est de faire ressortir la valeur inestimable de l'enthousiasme, surtout pour celui qui se sent poussé à accomplir quelque chose de valable dans la vie. J'approuve l'éditeur B.C. Forbes lorsqu'il dit: «L'enthousiasme est le propulseur absolument essentiel aux êtres humains, c'est la force motrice qui fait des hommes des travailleurs prodigieux. Il engendre l'audace et le courage; il fait naître la confiance et il surmonte le doute. Il crée une énergie infinie qui est la source de toute réalisation.»

J'ai cherché à montrer par de nombreux exemples comment l'enthousiasme a fait une immense différence dans la vie de beaucoup de gens. Vous savez maintenant qu'à mon sens, l'enthousiasme spirituel a une importance capitale car il fait de vous quelqu'un de nouveau, avec un nouvel état d'esprit, une nouvelle énergie et un nouveau savoir-faire. Maintenant, vous avez des conseils à suivre. Ils vous permettront de créer en vous l'enthousiasme qui élimine les barrières, celles que vous avez érigées dans votre esprit, tout comme celles du monde extérieur.

L'enthousiasme redonne vigueur à Carl le nonchalant

Je devais faire un discours lors d'un congrès de vendeurs d'une certaine industrie quand, avant l'ouverture, un homme d'affaires s'approcha de moi et me dit: «Docteur Peale, j'ai un vendeur qui ne serait pas venu de lui-même à ce congrès alors, j'ai investi deux cents dollars pour l'y amener. J'ai lu votre *Power of Positive Thinking* (Pouvoir de la pensée positive) et j'espère bien que vous allez le motiver pour que je sois repayé par l'augmentation de son chiffre d'affaires. Je lui ai réservé une place au premier rang. Je me souviens avoir lu dans un de vos livres comment vous arriviez à donner du zèle à un gars amorphe dans les mêmes circonstances.»

«Le zèle est en lui, ce n'est pas moi qui le donne, répondis-je. Je vais faire mon possible pour votre homme.»

Il me le désigna du doigt. Tout en parlant, je regardais de temps en temps dans sa direction. Son visage avait une expression un peu vide et absente; il ne montrait aucun signe de réaction à quoi que soit.

Cependant, après la réunion, il vint me voir. «Je m'appelle Carl, dit-il. Je suis le vendeur abruti pour qui M... a investi de l'argent pour l'amener à ce congrès et lui donner de la movitation.»

«Alors vous êtes au courant?»

«Bien sûr, comment pourrait-il en être autrement? Il a parlé de moi à tout le monde.» Il me dit cela sans aucune amertume; en fait, ça n'avait pas l'air de le toucher.

Je lui demandai de monter à ma chambre pour que nous y parlions et je lui posai cette question: «Qu'est-ce qui ne va pas, Carl?»

«Je n'en sais rien. Je n'en sais absolument rien.»

Je cherchai à mieux le connaître et je lui demandai: «Êtes-vous allé à l'université? Comment ça marchait?»

«Disons que je m'en tirais.»

«Maintenant comment vont les affaires?»

«Oh, répondit-il, je m'en tire.»

«Bon sang, si vous voulez mon avis, vous vous en tirez sans jamais aller bien loin, dis-je. Votre patron est bien déçu à votre sujet. Il dit que vous ne produisez pas beaucoup, mais cependant il croit que vous avez ce qu'il faut pour être un bon vendeur si seulement vous y mettiez un peu de motivation.»

«Mais je n'ai pas d'énergie. Je suis vide d'enthousiasme. Dans ce monde de compétition, il vous faut être en alerte, toujours sur le pied de guerre, il vous faut relancer constamment les clients. Dans ce métier, ce qu'il faut, c'est être très entreprenant.»

«Où est-ce que vous avez entendu ça?» lui demandai-je.

«Dans les réunions de vendeurs. Et, ajouta-t-il, ça m'épuise de les entendre raconter ça. Ça peut paraître idiot, mais je n'ai absolument aucun intérêt pour quoi que soit.»

«Allez-vous à l'église?» lui demandai-je, essayant une autre tactique.

«Oh, de temps en temps, mais ça me laisse froid.»

«Êtes-vous membre de clubs ou d'associations?»

«Non, rien de tout ça. Pourquoi irais-je fourrer mon nez là-dedans? Ça ne m'intéresse pas.»

Il semblait complètement apathique et abruti. Cependant, je sentais que sa personnalité avait un bon côté ou elle l'aurait sûrement s'il avait un peu de force de caractère.

«Carl, je veux vous demander quelque chose. Croyez-vous en Dieu?»

Il me dit qu'il y croyait.

«Qu'est-ce que Jésus nous apprend?» lui demandai-je.

«Eh bien, il nous apprend à être bons», répondit-il en hésitant.

«C'est ça, approuvai-je. Mais n'avez-vous jamais pensé que Jésus-Christ est aussi énergie, qu'*il* est vitalité, qu'*il* est la vie et que si vous l'aviez présent à l'esprit, vous renaîtriez à la vie? Pensez sans cesse à Dieu et à Jésus-Christ et vous aurez un enthousiasme et une énergie sans limite.

Il me regarda avec quelque intérêt, le premier que je lui voyais manifester. «Vous croyez vraiment à ça, n'est-ce pas? me demanda-t-il. C'est vrai, c'est plein de bon sens. J'essaierais bien si vous m'y aidiez.»

«Prions pour vous», suggérai-je. «Qu'en dites-vous?»

«J'aimerais bien ça, dit-il. Peut-être que c'est ce qui me manque.» J'offris donc une prière et dis ensuite: «Maintenant Carl, à votre tour de dire quelques mots.»

Je ne me souviens pas par coeur de la courte prière de Carl, mais j'aurais aimé la retenir, car ce fut l'une des plus belles que j'ai entendues. Elle était très émouvante et disait à peu près ceci: «Seigneur, je suis un mou, un endormi, un gars sans valeur. Mais je ne veux vraiment pas être comme ça. Je ne le veux pas, c'est vrai. J'en ai assez d'être comme je suis. Je n'arrive jamais à rien. Je te demande Seigneur de me redonner vigueur et enthousiasme. Amen.» Puis il me regarda et me dit après un long silence: «Savez-vous, je crois que le Seigneur va répondre à ma prière.»

«Je le crois aussi», répliquai-je. En fait, j'en avais la certitude.

Avant de nous séparer, je dis à Carl quelque chose qui m'avait frappé quand j'étais jeune homme et qui m'avait suivi au fil des années. J'avais entendu un homme dire: «Vos faiblesses peuvent devenir votre force.» Il faisait allusion à la faiblesse de caractère ou de personnalité. Je me souviens que cet homme se servait pour illustrer son propos du procédé de soudage par lequel deux morceaux de métal sont fusionnés sous l'effet d'une chaleur intense. Il affirmait que si on essayait par la suite de casser le métal soudé, il ne casserait probablement pas à l'endroit de la soudure, car grâce à la fusion moléculaire à haute température, elle était devenue l'endroit le plus solide.

«C'est pour moi, dit Carl, car l'apathie est bien ma plus grande faiblesse. Je vous promets de suivre votre conseil et d'essayer de me souder spirituellement.»

Mais je ne le laissai pas se débrouiller tout seul. J'entrai en contact avec un pasteur de sa ville que je connaissais pour être un homme de foi plein d'entrain et d'enthousiasme. Il s'occupa de Carl et le fit entrer dans un groupe d'hommes d'affaires où tous avaient fait l'expérience d'un changement dans leur vie personnelle. Dans l'ambiance positive de ces rencontres amicales, l'apathie de Carl commença à disparaître. La chaleur intense de la foi véritable, de la prière et de la libération joyeuse fusionnèrent sa personnalité troublée jusqu'à ce que son point faible devienne sa force. En fait, il devint extraordinairement dynamique et vivant au plein sens du mot.

Il prit une part active aux affaires de son église. Il devint membre de l'un des clubs sociaux de sa ville et s'engagea à fond dans ce travail. En moins de trois ans, il était devenu président de la chambre de commerce locale. À ce qu'on dit, il semble que par la suite, il ait fait plus pour sa ville en dix ans qu'aucune autre personnalité. Les gens venaient me voir pour me dire: «Carl est très dynamique.» Et ils étaient au-dessous de la vérité. À la demande de Carl, j'allai dans sa ville faire un discours. Il me rencontra à l'aéroport.

Je lui dis: «Carl, je n'ai pas eu de répit depuis longtemps. J'aimerais aller à ma chambre d'hôtel pour m'étendre et me reposer avant de faire mon discours.»

«Vous reposer, s'étonna-t-il. Pourquoi devriez-vous vous reposer? Où sont donc passés l'énergie et l'enthousiasme dont vous parlez constamment?»

Tout penaud, je cédai. «Très bien, oublions l'hôtel. Où allons-nous alors?» Il m'emmena faire un grand tour et son enthousiasme déteignit sur moi à tel point que j'en oubliai toute ma fatigue.

Carl est l'une des centaines de personnes en qui, au cours des années, j'ai vu se produire le merveilleux processus du changement spirituel par lequel les morts (les morts-vivants) apprennent à revivre. Absents, dépourvus d'énergie et même cyniques, ces hommes d'une façon ou d'une autre ont approché l'Être dynamique qui disait: «Je suis venu pour qu'ils aient la vie et qu'ils l'aient en abondance.»

Et dans chaque cas, quelque chose se produisait alors; l'émanation d'une vitalité et d'une énergie accrues passait en eux et ils n'étaient plus les mêmes. Ils devenaient totalement différents de ce qu'ils avaient été. Le nouvel esprit se lisait dans leur regard, dans leur démarche et dans tout leur comportement. Il se remarquait encore dans les choses étonnantes comme leur créativité plus riche. Le Nouveau Testament dit: «Toutes choses deviennent nouvelles.» Ces hommes ont vu leur vie changer. Débordants maintenant d'ardeur et de vitalité, ayant un impact important dans leur vie et leur travail, ils savent de façon certaine, merveilleusement certaine, que l'enthousiasme fait toute la différence.

16 CARTES DE MOTIVATION

Que vous pourrez afficher dans votre maison, bureau ou salle d'attente, à l'école enfin, partout.

Chacune exprime un message positif.

Si le silence est d'or, si la parole est d'argent, le SOURIRE est un diamant.	« Tout ce que votre esprit CROIT, vous pouvez l'ATTEINDRE »
La chose la plus importante n'est pas où vous êtes ni où vous étiez mais bien OÙ VOUS VOULEZ ALLER.	Les difficultés ne sont pas faites pour abattre mais pour être abattues.
Un lâcheur ne gagne jamais et un VAINQUEUR n'abandonne jamais.	Le seul travail que l'on puisse commencer par en haut, c'est en creusant un trou.

$4.50 + taxe

En vente chez votre libraire ou à la maison d'édition :

Les éditions Un monde différent ltée
3400, boulevard Losch, Local 8
Saint-Hubert, QC
Canada J3Y 5T6

Quand on veut, on peut!

Des millions de gens de par le monde ont découvert la confiance, la vitalité et la force de caractère en utilisant la puissance de la pensée positive telle qu'enseignée par le Dr Norman Vincent Peale.

Ce livre utile et rassurant vous enseignera comment développer une attitude tenace et invincible, canaliser vos énergies inutilisées, exploiter vos talents inhérents à comprendre et vaincre la peur.

$7,95

En vente chez votre libraire ou à la maison d'édition:

Les Éditions «Un Monde Différent» Ltée
1875 Panama, Local B
Brossard, Québec, Canada.
J4W 2S8

Comment penser en millionnaire et s'enrichir

Voici les secrets fabuleux des grands richissimes américains — secrets dont vous allez vous servir pour amasser une fortune dont vous n'avez jamais osé rêver jusqu'à présent! Ces techniques puissantes — que les riches se gardent jalousement, sauf lorsqu'elles tombent dans les mains des «petites gens» — vous apporteront toutes les bénédictions les plus précieuses de la vie encore plus vite et plus facilement que vous auriez pu imaginer! Vous avez maintenant à portée de la main, étape par étape, les techniques qui vous amèneront à votre premier million de dollars!

$7,50

En vente chez votre libraire ou à la maison d'édition:

Les Éditions «Un Monde Différent» Ltée
1875 Panama, Local B
Brossard, Québec, Canada.
J4W 2S8

Obtenez les choses que vous désirez
dès maintenant en lisant

La magie de s'auto diriger
(The Magic of Self Direction)
dont le titre original était:
«The Magic of Psychic Power»)

Obtenir que votre patron vous octroie une augmentation de salaire; tomber dans les bonnes grâces d'un interviewer afin d'obtenir l'emploi convoité; gagner l'amitié d'hommes d'affaires ou de membres de clubs réputés — tout ça vous semblera être un «jeu d'enfant» après avoir lu LA MAGIE DE S'AUTO DIRIGER.

Et dans votre vie privée, toutes les choses qui comptent réellement pour vous, telles que: l'amour, l'aventure et la compréhension — se concrétiseront dès aujourd'hui et pour des années à venir.

$7,50

En vente chez votre libraire ou à la maison d'édition:

Les Éditions «Un Monde Différent» Ltée
1875 Panama, Local B
Brossard, Québec, Canada.
J4W 2S8

L'homme le plus riche
de Babylone

Les secrets de la réussite des anciens, un chemin conduisant à la prospérité et au succès.

Joignez les millions de lecteurs qui ont été aidés par ce livre réputé. Proclamé le meilleur livre parmi les oeuvres d'inspiration traitant de l'économie et de la prospérité, ces paraboles fascinantes et instructives sont devenues un classique moderne. Dans un langage aussi simple que celui de la Bible, «L'homme le plus riche de Babylone» vous présente un plan financier qui vous lance sur la voie de la richesse. Il vous guidera favorablement tout au long de votre vie.

$6,95

En vente chez votre libraire ou à la maison d'édition:

Les Éditions «Un Monde Différent» Ltée
1875 Panama, Local B
Brossard, Québec, Canada.
J4W 2S8

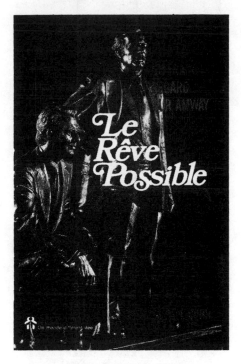

Le Rêve Possible

Ce livre qui s'est vendu à plus de 250 000 exemplaires aux Etats-Unis a été onze semaines sur la liste «bestseller» du New York Times.

Le rêve de Rich DeVos et de Jay VanAndel était de fonder une société qui offrirait à quiconque le voudrait la chance de transformer son existence. Leur rêve était d'offrir à ceux qui étaient prêts à la gagner par leur travail, la chance de se lancer en affaires pour leur propre compte, d'établir leurs propres objectifs et d'assurer eux-mêmes leur avenir. Cela, disaient-ils, est la manière américaine... le commerce Amway ne prétend pas offrir à tout le monde un succès assuré. Elle ne peut pas offrir un remède automatique aux problèmes financiers de chaque distributeur. Mais elle offre au moins à la personne moyenne la possibilité d'améliorer son sort. Elle offre un rêve - pas seulement un rêve - mais un rêve possible.

$6.95

En vente chez votre libraire ou à la maison d'édition:

Les éditions Un monde différent ltée
3400, boulevard Losch, Local 8
Saint-Hubert, QC
Canada J3Y 5T6

Achevé d'imprimer
en août mil neuf cent quatre-vingt-quatre
sur les presses de l'Imprimerie Gagné Ltée
Louiseville - Montréal.
Imprimé au Canada